本书是笔者北京社科基金项目“习近平总书记扶贫开发思想研究”（编号：17KDC020）的结项成果，获得中国农业大学马克思主义学院出版基金资助，在此特表示感谢！

共同富裕的探索：中国特色反贫困理论与实践

○王 琳/著

光明日报出版社

图书在版编目（CIP）数据

共同富裕的探索：中国特色反贫困理论与实践 / 王琳著. --北京：光明日报出版社，2021.6

ISBN 978-7-5194-6149-2

Ⅰ.①共… Ⅱ.①王… Ⅲ.①共同富裕-研究-中国 Ⅳ.①F124.7

中国版本图书馆 CIP 数据核字（2021）第 110730 号

共同富裕的探索：中国特色反贫困理论与实践

GONGTONG FUYU DE TANSUO：ZHONGGUO TESE FANPINKUN LILUN YU SHIJIAN

著　　者：王　琳

责任编辑：黄　莺　　责任校对：蔡晓亮

封面设计：小宝工作室　　责任印制：曹　诤

出版发行：光明日报出版社

地　　址：北京市西城区永安路 106 号，100050

电　　话：010-63169890（咨询），010-63131930（邮购）

传　　真：010-63131930

网　　址：http：//book. gmw. cn

E - mail：gmrbcbs@gmw. cn

法律顾问：北京市兰台律师事务所龚柳方律师

印　　刷：北京虎彩文化传播有限公司

装　　订：北京虎彩文化传播有限公司

本书如有破损、缺页、装订错误，请与本社联系调换，电话：010-63131930

开　　本：170mm×240mm

字　　数：301 千字　　印　　张：17

版　　次：2021 年 6 月第 1 版　印　　次：2021 年 6 月第 1 次印刷

书　　号：ISBN 978-7-5194-6149-2

定　　价：68.00 元

目　　录

总　　论

分　　论

总　论

第一章

绪　论

新中国成立以来，贫困治理取得了举世瞩目的成绩，这与实施的贫困治理政策息息相关，更与中国共产党的坚强领导密不可分。中国共产党根据不同时期贫困的特点，结合实施对象的变化，对贫困治理的政策进行调整。新中国成立以来的社会主义建设发展史，从本质上说就是中国共产党人坚持实事求是思想路线，带领全国人民消除贫困、改善民生、实现共同富裕的奋斗史。从毛泽东到习近平，中国共产党人在不同阶段的扶贫探索中，不断总结经验，形成中国特色反贫困理论，走出一条中国特色减贫道路，为促进经济发展、政治稳定、民族团结、边疆巩固、社会和谐发挥了重要作用，更为人类减贫事业提供了中国方案。党的十八大以来，在习近平新时代中国特色社会主义思想的引领下，以习近平同志为核心的党中央紧紧围绕坚持和发展中国特色社会主义这个主题，把反贫困摆到治国理政重要位置，提升到事关全面建成小康社会、实现全体人民共同富裕的新高度。总结中国特色反贫困的理论和实践经验，对于不断丰富和发展中国特色反贫困理论，实现“两个一百年”奋斗目标和社会主义现代化，具有重要的理论价值和现实意义。

第一节　贫困与贫困治理

贫困治理作为世界性难题，古今中外无数学者都对其进行了探索与研究。贫困与贫困治理是复杂的动态发展过程，随着社会与时代的发展，其定义各不相同。当前，围绕贫困的定义，已形成多种认识，分别从收入、能力、剥夺、制度四个角度进行界定。贫困治理则多以满足人类自身需要为目的，致力于消除贫困，实现人的可持续发展。

传统关于贫困的认识多以收入状况和划定的贫困线作为基本依据。相较传统意义上对收入贫困的认识，目前学术界已形成多维贫困的认识，代表性观点如下：一是“收入”说。美国学者劳埃德·雷诺兹（Lloyd Reynolds）认为：“所谓贫困问题，就是有许多家庭，没有足够的收入可以使之有起码的生活水平。”① 其所定义的贫困，多是因收入不足导致的“收入贫困”。英国学者彼特·汤森（Peter Townsend）认为缺乏获得食物、参加活动、基本生活和社交条件的资源的个人、家庭和群体就是贫困②。世界银行将贫困界定为“当某些人、某些家庭或某些群体没有足够的资源去获取他们那个社会公认的，一般都能享受到的饮食、生活条件、舒适和参加某些活动的机会，就是处于贫困状态”③。中国学者王小林认为贫困就是个人或家庭没有足够的收入满足其基本需要。这一角度得到了大多数学者的认可。二是“能力说”。印度著名学者阿玛蒂亚·森（Amartya Sen）在《贫困与饥荒——论权利和剥夺》一书中指出：贫困是与之相关的个人或群体基本可行性能力的剥夺，不单指收入低下。④ 随后1990年、2000年、2001年的《世界发展报告》中都陆续采用这一定义，认为“贫困除了物质上的匮乏、低水平的教育和健康外，还包括风险和面临风险时的脆弱性，以及不能表达自身的需求和缺乏影响力”⑤。三是“剥夺说”。贫困人群之所以贫困是因为遭到社会剥夺，如欧共体委员会将贫困定义为“个人、家庭和人的群体的资源（物质、文化和社会）如此有限，以致他们被排除在所在成员国的可以接受的最低限度的生活方式之外”⑥。四是“制度说”。马克思在《1844年经济学哲学手稿》中对资本主义“制度性

---

① 雷诺兹．微观经济学［M］．马宾，译．北京：商务印书馆，1993：35．

② Townsend. *The International Analysis of Poverty* ［M］. Lendon：Allen Lane and Penguin Books，1979.

③ 转引自秦连斌．贫困的定义和类型［N］．学习时报，2006－06－05．

④ 阿玛蒂亚·森．贫困与饥荒——论权利和剥夺［M］．王宇，王文玉，译．北京：商务印书馆，2001：序言．

⑤ 转引自青连斌．贫困的定义和类型［N］．学习时报，2006－06－05．

⑥ Atkinson. The Institution of an official Poverty Line and Economic Policy ［R］. Welfare State Program Paper Series，1993：98.

贫困”进行考察，提出“工人阶级贫困的根源是资本主义私有制而非工人阶级本身”，认为贫困是在私有制和雇佣劳动为基础的资本主义制度下，生产资料与劳动力被迫分离，导致无产阶级处于一无所有的绝对贫困状态，得出资本主义私有制是造成无产阶级贫困的制度性根源的结论。

从目前国内外学者对贫困的定义来看，贫困治理是国家或政府管理贫困问题的全过程，从宏观来看，由政府、市场、社会发挥作用并担负主要责任，如制定相关减贫战略和政策工具、落实减贫任务、监督和问责等；从微观来看，主要涉及贫困识别、分析、检测和评估。① 贫困治理要以关注人本身为中心，以维持自身需要为目的，发展自身能力，不能以某一个方面作为衡量标准，而是从多维角度进行治理，包括政府治理贫困的机构设置、国家减贫战略、国家减贫的政策体系、国家减贫责任的落实、国家贫困监测机制、国家贫困评估和问责制度等。

第二节 文献梳理

现有文献通过不同视角和方法对中国特色减贫道路的理论和实践进行研究，涌现出一部分高质量的学术著作和论文，总体取得了丰硕的研究成果。主要表现在以下两方面：

一、中国特色反贫困理论研究

当前，中国特色反贫困理论研究已经成为热门话题，国内学术界逐渐出现一部分高质量的学术成果。但是，由于该理论形成时间较晚，现有著作或学术论文等研究成果多与脱贫攻坚、精准扶贫、精准脱贫、乡村振兴等关键词有较强相关性，纯粹研究中国特色反贫困理论的成果鲜见，根据现有研究成果，主要分为四类：

一是中国特色反贫困理论形成基础研究。蒋永穆等（2020）认为马克思

① 王小林. 改革开放40年：全球贫困治理视角下的中国实践［J］. 社会科学战线，2018（5）.

主义反贫困理论提出无产阶级贫困问题解决的现实之道，为无产阶级反贫困斗争指明正确的前进方向，并从贫困的根源、表现形式、后果与反贫困目标、路径、条件等方面剖析马克思主义反贫困理论的主要内容，为中国特色反贫困理论与实践提供借鉴，代表学者还有杨金海（2021）、任东景（2021）、韩喜平（2021）、孙咏梅（2020）等；黄承伟（2019）指出中国特色反贫困理论的形成凝聚了几代领导集体的思想基础，是马克思主义反贫困理论中国化的最新理论成果，是对中国共产党历届领导人反贫困理论的发展与创新，代表学者还有左停（2019）、吴海江（2021）、贾玉娇（2018）等；李小云（2018）认为共同富裕是中国特色减贫道路形成的思想基础，共同富裕思想的完善让中国特色反贫困理论基本型塑，代表学者还有李景治（2020）、龚云（2021）、邢成举（2018）；谢撼澜等（2017）认为中国传统文化中的“大同小康”、传统民本思想、慈善救助、国家赈济、同情弱者等思想，构成中国特色反贫困理论的来源，代表学者还有姚宏志（2021）、伊敏（2019）、刘宾（2018）等。

二是中国特色反贫困理论演进历程研究。围绕中国特色反贫困理论的演进历程，学术界形成“二阶段论”“三阶段论”“四阶段论”“五阶段论”“六阶段论”等不同观点。郑杭生（2009）以1978年为节点，将中国农村反贫困历程划分为个体主义扶贫范式（1978年以前）和社会结构扶贫范式（1978年至今）；胡鞍钢（2012）将中国特色反贫困划分为以解放、保护、限制为主的阶段（1949—1978）、以解放、转移、富裕农民为主的阶段（1978—2000）、以解放、投资、服务、转移、富裕农民为主的阶段（2000—2020），“三阶段论”代表学者还有李小云（2019）、孙德超（2019）、贾玉娇（2018）、林乘东（2009）等；孙兆霞（2016）将中国特色反贫困道路分为制度变迁下的经济增长与区域扶贫（1978—1985）、政府主导的全国性开放式扶贫体系建立（1986—2000）、开放式扶贫与多项惠农政策并举（2001—2010）、大扶贫格局的完善与精准扶贫的提出（2011年至今），吴振磊等（2018）将中国特色扶贫开发道路划分为以救济式、区域性扶贫为主的阶段（1978—1985）、以开发式扶贫为主的阶段（1986—2000）、以参与式扶贫为主的阶段（2001—2011）、以精准扶贫为主的阶段（2012年至今），“四阶段论”代表学者还有白维军（2020）、谢撼澜（2017）、史志乐（2016）等；汪三贵等（2017）认为救济式扶贫（1949—1978）、农村经济体制改革推动下的中国农村减贫（1978—1985）、区域瞄准为主的开发式扶贫（1986—2000）、扶贫对象的村级转移与参与式扶贫（2001—2010）、扶贫开发与精准扶贫（2011 年至今）构成中国反贫困的历程，“五阶段论”代表学者还有胡传明（2009）、曾小溪（2017）等；黄承伟（2016）将中国特色扶贫开发历程划分为“六阶段论”，即实施计划经济体制下的广义扶贫阶段（1949—1978）、农村经济体制变革推动减贫阶段（1978—1985）、区域开发式扶贫阶段（1986—1993）、综合性扶贫攻坚阶段（1994—2000）、整村推进与“两轮驱动”扶贫阶段（2001—2012）、精准扶贫、精准脱贫阶段（2013 年至今）。

三是中国特色反贫困理论的基本内涵研究。习近平总书记指出“七个坚持”构成中国特色反贫困理论的基本内涵。燕连福等（2021）在“七个坚持”基础上将中国特色反贫困理论内涵概括为坚持党对扶贫工作的领导、坚持以人民为中心的发展、发挥社会主义制度优势、坚持精准扶贫基本方略、激发群众脱贫内生动力、营造扶危济困社会氛围、坚持求真务实全面监督七方面；郑有贵（2021）指出“七个坚持”具有很强的思想性、指导性、针对性，并逐项解读；孙咏梅（2021）认为“七个坚持”是对中国特色反贫困理论的高度概括和阐释，需要认真落实，建立解决相对贫困的长效机制；姚宏志（2021）从“党的领导”“精准扶贫”“人民至上”“共享发展”“共同富裕”等方面梳理中国特色反贫困理论的核心要义。

四是中国特色反贫困理论的重要意义研究。脱贫攻坚创造了贫困治理的中国奇迹，历史性解决了困扰中华民族千百年的绝对贫困问题，体现了中国特色社会主义制度优势，建立了可持续的贫困治理体系，为贫困地区脱贫群众迈向共同富裕奠定发展基础（艾四林，2021；刘永富，2019；世界银行，2018）；凸显了贫困治理的中国优势，为全球减贫提供了典范与有益借鉴，为世界解决贫困治理难题提供了中国方案，坚定了在全球推动构建人类命运共同体的决心与信心（韩广富，李万荣，2017；孙久文，2019；张琦，2020；古特雷斯，2019）；推动了马克思主义反贫困理论中国化进程，带动了全球贫困治理的创新发展（唐任伍，2020；任东景，2021；熊若愚，2020）。

二、习近平总书记关于扶贫重要论述的研究

一是习近平总书记关于扶贫重要论述的主要内容研究。习近平总书记关于扶贫重要论述的主要内容和思想内涵是当前国内学术界研究的重点，形成三主体论、四主体论、五主体论、六主体论、七主体论、九主体论等不同观点，其中国务院扶贫办主任刘永富（2016）的观点最具代表性，他认为研究习近平总书记关于扶贫重要论述需要从明确新时期扶贫开发工作战略定位的扶贫是社会主义本质要求、两个“重中之重”思想、扶贫机制创新思想、科学扶贫思想、精准扶贫思想、内源扶贫思想来领会精神实质，代表学者还有张占斌、张瑞敏等；蒋永穆（2015）认为习近平总书记关于扶贫重要论述应包括消除贫困是社会主义本质要求的思想、脱贫致富贵在立志的思想、发展是摆脱贫困帽子总办法的思想、切实强化扶贫开发工作管理体制机制创新的思想、脱贫攻坚成败之举在于精准的思想、社会合力构建大扶贫格局的思想、打好脱贫攻坚战民族地区是主战场的思想；刘义圣（2016）认为习近平总书记关于扶贫重要论述的主体内涵包括如期稳定实现全面脱贫的目标定位、精准扶贫的思想创新、内源扶贫的创新动力、扶贫力量的合力强化以及扶贫机制的制度创新；熊若愚（2015）将习近平总书记关于扶贫重要论述概括为扶贫开发重大意义的思想、扶贫开发工作目标的思想、扶贫开发基本方法的思想、扶贫开发动力机制的思想。

二是对习近平总书记关于扶贫重要论述的形成基础研究。黄承伟（2016）认为马克思主义共同富裕思想和反贫困思想是习近平总书记关于扶贫重要论述形成的理论渊源和思想基础，代表学者还有李辉山、刘义圣、陈祥健等；唐任伍（2015）认为“全面建成小康社会”的宏伟目标是习近平总书记关于扶贫重要论述的现实需求，代表学者还有洪名勇、李新一等；杨建义（2016）认为坚实的地方扶贫实践和深入的个人理性思考是习近平总书记关于扶贫重要论述形成的个人基础，代表学者还有郑崇玲、蔡得久等。

三是对习近平总书记关于扶贫重要论述的主要特点研究。刘义圣（2016）将习近平总书记关于扶贫重要论述的特点概括为坚持走社会主义反贫困道路、继续强调政府主导作用、以实现人的全面发展为价值取向；王辉（2015）从

思维方法的哲学角度提出习近平总书记关于扶贫重要论述的特点，分别是鲜明的唯物辩证法思维、坚定的唯物史观立场、科学的辩证唯物主义认识论立场；刘华清（2015）认为立意更加高远、目标更加明确、方法更加科学、措施更加有力是习近平总书记关于扶贫重要论述的特点。

四是对习近平总书记精准扶贫思想的研究。对于习近平总书记精准扶贫思想研究集中在精准扶贫的理论基础、科学内涵、现实问题、实现途径等方面，汪三贵（2016）认为精准扶贫将成为未来中国农村扶贫的主要方式，“六个精准”是精准扶贫的本质要求；左停（2015）从实践方面对精准扶贫战略进行全面理解，认为应同时着眼于宏观层面认识精准、重心精准，中观层面措施精准、管理精准，微观层面识别精准、帮扶精准；杨云（2017）认为习近平总书记精准扶贫思想的鲜明特点就是变“大水漫灌”为“精准滴灌”，扶贫对象由区域向精准贫困家庭和贫困人口转变。

第二章

中国特色反贫困理论阐释

新中国披荆斩棘、砥砺奋斗的70年，是中国特色反贫困事业破浪前行的70年。中国共产党把改变中华民族积贫积弱、实现中华民族伟大复兴和人的全面发展作为自己的初心和使命，带领全国各族人民开展了有计划、大规模的扶贫开发，开启了新中国历史上波澜壮阔的减贫历程，探索出一条中国特色减贫道路。新时代以来，中国反贫困领域出现新特征、新变化，习近平总书记提出“精准扶贫”“精准脱贫”理论，系统阐明了新时期中国特色反贫困存在的重大理论与实践问题，形成了以精准扶贫为核心的中国特色反贫困理论。中国特色反贫困理论是对马克思主义反贫困理论的继承和发展，是习近平新时代中国特色社会主义思想的重要组成部分，更是全面建成小康社会决胜阶段打赢脱贫攻坚战的思想指南和行动遵循。脱贫攻坚四梁八柱的顶层设计已经基本完成，“五级书记”抓扶贫、全党动员促扶贫的氛围已经形成，但是结构性贫困问题却更加突出。攻克深度贫困堡垒，确保如期完成脱贫目标，需要总结过去扶贫开发经验，归纳实践中出现的新特点和新问题，创新深度贫困的破解思路，为全面建成小康社会、实现中华民族伟大复兴的中国梦奠定基础。

第一节　中国特色反贫困的探索历程

新中国成立70年，伴随着贫困问题和扶贫任务的转化，中国特色反贫困的实施经历过几次变化与调整，逐步探索、形成、发展、深化、完善起来

（见表2-1）。新中国成立初期以“输血式”为主的救济式扶贫模式，维持人民的基本生存；改革开放时期农村体制改革推动下的扶贫，注重促进农村生产力的发展以带动扶贫；开发式扶贫为主的“造血式”扶贫则反映了传统发展主义的外源发展理念；参与式扶贫则主张通过贫困人口参与来提高扶贫效率，增强贫困地区发展动力；扶贫开发与精准扶贫相结合的扶贫模式，则体现了扶贫开发和社会保障并重的良性互动机制。因此，不同时期扶贫开发的探索都有其自身特点，为我国反贫困政策的制定、提出、实施以及中国特色反贫困理论的形成奠定了基础。

表2-1　新中国成立70多年来中国特色反贫困的探索阶段及各自特点

扶贫阶段	探索阶段（1949—1978年）	形成阶段（1978—1985年）	发展阶段（1986—2000年）	深化阶段（2001—2010年）	完善阶段（2011年至今）
扶贫特点	以实现共同富裕为目标的救济式扶贫	农村体制改革推动扶贫	开发式扶贫	扶贫对象的村级转移	扶贫开发与精准扶贫相结合
扶贫目标	解决饥饿问题	改变贫困地区面貌	基本解决温饱	巩固温饱成果	解决区域性整体贫困
扶贫对象	全国大多数农民	全部农村地区	县级瞄准和特殊群体瞄准	村级瞄准	贫困人口瞄准
扶贫主体	政府部门	政府部门	政府主导，发挥国内力量	政府主导，社会参与，国际合作	“三位一体”的大扶贫格局
扶贫效果	维持基本生存	农民收入增加，收入差距开始扩大	贫困地区经济较快增长，基础设施改善明显	贫困人口收入增长，数量快速下降	贫困人口大幅度减少

一、探索阶段（1949—1978年）：救济式扶贫

新中国成立初期，受复杂的国内外环境影响，国民经济处于崩溃的边缘，各项社会事业百废待兴，农村自然条件恶劣，自然灾害和流行病频发，绝对

贫困人口数量庞大，人民基本生存难以维持。在此基础上，以毛泽东同志为核心的党的第一代中央领导集体审时度势，提出实现“共同富裕”的目标，带领全国人民积极探索农业合作化和工业现代化的脱贫道路。

1955 年，毛泽东在《关于农业合作化问题》中提出，“全国大多数农民，为了摆脱贫困，改善生活，为了抵御灾荒，只有联合起来，向社会主义大道前进，才能达到目的”①，阐明了消除贫困、实现共同富裕的初步设想。同时，通过建立计划经济体制、实施土地制度改革、优先发展工业化等措施，推广农业技术，进行农村土地改革，构成新中国成立初期以“输血”为主要特征的救济式扶贫模式，解放生产力，发展国民经济。通过改善教育条件、提高医疗水平等措施，提高了人民群众的生活水平、受教育状况和医疗水平。

这一时期，中国粮食总产量增长了 1.69 倍，未达到温饱线的贫困人口比重下降 50%，小学、中学和高等教育在校学生数分别增长了 6 倍、62 倍和 7 倍，婴儿死亡率下降 75%，人口预期平均寿命由 35 岁提高到 67 岁。但是，由于当时综合国力有限，生产力水平较低，对产生贫困的复杂程度缺乏长期的、系统的认识，对消除贫困的方法缺乏有力的经济支撑，只能形成“输血式”的救济式扶贫模式，无法提高贫困人口的自我发展能力。

二、形成阶段（1978—1985 年）：农村体制改革推动扶贫

改革开放以前，中国农村贫困的根本原因在于农村经济体制与生产力发展不适应。新中国成立后的一段时间，为了快速发展工业，一定程度上牺牲了其他产业尤其是农业的发展，农民基本生活深受影响，农村贫困问题开始逐步显现出来。

1984 年中共中央、国务院发布《关于帮助贫困地区尽快改变面貌的通知》，提出：“要帮助贫困地区改变生产条件，发展商品生产，赶上全国经济发展的步伐，从而改变贫困地区面貌。”这成为中国特色反贫困的第一个明确目标。在此基础上，随着改革开放的深入，农村地区完成以家庭联产承包责任制为主的农村经营体制改革，使农民获得了承包土地、自由支配劳动力和

① 毛泽东. 毛泽东文集：第 6 卷［M］. 北京：人民出版社，1999.

主要收益的权利，调动了农民的劳动积极性，带动了农村经济发展，成为这一时期减贫的重要推动力。针对极端贫困地区，通过设立专项基金、贫困帮扶、对口支援等制度安排，拉开了针对特定地区采取资源开发方式扶贫的序幕，为日后大规模扶贫的开展奠定了基础。

这一阶段扶贫工作的主要特点就是围绕农村体制改革来推动扶贫，促进农业劳动生产率的提高和非农就业人口的增加，使得农村人均纯收入增长132%。按当时的标准①，有50%的农村人口解决了温饱问题，按照现行扶贫标准，有超过1亿农村人口在这一时期摆脱贫困，贫困发生率降到78.3%。但是，受地理区位、资源禀赋、家庭条件等因素影响，农民之间的收入差距开始扩大，农民收入分配基尼系数从1978年的0.21增大到1985年的0.28，在部分东部地区出现“万元户”的同时，还有一定数量地区的内地农村人口生活极端贫困。

三、发展阶段（1986—2000年）：开发式扶贫

从1984年开始，中国经济体制改革的重点从农村转向城市，确立了以改革、开放、发展为主线的国家整体战略，加快了国家工业化和城镇化进程，经济发展迅速，为实现大规模减贫创造了前所未有的良好机遇。

1986年，中国政府开启了历史上规模最大的农村专项反贫困计划。同年5月成立国务院贫困地区经济开发领导小组及其办公室②，建立起从中央到省市县的扶贫开发专门机构，并动员社会力量参与和支持扶贫事业。这一时期，中国农村贫困特点发生变化，已经从当初受制度约束导致的贫困向区域性条件约束的贫困和农民能力约束的贫困转变，扶贫的特点表现为以区域（贫困县）和特殊群体为瞄准对象的开发式扶贫，即在国家相关政策、资金的支持下，充分利用贫困地区自身优势进行开发性生产建设，逐步提高贫困地区和贫困人口的自身发展能力，依靠其自身力量解决温饱，实现脱贫致富。③ 中央划分了18个贫困片区，确立了331个国家级贫困县，明确将1984年农民人均

① 国家统计局. 中国农村住户调查年鉴（2000）[M]. 北京：中国统计出版社，2000.

② 1993年改为国务院扶贫开发领导小组。

③ 张磊. 中国扶贫开发政策演变（1949—2005）[M]. 北京：中国财政经济出版社，2007.

收入200元作为贫困线。针对特殊贫困群体，以设置专项资金等形式，加快帮助少数民族地区、残疾人、贫困地区妇女等特殊群体脱贫致富。

经过8年的扶贫开发，重新调整了国定贫困县标准，全国共确定592个国家级贫困县，扶贫资金主要向贫困县投放。贫困人口占农村总人口的比重从15%下降为3%，解决了超过2亿农村贫困人口的温饱问题，贫困发生率下降至49.8%[①]，国家“八七”脱贫攻坚计划顺利完成，20世纪末基本解决农村贫困人口温饱问题的战略目标也基本实现。

四、深化阶段（2001—2010年）：扶贫对象的村级瞄准

随着市场经济体制改革的深化，对外开放的广度和深度不断加大，城乡差距、区域差距、工农差距等贫富差距问题开始显现，成为新世纪中国经济社会发展面临的主要问题。这一时期，中国扶贫开发已经从基本解决温饱转入巩固温饱成果、提高发展能力、加快脱贫致富、缩小贫富差距的新阶段。中央通过以工促农、以城带乡、社会主义新农村建设等措施，不断推动农村经济发展，逐步缩小城乡贫富差距。

2001年国务院出台《中国农村扶贫开发纲要（2001—2010年）》，形成“政府主导、社会参与、自力更生、开发扶贫、全面发展”的扶贫开发方针，坚持政府发挥主导作用的前提下，将社会参与和全面发展纳入新的扶贫战略，确定了社会参与在中国特色反贫困事业中的作用，并将整村推进、贫困地区劳动力转移培训和产业化扶贫与科技扶贫、搬迁群众扶贫、社会扶贫共同构成这一时期扶贫开发的基本框架。同时，扶贫对象由县级瞄准向村级瞄准转移，在调整原有贫困县的基础上，重新确定148 051个贫困村，分布在全国1 861个县中，覆盖贫困人口占贫困总人口的83%，比之前贫困县瞄准下的贫困人口覆盖率提高22%。[②] 扶贫对象的村级转移，通过群众参与的方式自下而上地制定和实施扶贫开发，能有效激发群众参与扶贫的热情，推动农业和农村经济的发展，丰富了中国特色反贫困的实践模式，将中国特色反贫困推

---

① 国家住户调查办公室. 2017年中国农村贫困监测报告［R］. 北京：中国统计出版社，2017.

② 刘坚. 中国农村减贫研究［M］. 北京：中国财政经济出版社，2009.

入新的发展阶段。

21 世纪前 10 年是新中国成立后中国减贫速度最快的时期，按照现行扶贫标准，全国农村贫困人口减少 29 657 万人，年均减贫 2 965. 7 万人，贫困发生率降低到 17. 2%；贫困县农民收入也实现快速增长，人均纯收入增长 1. 57 倍，比同期全国平均数高 6. 5 个百分点。贫困县基础设施和社会服务条件都得到明显改善，村级瞄准的整村推进扶贫模式在改善重点村基础设施和公共服务条件方面，产生了积极和明显的效果。

五、完善阶段（2011—2020 年）：扶贫开发与精准扶贫相结合

以区域瞄准为对象的扶贫开发在促进贫困地区经济发展、增加贫困人口收入过程中发挥了一定作用，但也产生了扶贫目标瞄准的部分偏离和扶贫资源利用不充分等问题，导致农村地区贫困人口插花分布明显，因病致贫、因学致贫、因灾致贫现象突出，农村空心化、老龄化趋势加剧。同时，中国的经济增长开始由高速增长向高质量发展转变，经济增长带动减贫的边际效益不断下降，通过劳动力转移、农业经营增收脱贫的局限性变得更加明显。

2011 年中央颁布的《中国农村扶贫开发纲要（2011—2020 年）》对扶贫目标和扶贫战略进行了调整，指出："到 2020 年，稳定实现扶贫对象不愁吃、不愁穿，保障其义务教育、基本医疗和住房。贫困地区农民人均纯收入增长幅度高于全国平均水平，基本公共服务主要领域指标接近全国平均水平，扭转发展差距扩大趋势。"将连片特困地区作为中国农村扶贫开发的主战场，680个连片特困地区县（片区县）和 152 个片区外重点县，共计832个贫困县，成为这一时期国家扶贫开发的重点对象。同时，将扶贫标准提高到2 300元，使可以享受政策的农村贫困人口增加了 1 亿人，为开发式扶贫留出必要的工作空间。党的十八大以来，党中央将农村扶贫开发放到治国理政的重要位置，提出"消除绝对贫困，让农村贫困人口实现脱贫，贫困县全部摘帽，解决区域性整体贫困问题"的扶贫目标。自此，中国特色反贫困进入新时代。

2014 年 1 月，国务院印发《关于创新机制扎实推进农村扶贫开发工作的意见》，对精准扶贫工作模式的顶层设计做出详细规划，中国农村扶贫开发全

面转入精准扶贫、精准脱贫模式，对贫困地区和贫困人口实行精准识别、精准帮扶、精准管理，创新了扶贫方式。此后，全国范围内逐步形成专项扶贫、行业扶贫、社会扶贫等多方力量、多种举措有机结合和互为支撑的“三位一体”的大扶贫格局。①

扶贫开发与精准扶贫相结合，是扶贫对象和扶贫资源由县到村再到贫困人口的精准瞄准，实现了扶贫对象从“大水漫灌”到“精准滴灌”的转变，解决了部分不具备劳动能力贫困人口的脱贫问题，确保了全部贫困地区和贫困人口高质量脱贫。这一时期，我国脱贫攻坚战取得全面胜利，现行标准下9899万农村贫困人口全部脱贫，832个贫困县全部摘帽，12.8万个贫困村全部出列，区域性整体贫困得到解决（见图2－1）。

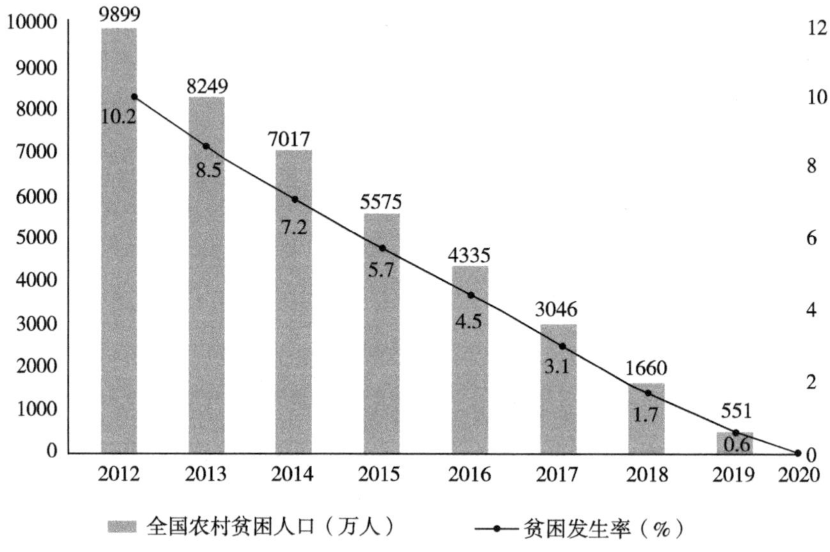

图2－1　全国农村贫困人口和贫困发生率（2012—2019年）

① 习近平. 在贵州召开部分省区市党委主要负责同志座谈会上的讲话［EB/OL］. 中国网，2016－03－01.

第二节　中国特色反贫困的理论渊源

中国特色反贫困理论发轫于中华民族扶贫济困、天下大同的历史传统，继承于马克思主义对于人的自由而全面发展的深切关怀，发展于几代中国共产党人对于贫困问题的深刻思考。中国共产党人历来重视扶贫开发工作，新中国成立以来的社会主义建设发展史，本质上就是中国共产党人坚持实事求是思想路线，带领全国人民消除贫困、改善民生、实现共同富裕的奋斗史。从毛泽东到习近平，中国共产党人始终坚持马克思主义指导，在不同时期的扶贫探索中，不断总结经验，形成中国特色反贫困理论，成功走出一条中国特色减贫道路。

一、中华传统文化中的反贫困理论

中华民族五千多年文明历史所孕育的中华优秀传统文化是中国共产党治国理政的重要思想来源，为治国理政提供了经验借鉴和智慧启示。习近平总书记指出："不忘历史才能开辟未来，善于继承才能善于创新。优秀传统文化是一个国家、一个民族传承和发展的根本，如果丢掉了，就割断了精神命脉。"新时代脱贫攻坚作为我国一项重大的治国理政任务，既体现了传统中华文化中扶贫济困、关注民生疾苦的优良传统，又体现了中华优秀传统文化中的"大同"和"小康"思想的创造性转变、创新性发展。

大同和小康是中国古代思想家所描绘的理想社会。"小康"一词最早出现于《诗经·大雅篇》中，即"民亦劳止，汔可小康"，意指人们生活辛劳困苦，期盼着过上安逸的生活，表达了人们对美好生活的憧憬。《礼记·礼运》中也说："今大道既隐，天下为家：各亲其亲，各子其子；货力为己；大人世及以为礼，城郭沟池以为固；礼义以为纪——以正君臣，以笃父子，以睦兄弟，以和夫妇；以设制度，以立田里；以贤勇知，以功为己。……以著其义，以考其信，著有过，刑仁讲让，示民有偿。如有不由此者，在执者去，众以为殃。是谓小康。"

“大同”社会价值理念是儒家所描绘的最高的理想社会。孔子在《礼记·礼运》中描绘了以“天下为公”的价值底蕴所构成的“大同”社会，“大道之行也，天下为公：选贤与能，讲信修睦。故人不独亲其亲，不独子其子；使老有所终，壮有所用，幼有所长，矜寡孤独、废疾者皆有所养；男有分，女有归。货，恶其于地也，不必藏于己；力恶其不出于身也，不必为己。是故谋闭而不兴，盗窃乱贼而不作，故外户而不闭。是谓‘大同’。”“大同”社会强调人人平等、财产公有、社会和谐稳定，“小康”社会比“大同”社会低一个社会层次，强调每户家庭经济条件富足，人民安然度日。随着历史的演进，我国涌现了一批优秀的“大同”“小康”社会的探索者，如孙中山先生在《建国方略》中提出兴国策略，试图构建以三民主义为核心的公平、民主、和谐的理想社会。综上，这些探索都不同程度上体现了人们对小康社会、对大同社会的无限追求与向往，也在一定程度上体现了先哲们企图摆脱贫困、追求美好生活的愿望。

纵观历史长河，消除贫困、实现“大同”“小康”是人们长期追寻的理想目标，中华优秀传统文化中的反贫困理论是中国反贫困智慧文库中的精华，为国内反贫困事业的开展提供了重要的思想渊源，其探索者们不畏艰难困苦而拯救黎民百姓于贫困之中的精神更是激励了一代又一代反贫困者，为中国特色反贫困的开展奠定了深厚的文化基础。

二、马克思主义经典作家的反贫困理论

马克思在分析资本主义社会的基础上形成了科学的反贫困理论，揭示了资本主义制度是导致无产阶级贫困的根源，并为无产阶级摆脱贫困指明了方向。其后继者们将马克思的反贫困理论不断发展，为中国特色反贫困理论的产生与发展提供了重要的理论来源，为解决国内外无产阶级贫困问题贡献了智慧与力量，对于推进中国特色反贫困事业具有重要的指导价值。

（一）马克思和恩格斯的反贫困理论

19 世纪 40 年代，马克思和恩格斯开始研究无产阶级生存状况问题，坚持理论与实践相结合，透过现象看本质，从资本主义社会中揭露资本主义无休

止的竞争与对工人阶级的残酷剥削的现实，揭露了无产阶级贫困的根本原因，为无产阶级摆脱贫困、反抗剥削指明了路径。

资本主义私有制是贫困的总根源。马克思、恩格斯认为资本主义制度是工人贫困的总根源，是贫困产生的根本原因。恩格斯注重从实践中找寻有关英国工人阶级的第一手资料，亲自进入工人群体的住宅区，就当时工人阶级的工作和生活进行实地调研，最终完成了《英国工人阶级状况》，揭露了资本主义制度下工人阶级的悲惨生活与被资本家无情压迫的残酷事实。随着资本主义的发展，生产社会化和生产资料私人占有的矛盾日益突出，资产阶级的财富日益增长与无产阶级日益贫穷、落后形成鲜明的对比，资产者与无产者的冲突日益加剧。在资本主义私有制下，工人阶级要想消除贫困就必须消灭资本主义剥削制度，只有当人民看透经济规律的实质，明白资本主义制度下工资的本质，才能真正开始解决贫困问题。因此，只有消灭资本主义私有制，才能根除贫困。

共产党人消灭的私有制特指资产阶级的所有制。马克思提出共产党人要消灭私有制，但并不是废除一般的所有制，而是资产阶级的所有制，是为了消灭资产阶级利用对社会权力的占有而奴役他人劳动的权力。在共产主义制度下，生产资料与劳动产品不再被少数人占有，而是隶属于全体劳动人民，并从根本上消除了因劳动者无生产资料而形成的贫困。消灭贫困的新制度根植于资本主义社会的土壤中。危机中往往蕴含生机，具有资本主义基本矛盾日益尖锐、社会冲突日益增多、社会危机日益严重、无产阶级贫困日益严重等残酷现实的资本主义社会，也孕育着资本主义旧制度转向新制度的机遇与可能性。

马克思、恩格斯主张以建立没有压迫、没有剥削、人人自由而全面发展的共产主义社会为宏伟目标。他们对共产主义社会的构建实际上包含消灭贫困、减少贫困差距等马克思主义反贫困理论相关内容，只有消灭贫穷，让生产出社会绝大多数劳动产品的无产阶级通过暴力革命建立无产阶级专政政权，才能减轻社会两极分化现象，进而实现全体社会成员的富裕、实现人的自由而全面发展。“当他们的斗争才开始的时候，他们认为贫困不过是贫困，他们看不出它能够推翻旧社会的革命的破坏的一面。”马克思、恩格斯并没有同其他的社会主义者或经济学家一样将贫困只认为是贫困，他们透过现象直指本质，看到了贫困背后的经济关系，挖掘出了造成其现状的本质——制度因素。因此，马克思主义反贫困理论以消除贫困为政治手段，号召无产阶级团结起来为建立“每个人的自由发展是人的一切自由发展的条件”的自由联合体不断奋斗，为建立一个没有压迫、没有剥削、人人自由而全面发展的共产主义社会奋斗终身。这些为摆脱贫困而不懈奋斗、甘愿牺牲的大无畏精神更为新时代脱贫攻坚发展和脱贫攻坚精神的形成奠定了基础。

解放生产力是减少贫困和极端贫困现象的必由之路。在资本主义条件下，生产关系曾适应并推动了生产力的发展，在历史上起了积极的革命性作用，促进了资本主义社会的发展与繁荣，给社会带来了巨大的财富，但生产力与生产关系需要不断变革，以便于生产关系适应并带动生产力的进步。马克思认为只有解放、改进生产力，才能减少贫困和极端贫困现象。但现有资本主义制度下的生产力与生产关系不仅没有消灭无产阶级贫困，反而使其贫困扩大化；恩格斯认为解决无产阶级贫困问题，必然要变革现有的资本主义生产方式。他认为“现代资本主义生产方式所造成的生产力和由它创立的财富分配制度，已经和这种生产方式本身发生激烈的矛盾，而且矛盾达到了这种程度，以至于如果要避免整个现代社会毁灭，就必须使生产方式和分配方式发生一个会消除一切阶级差别的变革”①。只有建立一个有别于资本主义生产与分配的崭新的社会制度，从源头上保障人人公平地享有生产资料、生活资料，并通过大力发展生产力将劳动成果惠及全体人民，才能真正地解决贫困问题。因此，在变革旧的生产关系、建立社会主义制度后，必须加快发展生产力，才能彻底摆脱无产者们的贫穷状态。

马克思主义反贫困理论是马克思、恩格斯在继承空想社会主义理论的基础上，结合欧洲社会革命的实践，从制度层面回答了无产阶级陷入贫困的原因、表现、解决方向，充分肯定了人的主体性作用，号召工人阶级通过暴力革命推翻资本主义社会、建立社会主义公有制，从制度层面遏制无产阶级贫困，具有科学性与先进性，为中国特色反贫困理论的形成与实践探索奠定了

① 马克思恩格斯选集：第3卷［M］. 北京：人民出版社，2012：537.

理论基础。

（二）列宁的反贫困理论

列宁在继承马克思主义反贫困理论的基础上，与俄国的具体实践相结合，对俄国无产阶级贫困的原因、特点、解决方式进行了探索，形成了具有俄国特色的列宁反贫困理论。

私有制是造成贫困的根本原因。第一次世界大战时期，俄国社会矛盾异常尖锐，无产阶级、农民群众与沙皇专制制度、封建地主阶级、资产阶级的矛盾相互交织，资本主义制度、沙皇专制制度、封建社会制度中的私有制程度较高，对无产阶级的剥削较为严重。“农民成年累月地替剥削者做工，过着极端贫困的生活”①，全社会俨然是一个被贫困笼罩的大监狱。特别是资本主义社会发展进入帝国主义阶段后，无产阶级贫困与社会生产力的发展不断异化，日益沦为资本的附庸，资产者和无产者的矛盾达到顶峰，处于炼狱中的无产者们不得不拾起武器反抗资产者，推翻压迫自己的大山，消灭私有制。

贫困具有绝对化与相对化的特征。列宁在继承马克思、恩格斯对贫困的论述时首次提出了“相对贫困化”与“绝对贫困化”的概念。他认为资本主义制度剥削下，无产阶级的贫困与其所创作的财富成反比，其贫困呈现绝对增长状态，即“工人的贫困是绝对的，他们越来越穷”②。但无产阶级的社会收入所占的份额和增长速度同资产阶级的财富相比呈现相对化贫困特征，“工人的相对贫困化，即他们在社会收入中所得份额的减少更为明显。工人在财富迅速增长的资本主义社会中的比重愈来愈小，因为百万富翁的财富增加得愈来愈快了”③。这些论述进一步丰富了马克思主义反贫困理论。

发动无产阶级革命与大力发展生产力是解决贫困的方法。列宁认为，19世纪末20世纪初的俄国民众深受私有制剥削，只有在无产阶级政党的领导下以革命手段推翻资本主义私有制才能使贫困群众获得制度解放。他带领群众发动了十月革命，建立了苏维埃政权。取得政权后，大力发展生产力是摆脱

① 列宁. 论社会主义［M］//列宁专题文集. 北京：人民出版社，2009：54.

② 列宁. 论社会主义［M］//列宁专题文集. 北京：人民出版社，2009：78.

③ 列宁. 列宁全集：第22卷［M］. 北京：人民出版社，1990：240.

贫困的必由之路。“无产阶级取得国家政权以后，它的最根本的需要就是增加生产量，大力提高社会生产力”①，制定了新经济政策和迂回赶超战略，余粮收集制与商品货币关系的恢复、商品流通等方面的变革活跃了市场经济和自由贸易，大大促进了俄国生产力的发展，在一定程度上增加了民众的收入，减轻了俄国的贫困程度，丰富了科学社会主义理论。

同时，列宁还提出改造小农的反贫困思想，认为无产阶级教育水平与文化素质的低下是导致无产阶级贫困的结果，也是造成新一轮无产阶级贫困的原因。为此，列宁提出以教育改造小农来消除贫困，并主张让农民融入都市社会，从事工业、服务业等非传统农业工作②，打破贫困代际传递。

以上这些反贫困思想发展了马克思主义反贫困理论的基本内容，丰富了科学社会主义理论，为中国特色反贫困提供了重要的理论渊源。

（三）对马克思主义经典作家反贫困理论的评述

马克思和恩格斯基于欧洲实践创造了马克思主义反贫困理论，指出了无产阶级贫困的总根源和实现路径；列宁从俄国反贫困的实践中论证了马克思主义反贫困理论的科学性与先进性，继承了无产阶级贫困产生的根源和解决路径，创新性地提出了贫困的绝对化与相对化特征、改造小农的反贫困思想等理论。这些马克思主义经典作家的反贫困理论具有许多共性，可归结如下：

一是消除私有制、建立公有制的反贫困思想。马克思和恩格斯对无产阶级贫困问题进行了深入剖析，认为资本主义私有制是其形成的根源，这一制度使得资本家对无产者的“剥削”合法化，率先提出消灭私有制、消除贫困、实现共同富裕的反贫困目标；列宁继承了这一观点，通过十月革命消除私有制，建立起苏维埃政权，为反贫困消除了制度障碍。中国特色反贫困理论继承和发展了马克思、恩格斯、列宁关于消除私有制、建立社会主义公有制的反贫困思想，认识到社会主义制度在解决贫困问题上有着根本的优越性，要

① 列宁．列宁选集：第4卷［M］．北京：人民出版社，1995：623.

② 列宁．列宁选集：第1卷［M］．北京：人民出版社，2012：216.

充分发挥社会主义政治制度优越性①，始终坚持在社会主义公有制的前提下探索扶贫开发道路。

二是发展生产力的反贫困思想。马克思和恩格斯认为只有通过生产力的发展才能从根本上减少贫困，社会主义只有达到或超越资本主义生产力发展水平，才能最终战胜资本主义；列宁认为大力发展生产力是摆脱贫困的必由之路，“无产阶级取得国家政权以后，它的最根本的需要就是增加生产量，大力提高社会生产力”，并通过新经济政策和迂回赶超战略解放和发展生产力。中国特色反贫困始终坚持发展的理念，通过发展经济与科技，提高生产力水平，结合新的时代条件主张生态脱贫，提出“保护生态就是发展生产力”的著名论断，强调不能以破坏生态环境为代价谋求发展，把马克思关于发展生产力减贫的思想提升到了新境界。

三是全面自由发展的反贫困思想。马克思认为无产阶级最终必须要依靠自身解放，实现自身全面自由的发展，才能真正消除贫困，并提出：“为改变一般的人的本性，使它获得一定劳动部门的技能和技巧，成为发达的和专门的劳动力，就要有一定的教育或训练。”② 列宁主张教育改造小农，并鼓励其参加城市中的工业、服务业等非传统农业工作。党的十八大以来，中国特色反贫困更加注重提高人民的思想道德水平和科学文化水平，创造性地提出内源性扶贫的思想，注重提高贫困人口内生动力，“通过文化教育和技能培训，帮助贫困地区群众提高身体素质、文化素质、就业能力，阻止贫困现象的代际传递”③，真正挖掉“穷根儿”，实现贫困人口的脱贫致富。

马克思主义经典作家中的反贫困理论具有科学性、革命性、先进性，既丰富了科学社会主义理论，又在21世纪的今天熠熠生辉，为中国特色反贫困理论的形成和发展提供了重要的理论渊源。

---

① 习近平．习近平总书记系列重要讲话读本［M］．北京：学习出版社、人民出版社，2014：241.

② 马克思恩格斯全集：第44卷［M］．北京：人民出版社，2001：327－328.

③ 习近平谈精准扶贫（论述摘编）［J］．新湘评论，2015（19）：4－6.

三、中国共产党历届中央领导集体的反贫困思想

中国共产党人历来重视扶贫工作，新中国成立以来的社会主义建设发展史，就是中国共产党人带领全国人民消除贫困、改善民生、实现共同富裕的奋斗史。从毛泽东到习近平，中国共产党人始终坚持马克思主义反贫困理论指导，结合具体的实践分类施策，不断丰富着马克思主义反贫困理论。

新中国成立之初，以毛泽东为核心的党的第一代中央领导集体将消除贫困作为奋斗目标，指出：新成立的中央政府必须“进行大规模的经济建设和文化建设，扫除旧中国所留下来的贫困和愚昧”①，确立了中国共产党是消除贫困的坚定领导力量，农民是反贫困的主导力量，工业化和现代化是反贫困目标的前提和基础，合作化是反贫困的基本战略，长期主张兴农反贫，高度重视粮食生产，提倡厉行节约，反对铺张浪费。以邓小平为核心的党的第二代中央领导集体提出“贫穷不是社会主义，社会主义要消灭贫穷”，揭示了生产力落后是导致贫穷的重要根源，必须从解放生产力、发展生产力入手，探寻摆脱贫困的道路，并将坚持社会主义政治制度作为扶贫开发的基本前提，将实现共同富裕作为扶贫开发的总目标。江泽民首次系统阐述了中国扶贫开发工作的性质、对象、主体、组织形式、实现途径等重大问题，形成了中国扶贫开发理论的基本框架。胡锦涛科学判断了中国扶贫开发所处的历史阶段，明确提出到2020年全面建成小康社会时扶贫开发的总体目标。党的十八大以来，习近平总书记根据扶贫开发工作面临的新形势和贫困群体的新特点，不断丰富和发展了中国特色反贫困理论。

（一）毛泽东的反贫困思想

毛泽东认为旧中国贫穷与落后根源于落后的旧制度，民众受制于封建主义、官僚资本主义、帝国主义三座大山的压迫与剥削。因此，新民主主义革命时期，毛泽东从土地改革入手，通过铲除农村剥削制度，解放农村地区生产力，不断解决农村地区的贫困问题。中华人民共和国的诞生标志着中国人

① 毛泽东．毛泽东选集：第5卷［M］．北京：人民出版社，1977：136.

民在中国共产党的带领下推翻了长期压迫人民的旧制度，标志着长期被剥削、压迫的劳苦大众成为新中国的主人，更标志着中国人民的命运第一次完全地掌握在自己手中。

中华人民共和国成立初期，国内一穷二白、百废待兴，经济社会发展远远落后于西方国家，社会主义建设步履维艰。毛泽东在中国人民政治协商会议第一届全体会议上指出，未来人民政府的任务是带领广大群众战胜所有艰难，开展经济文化等各方面的建设，铲除旧社会残留的贫穷落后，逐步使全体社会大众于精神上和物质上都得到相应满足。

1953 年 6 月，毛泽东提出了过渡时期的总路线，并先后实施了“一化三改造”运动，特别针对农业进行社会主义改造，分“互助组、初级社、高级社”三个阶段逐步完成农业合作化，消灭私有制，建立社会主义公有制，在公有制基础上带领农民逐步富裕起来。到 1956 年年底，全国加入合作社的农户达 96.3%，手工业者达到 90%，资本主义工商业也取得突破性成就。“三大改造”使得中国建立了社会主义制度，进入了社会主义初级阶段，为农民扫除了贫困的制度障碍。毛泽东认为农业合作化道路是农民摆脱贫困的必由之路，指出“全国来看，大多数农民，都以摆脱贫困，过上好日子为当时的目标，而社会主义大道正是顺应了民心所向”。经过全国人民的齐心协力，1956 年年底，农业的社会主义改造逐步完成，加入合作社的农户高达 96.3%，农业产量不断提高，农村贫困现象得到改善，“路有饿殍”现象明显减少，夯实了社会主义建设初步探索时期的经济基础。同时，毛泽东认为发展社会主义工业化是扭转国内贫困落后局面的关键。生产力不发达是贫困产生的重要原因，而大力发展工业化是提高生产力的重要途径。因此，1957 年 10 月召开的中共八届三中全会上，毛泽东提出在优先发展重工业的条件下，“必须实行工业与农业同时并举，逐步建立现代化的工业和现代化的农业”，解放和发展生产力。要对乡村特困人口和受灾群众进行帮扶救助，为受灾群众提供救济专项资金和物资，缓解农村贫困人口的生存状况。

在毛泽东反贫困思想的指引下，全国贫困现象大幅减少，人民的生活条件发生了明显改变，但 20 世纪 60 年代后期受“左”倾思想影响，很多政策“剑走偏锋”，基本无法推行下去。到 1976 年，全国的贫困形势依然严峻。

（二）邓小平的反贫困思想

党的十一届三中全会的召开，不仅成为党在历史上的伟大转折，也是我国反贫困事业的重大转折。改革开放带来的经济发展提高了部分群众的物质生活质量，改善了贫困群众的经济状况。这一时期，邓小平吸取了社会主义建设中的教训，提出了许多原创性的思考和论断。

首先，邓小平认为贫困是长期存在的社会现实。他指出，现在世界上我们是贫穷的，即使在第三世界，我们也是欠发达国家的一部分。虽然我国当前已经建立了先进的社会制度——社会主义制度，但是我国在当前处于并将长期处于社会主义初级阶段，加之当前的发展并不充分，社会财富积累得并不多，因此贫困仍然存在。

其次，邓小平客观分析了社会主义先进性，认为其通过生产力得以体现，他多次强调社会主义之所以先进，主要是从生产力的发展上表现出来。社会主义社会的生产力比资本主义社会的生产力先进，能够通过社会主义的自我调整改革生产关系，使之能够与不断发展的先进生产力相配套，并以整个社会的发展利益为目标，将生产成果惠及全体人民，进而改善人民的生活状态。

再次，邓小平认为解放和发展生产力是消除贫困的关键，多次指出“社会主义要消灭贫穷。贫穷不是社会主义，更不是共产主义”，提出社会主义的本质是“解放生产力，发展生产力，消灭剥削，消除两极分化，最终达到共同富裕”。因此，解放和发展生产力至关重要，只有拥有先进的社会生产力，才能充分发挥社会主义制度的优越性，让人民摆脱贫困，实现全体人民共同富裕。

最后，邓小平提出“阶梯式”反贫困构想。一方面，确立“先富帮后富”的发展思路，让部分有条件的地区和个人先发展起来，再带动别的地区和个人，最终实现共同富裕；另一方面，确立“三步走”的反贫困目标，第一步是到1990年，每人平均年收入到达500美元，第二步是到20世纪末，每人平均年收入到达1000美元，第三步是到21世纪中叶，每人平均年收入达到大约4000美元。

邓小平从社会主义本质的角度解读反贫困，丰富了马克思主义反贫困理论的内涵，发展了中国特色反贫困理论体系，推动了国内反贫困事业的发展。

（三）江泽民的反贫困思想

20 世纪 90 年代，国内反贫困进入了新的历史时期，江泽民认真总结了前几届党的中央领导集体对中国贫困问题的认识，结合自身长期以来的扶贫实践与当时社会的发展情况，首次系统阐述了中国特色反贫困理论的基本框架，提出反贫困工作的性质、主体、组织形式、实现途径等重大问题。

反贫困是党的工作宗旨的重要体现。江泽民认为：政府是人民的政府，中国共产党人始终围绕全心全意为人民服务不变，无论在何种时期，何时何地，帮助贫困地区群众脱贫，改善人民群众的生活，都是党和政府义不容辞的责任。反贫困是检验领导干部党性与忠诚度的重要指标，也是考察领导干部工作的重要指标，更是加强党群联系、强化党员责任的重要方式。

消除贫困是保持稳定的前提。让贫困地区快速富裕起来是一件大事，关系到国内的经济建设、政治建设，关系到国家繁荣昌盛、人民幸福安康，更关系到社会稳定、国家安宁。因此，江泽民非常重视少数民族和偏远边疆的贫困问题，提出“西部大开发”等战略，加强东西部交流协作。

消除贫困是社会主义社会关于人权的基本表现形式。人权内容的本质与核心是生存权，贫困问题是威胁人民群众生死存亡、发展壮大的重要问题，反贫困正是要消除威胁人民生存的障碍，保障人民的生存权、发展权。江泽民指出，像我们国家这种发展中国家，生存与发展是组成人权的重点，结合中国农村的现实情况，温饱的实现就是阶段性的人权实现，反贫困实践正体现了党和国家对人权问题的重视。

反贫困要抓主体。江泽民认为扶贫主体在农村有两个，即自我与他人，要打赢扶贫战役就必须动员全社会人民一同参与扶贫。只有全党、全国、全社会联合起来，共同为扶贫工作发力，才能真正打赢贫困这场战役，才能让全国人民富裕起来。

反贫困要有规划。2001 年，国家颁布《中国农村扶贫开发纲要（2001—2010 年）》，江泽民提出了八点要求：一要坚持改革，二要艰苦奋斗，三要贯彻发展，四要加快发展，五要动员社会，六要东西协作，七要组织落实，八要加强领导。

这一时期，中国特色反贫困事业基本实现了邓小平“三步走”中的第二步目标，人民温饱问题基本解决，扶贫开发事业也逐步进入了新的历史时期。

（四）胡锦涛的反贫困思想

党的十六大以后，胡锦涛科学判断了中国特色反贫困所处的历史阶段，明确提出到 2020 年全面建成小康社会时扶贫开发的总体目标，坚持以人为本，围绕科学发展进行扶贫，将反贫困事业推到了新的高度。

反贫困应当以人为本，关注人的真正需求。以人为本是科学发展观的核心，为人民服务是中国共产党的宗旨，人民是国家的主人，反贫困理应以人为本，要多关注贫困人口自身的生产与生活需求，而非盲目给钱给物。

社会主义和谐社会与扶贫开发密切联系。2004 年，胡锦涛提出建设社会主义和谐社会的目标，将扶贫开发确立为和谐社会建设的一项重要内容，二者相互作用、密切联系。胡锦涛强调：“扶贫开发是建设社会主义事业的一项具有历史意义的任务，同时也是构建和谐社会环境的一项重要内容。”只有在工作中将二者相联系，才能加快脱贫速度，拓宽反贫困思路，提高反贫困成效。

关注贫困人口的保障问题。国家要想实现全面小康和和谐稳定，必须保证贫困地区也能够实现小康与稳定。在《中共中央关于制定国民经济和社会发展第十二个五年规划的建议》与《中国农村扶贫开发纲要（2011—2020年)》中突出强调关注贫困群众的吃饭、穿衣、义务教育、基本医疗和住房等权益，让贫困地区的生产条件、生活条件、社会事业、社会保障水平、生态环境有了大的突破性进展，让贫困群众的平均纯收入比全国平均的增长幅度要大，在基本公共服务上也要达到全国水平。

胡锦涛非常注重扶贫的实现策略。他多次强调要把扶贫工作当作一项重要的政治任务来抓，构建起多角度的帮扶体制；要建立中央、省级、县级管理体制，建立一套片、村、户一体的工作机制，以规范贫困地区的扶贫工作机制，提高扶贫成效。

以胡锦涛同志为总书记的党中央在实践中围绕科学发展观扩展了马克思

主义反贫困理论中关于人的发展的内容，丰富了中国特色反贫困理论的内容，为党的十八大后“精准扶贫”政策的提出奠定了基础。

四、习近平总书记关于扶贫工作的重要论述

党的十八大以来，我国在脱贫攻坚领域取得巨大成就，彰显了以习近平同志为核心的党中央的坚强领导和中国特色社会主义制度的优越性。习近平总书记关于扶贫工作的重要论述是在对我国及世界形势充分把握、准确分析的时代背景下形成和发展的，是对中国特色反贫困理论和实践的充分总结，是马克思主义中国化的最新理论成果。在实践中坚持以人民为中心的发展思想，创新性地提出了“精准扶贫”思想，为新时代反贫困工作的顺利开展提供了思想指南。

（一）习近平总书记关于扶贫工作重要论述的时代背景

任何成果的形成与发展，都离不开其所存在的时代背景。习近平总书记关于扶贫工作的重要论述正是在不断适应国内、国外时代背景的基础上，不断形成、完善和发展的。一方面，中国共产党人始终坚持全心全意为人民服务的宗旨，在全面建成小康社会的背景下，让贫困人口与全国人民一道迈入小康社会是中国共产党人的庄严承诺；中国几十年的扶贫工作虽然减贫效果明显，却依然存在数量庞大的贫困人口，贫困区域较为集中，深度贫困问题突出；长期实施的开发式扶贫无法做到对贫困人口的精确瞄准，难以满足我国继续减贫的需要。另一方面，中国作为一个负责任的大国，正在走向世界舞台的中央，如何使数量庞大的贫困人口实现顺利脱贫，既是中国政府的责任，也是世界关注的焦点；国外部分国家和地区对贫困瞄准问题的先导性实践，为中国扶贫方式的转变提供了成功经验。

1. 国内时代背景

党的十八大以来，全面建成小康社会的短板——绝对贫困问题尚未解决，“两个一百年”奋斗目标有待加强。在实现全面建成小康社会的历史交汇之际，以习近平同志为核心的党中央高度重视扶贫工作，把脱贫攻坚提上治国理政的日程。

（1）执政背景：中国共产党人对全面建成小康社会的庄严承诺

全心全意为人民服务是中国共产党人的宗旨。从 1979 年邓小平提出“小康”，中国共产党人完成了从温饱到小康的历史性跨越，经历了从“建成低水平的、不全面的、发展很不平衡”的小康到建设“全面小康”再到“全面建成小康社会”的历史性进步，其执政目标都是要让人民群众过上好日子。① 扶贫能够使大多数人民摆脱贫困，体现了社会主义的根本价值追求和奋斗理想，2020 年全面建成小康社会，实现第一个百年奋斗目标，兑现中国共产党人对全体人民的庄严承诺，最艰巨的任务就是扶贫。党的十八大以来，习近平总书记把扶贫提到新的高度，提出一系列新思想新观点新要求。习近平总书记关于扶贫工作的重要论述正是在此执政背景下逐步形成、完善与发展的。

（2）现实背景：中国巨大的减贫成效背后贫困问题依然突出

改革开放以来，中国的减贫事业取得显著成效。改革开放之初，中国农村贫困发生率高达 97.5%，随着经济的快速发展与改革开放的深入推进，1986 年中国开始实施以政府为主导的开发式扶贫，此后，中国农村贫困人口开始大幅度下降。2012 年，贫困发生率下降至 10.2%，贫困人口数量从 1978 年的 7.7 亿人减少到 9899 万人。② 但是，中国的贫困问题始终不容乐观，主要表现在以下三方面：第一，中国贫困人口数量依然巨大，相当于同期世界贫困人口的 11.2%。第二，中国农村贫困人口分布呈现局部集中、总体分散的特征，多集中于中西部地区，并形成了几个集中连片特困地区。第三，部分贫困地区经济发展、基础设施、公共服务都非常落后，处于长期的深度贫困状态。贫困问题的存在难以满足社会发展的需要，更无法满足全面建成小康社会的需要。

（3）实践背景：开发式扶贫难以满足环境变化的需要

开发式扶贫是中国特色反贫困的基本方针，也是中国减贫的基本特征与经验。开发式扶贫鼓励开发利用当地资源、倡导贫困人口参与经济活动，以不断培育自我发展能力。其扶贫主体以政府为主导，扶贫对象是贫困区域而

---

① 黄承伟．习近平扶贫思想论纲［J］．福建论坛（人文社会科学版），2018（1）．

② 国家统计局．中国统计提要 2019［M］．北京：中国统计出版社，2020．

非贫困人口，依靠扶贫直接或间接的带动效应帮助贫困人口摆脱贫困。[①] 因此，开发式扶贫更多地注重政府发挥作用和区域减贫效果，忽视了对贫困人口的精确瞄准，容易出现贫困区域发展水平低、发展能力弱、带动贫困人口脱贫能力差等后果，使得我国继续减贫难度增大，无法满足新时代我国环境的变化和全面建成小康社会减贫目标的需要。

2. 国际时代背景

党的十八大以来，面对复杂的国际局势，以习近平同志为核心的党中央始终站在全面建成小康社会和实现中华民族伟大复兴中国梦的战略高度，以消除绝对贫困为己任，不断实践着中国特色反贫困理论。

（1）大国责任：国际社会对中国扶贫认可度的提升与期待

国际社会高度关注贫困问题。自 20 世纪 90 年代以来，贫困问题开始引起国际社会的广泛关注，到 21 世纪初，国际社会许多机构先后出台了一系列涉及贫困的纲领性文件。2004 年，《上海减贫议程》呼吁发展中国家、发达国家和国际机构要加大减贫力度，实施加快增长和减贫的政策与行动；2010 年，联合国千年发展高级别会议，讨论了贫困、性别平等、可持续发展等问题；2015 年，联合国可持续发展峰会通过了以减贫为首要目标的《2015 年后发展议程》，体现了国际社会消除贫困的信心。中国作为人口最多的发展中国家，长期以来高度重视并采取各项措施实施扶贫开发，对全球减贫贡献率达到 76%，充分体现了全球最大发展中国家履行大国责任的承诺。

（2）国外经验：国外已有对贫困瞄准的先导性实践

世界范围内已有解决贫困瞄准问题的先导性实践。除了基础教育、公共卫生、基础设施建设等普惠性益贫措施外，部分国家和地区实施的专门瞄准贫困对象的扶贫措施，对于改变我国开发式扶贫中难以解决的精确瞄准问题具有一定价值。如在拉美地区实施的有条件现金转移支付项目，专门针对有未成年子女的贫困家庭，一定条件下，政府通过发放现金补助等形式对贫困人口展开帮扶；在孟加拉国等东南亚地区，针对极端贫困家庭，政府可专门提供扶贫小额信贷或技能培训来解决贫困人口的贫困问题。国外已有的针对

---

① 檀学文，李静. 习近平精准扶贫思想的实践深化研究［J］. 中国农村经济，2017（9）.

贫困瞄准的先导性实践使扶贫对象更加精准，扶贫效率不断提高，扶贫措施更加到位。我国新时期扶贫开发与精准扶贫相结合的扶贫模式，正是借鉴了国外部分国家和地区的经验，并在此基础上不断完善和发展。

（二）习近平总书记关于扶贫工作重要论述的形成过程

实践是理论之源。习近平总书记从青年时期就开始思考反贫困问题，历经了几十年的积淀，在实践中不断创新和发展了反贫困思想。从实践层面来看，习近平总书记关于扶贫工作的重要论述既源于其个人的成长经历，更源于他担任党的总书记后，在长期对反贫困工作深刻思考认识的基础上，对我国脱贫攻坚重点、难点问题做出的重大判断，并形成了逻辑严密、内涵丰富的思想体系。习近平总书记关于扶贫工作重要论述的形成过程，大致可以分为以下四个阶段。

1. 习近平总书记关于扶贫工作重要论述萌芽于梁家河插队时期

梁家河插队经历是习近平总书记关于扶贫工作的重要论述的重要原点。梁家河 7 年的插队经历在习近平的人生中非常重要，成为他长期关注贫困与反贫困的根源①。七年的知青岁月孕育了习近平对贫困群众的深厚感情。插队时期，习近平日日吃住在百姓家，天天看到百姓的生活状况，使其对贫困群众有了天然感情，以后无论在哪里工作，他心里始终放不下对贫困地区困难群众的牵挂。七年的知青岁月使习近平初步认识到当时农村的致贫原因。插队经历使习近平认识到自然条件艰苦、体制机制不完善、政策执行不到位是造成当时农村贫困的主要原因。七年的知青岁月初步形成了习近平对反贫困的认识思路。青年习近平非常注重发挥农村基层党支部作用，认为农村基层党组织在基层实践中发挥了巨大作用，为后来提出精准扶贫、党建扶贫奠定了基础。后来他提出的对贫困人口瞄准、精确到人的扶贫方式，都与在梁家河的插队经历有很大关系。

2. 习近平总书记关于扶贫工作重要论述形成于河北、福建工作时期

河北、福建工作时期是习近平总书记关于扶贫工作重要论述的初步形成

① 刘永富. 习近平扶贫思想的形成过程、科学内涵及历史贡献［J］. 行政管理改革，2018（9）.

时期。20世纪80年代初到20世纪末，我国农村贫困呈现出以绝对贫困为主的特征，消除绝对贫困成为当时最主要的反贫困任务。期间，习近平先后在河北、福建等地工作，从封闭内陆到沿海特区，从平原到山区，习近平开始深入思考扶贫中存在的各种问题，探寻实践中的解决思路，深化了对扶贫长期性、艰巨性认识。他提出“脱贫攻坚与奔小康，是实现共同富裕目标的两个并行不悖、互相促进的任务”，明确了扶贫工作与小康社会的关系；提出“要从制度上研究一套办法”来解决贫困问题，强调了贫困问题的解决离不开制度优势的发挥；提出“扶贫措施呈现从多点突破向体系推进的特点”，涉及发展商品经济、农业农村发展、重视教育、保护生态、移民搬迁、地区协作、加强党组织建设等方面。精准扶贫提到的资金使用精准、措施到户精准、易地扶贫搬迁、教育扶贫、生态扶贫等观点在当时都已初具雏形。

3. 习近平总书记关于扶贫工作重要论述发展于浙江主政时期

浙江主政时期是习近平总书记关于扶贫工作重要论述的主要发展时期。21世纪前10年是我国扶贫工作转型期，绝对贫困与相对贫困交织存在是当时贫困问题的主要特征。这一时期，习近平主政于浙江，该省虽然农民人均纯收入始终保持在全国前列，但区域发展不平衡问题突出，区域发展存在差距。习近平指出：“城乡发展不平衡不协调，是我国经济社会发展存在的突出矛盾，是全面建成小康社会、加快推进社会主义现代化必须解决的重大问题。”正是城乡分割的二元结构导致农村发展严重滞后，成为我国农村贫困的制度性根源。在此基础上，习近平明确了新的扶贫思路，并从战略意义、新方式和新路径进行深入探索，进一步发展了其在河北、福建工作时期初步形成的扶贫思想，为党的十八大以后其扶贫论述的成熟奠定了重要基础。

4. 习近平总书记关于扶贫工作重要论述成熟于担任党的总书记以后

担任党的总书记以后是习近平总书记关于扶贫工作重要论述的稳定成熟时期。党的十八大以来，习近平总书记以强烈的历史担当和改革创新精神，坚持问题导向和目标导向，围绕扶贫中的“扶持谁”“谁来扶”“怎么扶”“如何退”等问题，破解了扶贫领域的深层次矛盾，建设性地提出“精准扶贫”思想，指出“实施精准扶贫方略，找到‘贫根’，对症下药，靶向治疗”①，变革了以往的粗放式扶贫方式。注重对贫困人口的瞄准，成为中国特色反贫困的重大突破创新。经过八年的脱贫攻坚，在习近平总书记的带领下，我国扶贫四梁八柱的顶层设计已经形成，政策制度不断完善，各种关系相继理顺，“三位一体”的大扶贫格局逐步确立，习近平总书记关于扶贫工作的重要论述在这一时期也不断成熟与完善。

（三）习近平总书记关于扶贫工作重要论述的科学内涵

习近平总书记关于扶贫工作重要论述深刻阐述了新时代扶贫开发在我国经济社会发展中的重要地位和作用，是习近平新时代中国特色社会主义思想的重要组成部分，体现了马克思主义世界观和方法论。其科学内涵主要体现在以下几方面。

扶贫是社会主义的本质要求。消除贫困、改善民生、实现共同富裕是社会主义的本质要求，也是中国共产党人为人民谋幸福、为民族谋复兴初心和使命的有力体现。习近平总书记多次指出：“贫穷不是社会主义。如果贫困地区长期贫困，面貌长期得不到改变，群众生活长期得不到明显提高，那就没有体现我国社会主义制度的优越性，那也不是社会主义。”只有让贫困人口和贫困地区同全国一道进入全面小康社会，才能体现社会主义制度的优越性。

两个“重中之重”思想。习近平总书记强调：“‘三农’工作是重中之重，革命老区、民族地区、边疆地区、贫困地区在‘三农’工作中要把扶贫开发作为重中之重，这样才有重点。”② 帮助贫困村发展、贫困户增收是“三农”工作的重要内容，也是全面建成小康社会的重点和难点，新时期扶贫开发工作要把解决“三农”问题作为重点，不断发展农业、造福农村、富裕农民。

精准扶贫思想。习近平总书记指出：“扶贫开发贵在精准、重在精准，成败之举在于精准。”在扶贫中要运用科学有效的管理办法，对扶贫对象进行精

---

① 习近平．习近平扶贫论述摘编［M］．北京：中央文献出版社，2018.

② 习近平．习近平关于扶贫开发论述摘编［J］．中国扶贫（特刊），2015（12）：2.

准识别、精准帮扶、精准管理的方式，做到扶贫对象精准、措施到户精准、项目安排精准、资金使用精准、因村派人精准、脱贫成效精准，解决区域性整体贫困问题，实现脱真贫、真脱贫。

科学扶贫思想。习近平总书记认为："推进扶贫开发、推动经济社会发展，首先要有一个好思路、好路子。"把扶贫开发与做好"三农"工作、开展教育扶贫等结合起来，把做好扶贫开发的顶层设计与加强基层探索结合起来，从粗放扶贫转向精准扶贫，从单一扶贫转向系统扶贫，探索科学模式，促进贫困地区和扶贫对象加快发展，为全面建成小康决胜期、打赢脱贫攻坚战注入强大思想动力。

内源性扶贫思想。习近平总书记强调："扶贫先扶志，扶贫必扶智。扶志就是扶思想、扶观念、扶信心，帮助贫困群众树立起摆脱困境的斗志和勇气；扶智就是扶知识、扶技术、扶思路，帮助和指导贫困群众着力提升脱贫致富的综合素质。"要调动贫困地区和贫困群众的积极性与主动性，激发其脱贫致富的内在活力，实现扶贫开发由外部"输血"式扶贫向内部"造血"式脱贫转变。

社会合力扶贫思想。习近平总书记指出："扶贫开发是全党全社会的共同责任，要动员和凝聚全社会力量广泛参与。"坚持专项扶贫、行业扶贫、社会扶贫等多方力量的有机结合，促进政府、市场、社会协同推进，既能发挥社会主义制度集中力量办大事的优势，又能形成上下联动、横向联动、齐抓共管的"大扶贫格局"。

共建没有贫困的人类命运共同体思想。消除贫困是人类的共同使命，通过加快全球减贫进程、加强减贫发展合作、实现多元自主可持续发展、改善国家发展环境等形式提出中国方案、贡献中国智慧、体现中国担当，同舟共济、攻坚克难、致力合作共赢，共建一个没有贫困、共同发展的人类命运共同体，为世界各国人民带来更多福祉。

（四）习近平总书记关于扶贫工作重要论述是对马克思主义反贫困理论的继承与发展

习近平总书记关于扶贫工作重要论述是我国脱贫攻坚四梁八柱顶层设计

的指导思想，更是精准扶贫系统设计的科学指南，是对马克思主义反贫困理论的继承与发展。其继承性主要体现在以下三个方面：第一，继承和发展了马克思、恩格斯关于消除私有制、建立社会主义公有制的反贫困思想，提出“社会主义在解决贫困问题上有着根本的优越性，要充分发挥社会主义政治制度优越性”[①]，始终坚持在社会主义公有制的前提下探索扶贫开发道路。第二，继承和发展了马克思主义发展生产力的反贫困思想，指出“发展是甩掉贫困帽子的总办法”。始终重视经济在扶贫中的重要作用，通过促进经济发展带动扶贫。第三，继承和发展了马克思主义人的全面而自由发展的反贫困思想，认为“真正的社会主义不能仅仅理解为生产力的高度发展，还必须有高度发展的精神文明。一方面要让人民过上比较富足的生活，另一方面要提高人民的思想道德水平和科学文化水平，这才是真正意义上的脱贫致富”[②]。

习近平总书记关于扶贫工作重要论述产生于新时代中国特色反贫困伟大实践当中，提出了许多具有创新性的论述，主要表现为：一是创造性提出扶贫是社会主义的本质要求。习近平总书记指出：“贫穷不是社会主义。如果贫困地区长期贫困，面貌长期得不到改变，群众生活长期得不到明显提高，那就没有体现我国社会主义制度的优越性，那也不是社会主义。”消除贫困、改善民生、实现共同富裕是社会主义的本质要求，也是中国共产党人为人民谋幸福、为民族谋复兴初心和使命的有力体现。二是创造性提出两个“重中之重”思想。习近平总书记强调：“‘三农’工作是重中之重，革命老区、民族地区、边疆地区、贫困地区在‘三农’工作中要把扶贫开发作为重中之重，这样才有重点。”三是创造性提出精准扶贫思想。习近平总书记指出：“扶贫开发贵在精准、重在精准，成败之举在于精准”，要看重扶贫开发的成效，做到识真贫、扶真贫、真扶贫。四是创造性提出内源性扶贫思想。习近平总书记始终注重提高贫困人口内生发展能力，多次强调“通过文化教育和技能培训，帮助贫困地区群众提高身体素质、文化素质、就业能力，阻止贫困现象的代际传递”。五是创造性提出共建没有贫困的人类命运共同体思想。消除贫

---

① 习近平．习近平总书记系列重要讲话读本［M］．北京：学习出版社、人民出版社，2014：241.

② 习近平．摆脱贫困［M］．福州：福建人民出版社，2014：183.

困是人类的共同使命，“要凝聚共识、同舟共济、攻坚克难，致力于合作共赢，推动建设人类命运共同体，为各国人民带来更多福祉”①。

（五）习近平总书记关于扶贫工作重要论述体现了深厚的马克思主义哲学意蕴

辩证唯物主义和历史唯物主义是观察、分析、研究、解决问题的科学世界观和方法论，也是中国共产党人认识与解决社会问题、推动社会进步的重要思想武器。习近平总书记对马克思主义世界观和方法论始终保持高度的理论自觉和理论自信，注重用马克思主义哲学思维来指导实践工作，体现了习近平总书记深厚的马克思主义哲学理论功底，构成完整、科学的辩证思维体系，具有很强的针对性和指导性。

坚持物质和意识的辩证关系。在全面建成小康社会的历史进程中，习近平总书记既能看到物质决定意识的重要性，认识到必须解放和发展生产力，不断发展经济以带动贫困地区和贫困人口的快速发展，使贫困人口尽快脱贫致富，又能看到意识对物质的能动性，注重贫困地区和贫困人口内生动力的发挥，注重坚持实事求是原则，因地制宜地进行扶贫开发，并历史性地提出要精准扶贫，要具体问题具体分析地扶贫减贫，精准到户到人，切忌喊口号，不能制定好高骛远的目标，要根据真实情况进行真扶贫、扶真贫。习近平总书记指出，“发展是甩掉贫困帽子的总办法”，要坚持一切从实际出发，以确保最终实现“脱真贫”的目标。习近平总书记始终用正确的思想认识促进扶贫开发工作的开展，使精准扶贫精准脱贫得以切实有效地实施与落实。

坚持普遍联系的观点。习近平总书记注重用普遍联系的观点去解决问题，将贫困问题与全面建成小康社会联系在一起，提出：“没有贫困地区的小康，就没有全面建成小康社会。”在实践中，特别注重整体性思维，既能看到全面建成小康社会的整体发展战略，又能看到贫困地区发展落后的局部现象，将整体与部分统筹安排，强调扶贫工作必须着眼全局，统筹发展，既要通过加快经济发展，改善生态环境，加强综合治理，带动贫困地区脱贫致富，又要

① 习近平．习近平扶贫开发论述摘编［J］．中国扶贫（特刊），2015（12）：2.

加强顶层设计，强化整体谋划，从上到下加强对生态环境保护的重视与认识，加快推进治理体系和治理能力的现代化，通过脱贫致富进一步改善部分地区生态环境脆弱、治理能力不足的问题。

坚持对立统一规律。习近平总书记认为扶贫工作的开展，是在压力与动力、困难与机遇中共同进行，体现了矛盾的观点。大多数贫困地区经济落后、基础设施薄弱、发展相对缓慢构成发展中的压力和困难，但是民风淳朴、资源相对集中构成了发展中的动力与机遇；同时，扶贫工作时间紧迫，任务繁重，但如果各级干部能够化压力为动力，关心爱护贫困地区的人民群众，创新工作思路，充分发挥能动作用，就能迎来“柳暗花明又一村”；扶贫开发既要实现短期目标，又要顾全长远发展需要和整体利益，现实困难与长远发展都要成为扶贫开发的重点。

坚持马克思主义群众观。扶贫开发是对习近平总书记以人民为中心发展思想的集中体现，既展现了其真挚的为民情怀，又体现了其务实的工作作风。党的十八大以来，习近平总书记先后多次深入祖国各地，越是贫穷的地方，越是偏远的地方，越是人民群众生活困难的地方，越成为习近平总书记关注的重点。正如习近平总书记在2017年新年贺词中说的那样：“我最牵挂的还是困难群众。”连续五年新年第一次考察到贫困地区，多次召开关于扶贫的会议，发表涉及扶贫开发的讲话40余篇，坚持问题导向和目标导向，破解扶贫开发中的深层次问题，用实际行动践行着为人民谋幸福、为民族谋复兴的初心和使命。

第三节 中国特色反贫困的主要特征

中国特色反贫困历经70余年的探索，在实践中不断完善发展。党的十八大以来，脱贫攻坚被纳入“五位一体”总体布局和“四个全面”战略布局进行整体部署，是新时代中国共产党带领全国人民消除绝对贫困、打赢脱贫攻坚战的重要理论遵循，也是全面建成小康社会、实现共同富裕的关键。中国特色反贫困也出现了一些新的变化与特征，主要体现在以下几个方面。

一、扶贫主体从单一主体到多方联动转变

1978 年以前，我国经济实力与综合国力处于起步阶段，各方社会力量十分弱小，很难真正参与到农村扶贫开发工作中，由国家作为单一主体推动农村扶贫工作成为必然。1978 年以后，中国经济快速发展，各企业、社会组织、团体的综合实力飞速增长，逐步参与农村反贫困工作，农村扶贫主体逐步实现多元化。1994 年，国务院制订和发布的《八七脱贫攻坚计划》明确提出社会力量参与到扶贫工作中，标志着中国特色反贫困的主体开始由单一走向多元化。此后，各类社会组织在中央支持下积极发挥作用，通过募捐、志愿服务等多种形式为农村贫困地区资助资金、技术和人才，为中国农村贫困地区经济发展、贫困人口脱贫致富做出巨大贡献。党的十八大以来，在以习近平同志为核心的党中央的坚强领导下，我国已逐步构建起政府、市场、社会协同推进的大扶贫格局，充分发挥政府主导作用，不断加强市场与社会组织的参与力度。一方面充分利用市场，发挥“看不见的手”的作用进行宏观调控和指挥，拉动农村贫困地区经济发展，促进当地贫困人口受益；另一方面发挥社会组织灵活、高效的特点参与到农村扶贫开发中，实施社会救助，凝聚各方合力。政府、市场、社会多元主体的参与，能够为贫困地区提供更多的物质和人才供给，推动了农村贫困地区经济更好更快发展和贫困人口高质量脱贫，夯实了新时期脱贫攻坚的基础。

二、扶贫对象从普遍性到精确性转变

中华人民共和国成立初期，在贫困地区建立合作社，实施土地制度改革，促进了经济发展；1980 年国家设立专项资金用于扶贫，标志着中国特色反贫困的扶贫对象开始向精确性转变；1986 年中共中央、国务院发布《关于进一步活跃农村经济的十项政策》，提出以贫困县为重点推进扶贫开发工作，从此，中国扶贫对象开始精确到县；2001 年《中国农村扶贫开发纲要（2001—2010 年）》颁布，开始以贫困村为重点实施扶持，扶贫对象精确到村；2014 年精准扶贫政策的正式落地，使扶贫对象精确到户。70 年来，我国的扶贫对象分别经历了“全国——农村集中地区——贫困县——贫困村——贫困户”

的阶段性变化，扶贫对象日益精准，扶持力度逐步增大。一方面，随着贫困环境的改善，贫困人口分布由集中分布向点状分布转变，导致扶贫效率下降，扶贫成本提高；另一方面，以经济发展带动农村贫困人口减贫的效果减弱，偏远落后地区贫困人口仍很难享受到发展红利，传统“大水漫灌”式的扶贫方式已不再适合新时期的扶贫特点。因此，十八大以来，党中央更加注重贫困人口的瞄准、识别、帮扶、退出，不断完善精准扶贫政策，实现了扶贫对象由普遍性到精准性的转变，确保脱真贫、真脱贫。

三、扶贫目标从解决温饱到高质量脱贫转变

中华人民共和国成立初期，长期战乱使得大多数人民生活穷困。为了摆脱饥饿问题，维持基本生存，我国实施了救济式扶贫，人们的贫困问题得到缓解，但是由于整体经济薄弱、自然条件不同，直到 1978 年，还有“贫困人口约 2.5 亿，贫困发生率高达 30.7%”①，贫困人口温饱问题尚未完全解决。此后，中国特色反贫困一直以解决贫困人口温饱问题为目标，不断巩固扶贫成果。党的十八大以来，中国特色反贫困的目标发生转变，更加注重解决以“两不愁、三保障”为基础的绝对贫困，强调贫困地区和贫困人口共同摆脱贫困，除了解决农村贫困人口“吃”的问题，还要保障其“穿”的问题以及教育、基本医疗和住房问题，逐渐向高质量脱贫转变。此外，中国设定的贫困线标准也由 1978 年的人均年纯收入 100 元，上调至 2011 年的 2300 元，不再以满足贫困人口的温饱作为扶贫目标，更加注重人的生存质量。

四、扶贫模式从救济式到开发式转变

1986 年以前，中国特色反贫困主要采取给钱给物的救济式扶贫模式，这种模式对于解决农村贫困问题有一定成效，但是容易滋生贫困人口“等、靠、要”的问题，无法做到脱贫致富的长效性，一旦遇到大病大灾等情况，脱贫人口可能会再次返贫。1984 年《关于帮助贫困地区尽快改变面貌的通知》提出关于开发式扶贫的设想；1986 年国务院贫困地区经济开发领导小组第一次

---

① 国家统计局．中国农村贫困监测报告（1978）［M］．北京：中国统计出版社，1978.

全体会议上提出要改变传统的扶贫方法，实行新的开发方式；1991 年《国民经济和社会发展十年规划和八个五年计划纲要》指出“坚持开发式扶贫方针”；1994 年《八七脱贫攻坚计划》提出要继续坚持开发式扶贫方式，强调坚持开发式扶贫方针作为脱贫的根本途径，更加注重贫困地区和贫困人口的自我积累和发展能力，以开发性生产建设，依靠自身力量实现脱贫致富。由救济式扶贫向开发式扶贫的转变，符合中国农村贫困实际，提出的治贫先治愚、志智双扶相结合的新举措，注重提高贫困地区和贫困人口的内生动力，调动了贫困人口的积极性、主动性和创造性，增强了贫困地区的自我发展能力，促进了农村地区经济社会的快速发展。

第四节　中国特色反贫困面临的新问题

随着脱贫攻坚任务的完成，中国特色反贫困将面临许多新情况和新问题，其中如何建立解决相对贫困的长效机制成为关键。同时，巩固脱贫成果防止返贫，乡村振兴战略与脱贫攻坚衔接与发展，统筹解决城乡贫困、人口老龄化问题等，也成为中国特色反贫困需要解决的新问题。

一、建立解决相对贫困长效机制

绝对贫困解决的是人的生存问题，相对贫困解决的是人的发展问题。在《中共中央关于制定国民经济和社会发展第十四个五年规划和二〇三五年远景目标的建议》中，对解决相对贫困、巩固拓展脱贫成果进行部署，建立解决相对贫困的长效机制需要从以下几方面入手：一要充分发挥社会主义制度优越性。在中国共产党领导下，发挥社会主义制度集中力量办大事的优势，以更大的决心、更明确的思路、更精准的举措、超常规的力度，落实好解决相对贫困的政策部署，把制度优势转化为解决相对贫困的持久战力。二要不断完善解决相对贫困的顶层设计。进一步明确相对贫困的衡量标准、实施对象、激励政策、政府职责、资金管理，加快出台各类税收优惠政策、金融优惠政策和转移支付政策，完善鼓励措施。三要充分总结脱贫攻坚时期的各类经验。

明确分工、权责清晰，发挥好基层党支部的核心作用，打造反贫困工作的战斗堡垒；完善大扶贫格局，依托政治优势和制度优势，调动各方积极性、主动性、创造性，发挥市场和社会力量，拓宽解决相对贫困的资源渠道和资源空间。

二、巩固脱贫成果防止返贫

贫困是一个动态的发展过程，一时的脱贫并不意味着永远脱贫，832 个贫困县的脱贫摘帽并不意味着扶贫工作的结束，反而意味着巩固脱贫成果、防止返贫工作的开始。巩固脱贫成果包括巩固物质性成果和精神性成果。一方面，要巩固脱贫的物质性成果。脱贫地区多为自然资源匮乏、地理区位较偏、基础设施不全的地区，新时期的贫困治理如不对症下药，在改善脱贫地区的社会环境、基础设施、生态环境保护等方面下功夫，必然会引起的大规模返贫。另一方面，要巩固脱贫的精神性成果。中国特色反贫困经历了从“等要靠”“贫困户光荣”到“扶贫先扶志”“既要富口袋又要富脑袋”“勤劳致富”的思想转变，贫困人口的懒汉情绪在一定程度上得到解决，群众的内生动力大大提高，如若放松对贫困人口精神方面的引导与激励，必然会使“精神贫困户”卷土重来。返贫具有普遍性，无论国内还是国外都存在这种现象，如何确保贫困地区和贫困人口在脱贫后能够实现可持续发展，从巩固脱贫成果方面做好防止返贫，是新时期需要解决的重点问题。

三、推进全面脱贫与乡村振兴有效衔接

习近平总书记指出：“脱贫摘帽不是终点，而是新生活、新奋斗的起点。”打赢脱贫攻坚战、全面建成小康社会后，需要进一步巩固拓展脱贫攻坚成果，推动全面脱贫与乡村振兴有效衔接。精准扶贫政策以消除绝对贫困、保障农村贫困人口基本生存生活为目的，乡村振兴正是建立在精准扶贫的基础上，促进农村农业现代化，解决农村发展不平衡、不充分方面的问题来满足农村人口日益增长的对美好生活的需要。我国是农业大国，城乡二元结构长期存在，城乡发展差距较大，农村的相对贫困、发展性贫困显著，新时期农业农村农民问题的治理仍是关键，加快融入乡村振兴战略迫在眉睫。精准扶贫政

策是乡村振兴战略的前提，乡村振兴战略是精准扶贫政策的后续发展与巩固，二者都是为实现农村繁荣、农业发展、农民幸福而制定的战略。因此，推动脱贫攻坚政策举措和工作体系逐步向乡村振兴平稳过渡，巩固拓展脱贫攻坚成果同乡村振兴有效衔接，是中国特色反贫困的重要举措和任务。

四、解决城市新型贫困

农村是中国特色反贫困特别是脱贫攻坚的重点，但随着绝对贫困问题的基本解决，城市中的新型贫困问题日益显现，低收入群体贫困问题势必成为新时期的关注对象之一。城市贫困指的是近年来在中国城市出现的，因社会结构转型、经济体制转轨、经济和产业结构调整、国有企业改革而诱发的贫困。虽然国内已出台了最低生活保障、失业保障等制度，但随着城市化的推进，大批人口流入，使得城市贫困人口的生活问题已然成为一个极大问题。截至 2020 年年底，在城市、农村低保每月 665 元/人与每年 5842 元/人标准下，新纳入低保、特困供养 540.3 万人，困难残疾人和重度残疾人 1152.9 万人、1432.7 万人，流浪乞讨人员 66.1 万人，对因疫致困人员实施临时救助 693.7 万人次，这些低保户虽然在“两不愁”方面没问题，但受城市市场物价影响，在“三保障”方面仍然存在一定的生活困难，负担不起高昂的医疗费、买不起普通的商品住房等现象依然存在。面对这一城市新型贫困问题，在关注农村相对贫困问题时，需要将相应政策和资源逐步向解决城市贫困问题转移，既不能让一个农村贫困人口掉队，也不能让一个城市贫困群众掉队，统筹好城乡反贫困工作。

五、深化农村老年人口贫困治理

我国人口老龄化问题非常严重，截至 2019 年年底，60 周岁及以上人口达 25388 万人，占全国总人口的 18.1%；其中，65 周岁及以上人口 17603 万人，占总人口的 12.6%。农村老年人口的贫困问题将会成为新时期中国特色反贫困的新问题。随着绝对贫困的消除，农村老年人基本生活已经得到保障，但是医疗保健、精神文化、体质健康等将成为老年人贫困治理的重点。一方面，农村老年人口作为贫困治理主体的观念较为被动。一般而言，政府与家庭为老年人口提供支持，老年人只是被动地接受帮助，自主选择意识较为薄弱。部分老年人受教育水平、身体素质等因素影响，就业质量不高，收入较低。社会也存在对老年人再就业的歧视，小部分有技术、有能力的老年人能通过返聘等形式再就业而提高收入，但大部分老年人难以通过自身努力实现再就业，社会存在感较低。另一方面，贫困治理保障制度存在缺口。目前国内促进与加强农村老年人口社会参与的制度相对不完善，以教育制度为例，当前尚未设立终身教育制度，使得农村老年人精神、文化生活较为贫乏，精神贫困治理保障制度有待完善。因此，新时期可以将积极老龄化作为贫困治理的目标。积极老龄化是指人到老年时为了拥有更高的生活质量和生活水平，使健康、参与和保障的机会尽可能发挥到最大效应的过程。社会发展中，不仅要注重老年人口的经济生活，更要注重精神、文化等方面的照顾与保障。

第五节　中国特色反贫困的思路创新

党的十九大报告强调，要提高保障和改善民生水平，加强和创新社会治理，坚决打赢脱贫攻坚战。中国特色反贫困实践充分发挥了社会主义制度优势，从顶层设计、组织落实、集体经济、基层组织、思想意识等方面，坚持问题导向，拿出过硬办法，狠下绣花功夫，走出中国特色的减贫道路，实现了脱真贫、真脱贫。

一、充分发挥社会主义制度的优越性

中国特色社会主义是改革开放以来党的全部理论和实践的主题，高举中国特色社会主义伟大旗帜，确保党和国家事业始终沿着正确方向胜利前进，是中国特色反贫困始终牢牢把握的方向。脱贫攻坚是以习近平同志为核心的党中央依靠社会主义制度优势开展的举国行动，旨在全国范围内彻底消除绝对贫困，使贫困地区和贫困群众和全国一道进入全面小康社会。充分发挥社会主义制度优越性是中国特色反贫困能够实施并取得成功的重要保证。一要充分发挥各级党委总揽全局、协调各方的领导核心作用，严格执行脱贫攻坚

一把手负责制，省、市、县、乡、村五级书记一起抓，强化中央统筹、省（自治区、直辖市）负总责、市县抓落实的工作机制。二要完善政策体系，确保各项政策有效配套落实，发挥政策叠加效应，全社会力量积极投身脱贫攻坚战，形成专项扶贫、行业扶贫、社会扶贫“三位一体”的大扶贫格局。三要将“有效的市场”与“有为的政府”有效结合。改革开放以来，中国经济高速增长，市场经济快速发展，诸如“公司＋农户”等市场行为解决贫困问题的模式也越来越多，为消除贫困奠定了坚实基础。

二、因地制宜确保国家扶贫政策有效落实

矛盾具有特殊性，不同事物具有不同的矛盾，同一事物在发展的不同阶段也具有不同特色，因而要坚持具体事情具体分析。各地区的贫困也具有各自的特殊性，各地的致贫原因复杂多样，大致可以分为自然条件禀赋性贫困、生态环境相关贫困、不均衡发展相关的相对贫困、社会经济结构性贫困、特殊个体性贫困等原因。2013 年 11 月，习近平总书记在湖南省十八洞村考察时指出，“发展是甩掉贫困帽子的总办法，贫困地区要从实际出发，因地制宜，把种什么、养什么、从哪里增收想明白，帮助乡亲们寻找脱贫致富的好路子”①。精准扶贫的要义就是注重抓“六个精准”，只有找到“贫根”，才能做到精准施策、分类施策。对于一些偏远少数民族贫困地区，仅凭某一方面的措施很难使脱贫可持续发展。因此，各地区不能脱离实际“一刀切”地执行国家政策，必须将国家层面的顶层设计与地方实际结合起来，在真正了解贫困地区和贫困群众的致贫原因、切实需求、实际情况的基础上，因地制宜地制订出贫困地区脱贫的实施方案。

三、加快发展农村集体经济，增强“造血”能力

习近平总书记指出：“发展产业是实现脱贫的根本之策。要因地制宜，把培育产业作为推动脱贫攻坚的根本出路。”发展村集体经济是实现全面建成小康社会的坚强支柱，是实现共同富裕的重要手段，更是带动农民脱贫致富的

---

① 习近平．习近平谈治国理政［M］．北京：外文出版社，2014：254.

有利抓手。就目前而言，多数贫困地区的村级集体经济“造血”功能不足，难以单纯依靠个体力量发展产业脱贫，在一定程度上减缓了脱贫攻坚的速度。因此，部分贫困地区的农村扶贫开发必须依靠集体经济的力量带动或依靠外来的“输血”带动。公有制性质的集体经济能更好地发挥扶贫功能，促进贫困群众共同致富。在脱贫攻坚战中，须加强对农村集体经济组织的引导，中央适时出台扶持农村集体经济发展的文件，整合涉农信息，用大数据和农业科技为壮大村级集体经济提供技术保障，更好地巩固农村集体公有制经济形式的地位，发挥集体经济在调节公平与效率这对矛盾中的作用，为农民实现共同富裕提供物质保障。只有内外同时发力，加速发展村级集体经济，才能真正增强“造血”能力。

四、加强农村基层党组织建设，增强组织保障

农村基层党建发展70多年的实践证明，加强农村基层党组织建设是农村地区打赢脱贫攻坚战、实现乡村振兴的重要政治保障。习近平总书记强调：“要把扶贫开发同基层组织建设有机结合起来，真正把基层党组织建设成为带领乡亲们脱贫致富、维护农村稳定的坚强领导核心。”① 中国共产党自成立以来，就继承了马克思和恩格斯关于无产阶级政党和农村农民问题的思想，将反贫困理论与农村基层党组织建设相结合，创新扶贫方式，创新反贫困最前沿阵地的“基本作战单元”，将党建和精准扶贫拧成“一股绳”。农村基层党组织不仅在脱贫攻坚中发挥着引领与指导作用，更是农村发展致富的领头羊，对于建设社会主义现代化新农村至关重要。因此，需要加强农村基层党组织建设，切实增强组织保障。一方面，农村基层党组织要做党和国家扶贫政策的宣传者和解读者，教育引导群众，营造脱贫攻坚的浓厚氛围；另一方面，基层党组织要做精准扶贫的“先锋”，在思想上先行一步，在发展上先干一步，做群众脱贫致富的“引路人”，切实发挥好基层党组织和党员在脱贫致富中应有的先锋模范作用。

---

① 习近平．做焦裕禄式的县委书记［M］．北京：中央文献出版社，2015.

五、注重扶贫与“志智双扶”相结合，增强贫困户自身动力

贫困户不仅是脱贫攻坚工作的对象，还是脱贫攻坚工作的主体，直接影响脱贫攻坚的工作进展与实施效果。贫困村民文化程度不高，有些少数民族贫困户还是文盲，思想保守，市场意识不强，在一定程度上成为扶贫工作顺利开展的障碍。坚持扶贫与扶志相结合，通过加强宣传教育，引导贫困群众树立脱贫信心、激发脱贫动力，立志从精神上与贫困绝缘，摆脱“等、靠、要”思想，坚定依靠自身力量摆脱贫困的信心，拿出敢想敢干的毅力和决心将脱贫致富奔小康的理想变为现实；坚持扶贫与扶智相结合，通过加大贫困地区教育投入，建设完善的义务教育教学点，配置教育教学相关设施，重视高等教育与职业技术教育的发展，加大教育投入，完善贫困地区基础设施；大力发展教育培训、职业技能培训，着力提高贫困户综合素质和内生发展能力，从而做到真脱贫、脱真贫、不返贫。

第六节　中国特色反贫困的经验总结

中国特色反贫困展现了中国共产党带领全国人民通过自身努力提高收入、改善生活、摆脱贫困的全过程，体现了扶贫工作在国家发展全局中的重要地位和战略作用，是马克思主义反贫困理论在当代中国的重大理论和实践创新，其主要经验可以归纳为以下几点。

一、坚持政治优势，充分发挥社会主义制度优越性

中国特色社会主义是改革开放以来党的全部理论和实践的主题，也是中国特色反贫困始终牢牢把握的主题。中国特色反贫困是中国共产党人依靠社会主义制度优势开展的举国行动，旨在全国范围内彻底消除绝对贫困，使贫困地区和贫困群众与全国一道进入全面小康社会，是中国政治优势和制度优势的体现。第一，始终坚持社会主义制度，充分发挥社会主义制度的政治优势和制度优势。中国特色反贫困始终将消除贫困作为首要任务，将改善民生

作为基本目的，将实现共同富裕作为根本方向，充分体现了社会主义制度的优越性。① 第二，始终坚持中国共产党的领导，充分发挥党的政治优势、组织优势和密切联系实际优势。新中国成立70余年来，中国共产党始终坚持“为中国人民谋幸福”的初心和使命，牢记“全心全意为人民服务”的工作宗旨，不断加强党的领导，把党建优势转化为扶贫优势。党的十八大以来，以习近平同志为核心的党中央注重发挥党建在脱贫攻坚中的作用。习近平总书记多次强调“要把扶贫开发同基层组织建设有机结合起来，抓好以村党组织为核心的村级组织配套建设”②。以党建带脱贫，以脱贫促党建，坚持问题导向，更加注重扶贫工作的实践效果，使基层党组织在扶贫开发中发挥战斗堡垒作用。第三，始终坚持以人民为中心的发展理念，长期关注人民群众的根本利益。中国特色反贫困的根本目的在于改善和提高人民群众的生活水平，在制定各项扶贫政策时适当向贫困地区和贫困群众倾斜，在落实各项扶贫政策时更加注重贫困地区和群众的感受，充分体现了“对困难群众格外关注、格外关爱、格外关心”的人民情怀，是社会主义优越性的有力体现。③ 因此，发挥政治优势是中国特色反贫困取得巨大成就的基本经验，也是新时代打赢脱贫攻坚战的政治保障。

二、坚持发展减贫，促进国家整体实力提升

中国特色反贫困始终强调以发展的方式来解决贫困问题，将贫困地区和贫困群众作为扶贫的主体，注重提高其自身发展能力。第一，加快经济发展，促进贫困减缓。改革开放以来经济的持续、高速、稳定增长，为减缓贫困提供了物质基础，经济增长得以惠及全体贫困群众。第二，协调区域发展，促进贫困减缓。以区域发展带动扶贫开发，以扶贫开发促进区域发展是增强国家经济发展动力、减缓区域性贫困的重要举措。受历史、地理等因素影响，我国东、中、西部地区发展不均衡，区域差距较大，西部地区成为贫困人口

① 刘永富. 打好脱贫攻坚战全面建成小康社会［N］. 光明日报，2014-10-17.

② 习近平. 习近平谈治国理政：第3卷［M］. 北京：外文出版社，2020：51.

③ 王琳，唐子茜. 中国特色扶贫开发道路的理论新发展与经验总结［J］. 经济问题探索，2017(12)：1835.

最多、贫困程度最深、贫困结构最复杂的地区，以“三区三州”为代表的深度贫困地区也多集中于西部。为提高经济发展的区域协调性，缩小区域差距，将区域发展战略与扶贫开发相结合，将扶贫资金优先向贫困地区尤其是深度贫困地区倾斜，改善其基础设施和公共服务水平。[①] 第三，提高贫困地区和贫困人口自身发展动力，促进贫困减缓。党的十八大以来，党中央不断从贫困人口的瞄准、识别、帮扶、退出四个方面完善精准扶贫政策，实现了扶贫对象和扶贫资源由贫困村到贫困人口的精准瞄准，实现了扶贫对象从“大水漫灌”到“精准滴灌”的转变，解决了部分不具备劳动能力贫困人口的脱贫问题，确保了全部贫困地区和贫困人口高质量脱贫。[②] 同时，通过出台各类优惠政策、提升基础设施和公共服务能力来提高贫困地区竞争力，增加就业机会、获得金融服务等形式，提高贫困人口自身能力，成为脱贫攻坚的宝贵经验。

三、坚持实事求是，立足从贫困实际出发

中国特色反贫困始终立足于我国贫困的实际问题，根据国家经济社会发展的需要和贫困地区、贫困人口分布特征，及时制定并调整扶贫战略和政策。一方面，中国特色反贫困始终坚持实事求是原则，一切从我国的实际出发。扶贫开发工作事关群众切身利益，事关党的执政基础，更事关国家长治久安，了解贫困地区和人口的实际情况及致贫原因，坚持实事求是的思想路线，制定符合贫困地区和人口实际的脱贫政策，才能让贫困人口在享受经济发展红利的同时摆脱贫困；另一方面，中国特色反贫困始终坚持因地制宜、分类施策的原则。导致贫困的原因有很多，推进脱贫攻坚，促进贫困地区和贫困人口致富增收要善于扬长避短、因地制宜、分类施策，不能脱离实际盲目照搬或机械套用。2013 年 11 月，习近平总书记在湖南省十八洞村考察时指出，“发展是甩掉贫困帽子的总办法，贫困地区要从实际出发，因地制宜，把种什么、养什么、从哪里增收想明白，帮助乡亲们寻找脱贫致富的好路子”[③]。扶

① 杨增崇，张琦．习近平精准扶贫精准脱贫思想的哲学基础与理论创新［J］．贵州社会科学，2018（3）：8.

② 刘建武．脱贫攻坚精神的深刻内涵［J］．人民论坛，2020（7）：63.

③ 人民日报社评论部．“四个全面”学习读本［M］．北京：人民出版社，2015：54.

贫工作，既要整体联动、有共性的要求和措施，又要突出重点、加强对特困地区和特困人口的帮扶，鼓励其自身发展。实施“五个一批”和“六个精准”，对不同贫困地区和贫困人口采取不同政策，正是结合其自身特点因地制宜、分类施策的具体体现。中国特色反贫困瞄准的是真问题，要求的是实办法，拿出的是准方案，真、实、准，三位一体，既是互相联系，又是互相补充的。真就是要真扶贫、扶真贫，实就是要扶贫、扶志和扶智，准就是要贵在精准、重在精准。

四、坚持扶贫创新，推动扶贫方式的良性互动

新中国成立以来，中国反贫困工作经历了从救济式扶贫模式，到开发式扶贫模式，再到开发式与保障式并重的扶贫模式。① 受致贫原因、人口结构、区域发展等因素影响，采取差异化扶贫方式，有选择、有重点、有针对性地进行扶贫开发，成为中国特色反贫困可供借鉴的宝贵经验。新中国成立初期，绝对贫困人口数量庞大，实行救济式扶贫，以平均分配和社会救济为基本手段，解决了普遍贫困状态下多数人的基本生存需要。但是，这种“输血式”扶贫忽视了贫困人口发展的内生动力，受经济社会发展水平影响大，只能短期内缓解贫困人口的生存困难，无法从根源上消除绝对贫困。开发式扶贫是中国结合自身特点独创的全新扶贫模式，注重采取多种措施，以项目扶持、资源开发等方式，变“输血”为“造血”，增强贫困地区和贫困人口的发展能力和内生动力，解决了大多数贫困人口的温饱问题，对于缩小城乡差距发挥了积极作用。党的十八大以来，面对绝对贫困与相对贫困并存、致贫原因更加复杂等新特征，以习近平同志为核心的党中央坚持开发式扶贫与保障式扶贫并存，对无法依靠自身努力脱贫致富的贫困人口，建立以社会保险、社会救助、社会福利制度为主②，以慈善帮扶、社工救助为辅的综合保障体系，成为脱贫攻坚创新性的体现。

---

① 郭劲光，俎邵静. 七十年来我国扶贫开发模式转型研究［J］. 重庆社会科学，2019（6）：12.

② 左停，苏武峥. 乡村振兴背景下中国相对贫困治理的战略指向与政策选择［J］. 新疆师范大学学报（哲学社会科学版），2020（3）：92.

第七节 巩固和发展中国特色反贫困的历史性成果

习近平指出，“消除贫困、改善民生、逐步实现共同富裕，是社会主义的本质要求，是我们党的重要使命”①。2020年是全面建成小康社会的决胜之年，为了彻底打赢脱贫攻坚战，确保脱贫稳得住、有成效，必须在实践中巩固和发展中国特色反贫困的历史性成果。

一、加强党对扶贫工作的领导

“东西南北中，党是领导一切的”②，加强党对扶贫工作的领导，需要加强党中央对基层党组织、扶贫主体和贫困对象的领导。一是加强党中央对基层党组织的领导。我国实行民主集中制原则，基层党组织作为党在社会基层组织中的战斗堡垒，是党的全部工作和战斗力的基础，基层党组织工作开展直接影响党的凝聚力、影响力、战斗力的充分发挥，最终影响我国扶贫开发工作的进展和脱贫成果的巩固。因此，需要加强党中央对基层党组织的领导，确保其在扶贫工作中始终保持先进性和纯洁性。二是加强党对扶贫主体的领导。当前，我国已确立政府、市场、社会协同推进的大扶贫格局，多元主体共同助力脱贫攻坚，提高了脱贫攻坚的效率和质量。由于市场是社会分工和商品生产的产物，具有自发性、盲目性和滞后性等特点，社会的组织形式决定了社会的性质和生产关系，如果不加强党对市场和社会的领导，放任市场和社会自由开展脱贫攻坚工作，容易导致脱贫攻坚资源配置不均衡、消息滞后、扶贫效率不高、社会混乱等问题。因此，需要加强党对扶贫主体的领导。三是加强党对贫困对象的领导。党的十八大以来，我国实行精准扶贫、瞄准到户，部分地区实行党员干部帮扶贫困人口政策，如四川省巴中市的“挂包驻帮”脱贫攻坚，实现100%党员干部帮扶贫困户，100%贫困户有党员干部

① 习近平. 习近平谈治国理政：第2卷［M］. 北京：外文出版社，2017：83.
② 习近平. 习近平谈治国理政：第3卷［M］. 北京：外文出版社，2020：85.

帮扶①。一方面，切实反映和维护贫困对象的利益、诉求，将发展成果惠及贫困对象，建立新型党群关系；另一方面，充分发挥党员的先锋模范作用，关注贫困对象的精神世界，激发贫困对象内生动力，激励、帮助贫困对象脱贫致富，在一定程度上促进了扶贫工作的可持续性。目前，全国大部分贫困对象都存在内生动力不足问题，党对扶贫工作作用的发挥受限，因此，需要加强党对贫困对象的领导。

二、加大扶贫政策支持力度

扶贫政策直接影响扶贫工作开展和扶贫主体参与的积极性。党的十八大以来，我国扶贫开发与精准扶贫相结合的政策，减少了贫困人口数量，降低了农村贫困发生率，缓解了收入分配差距。随着全面建成小康社会的临近，我国脱贫攻坚战即将取得圆满胜利，如何在“后脱贫时代”巩固脱贫攻坚成果、解决相对贫困问题，亟须稳定和保持政策持续有效发力。因此，需要加强扶贫政策顶层制度设计，推进扶贫政策整体性、协调化，打造法治脱贫攻坚；在实践层面，需要加强中国特色反贫困政策执行力度和监察力度。扶贫政策是否有效，需要在脱贫攻坚工作中检验。因此，需要加强中国各项反贫困政策执行力度，促进扶贫参与主体科学执行、依法执行，推进扶贫开发工作科学化、法治化。

三、聚焦贫困治理的扶贫对象

随着全面建成小康社会任务完成，我国贫困治理方向将发生重大转变，扶贫对象亦将有所调整，在构建扶贫体系时要聚焦贫困治理的扶贫对象。一是需要瞄准相对贫困对象，实现精准帮扶。扶贫工作“贵在精准，重在精准，成败之举在于精准”，近年来我国脱贫攻坚工作聚焦在国家贫困线以下的人口，扶贫对象单一，脱贫攻坚工作易于开展。“后脱贫时代”的帮扶对象较为复杂，深度贫困人口、边缘人口都是相对贫困对象，因此需要科学筛选新型

① 元利兴．决胜脱贫攻坚　推进乡村振兴战略——全国特困连片地区脱贫攻坚调研［J］．中国经贸导刊，2018（15）：7.

扶贫对象，实现精准帮扶。二是需要关注扶贫对象自身发展能力，激发内生动力。精准脱贫的核心在于激发内生动力，需要加强扶贫对象思想道德建设、加强扶贫对象知识和劳动技能培训、积极开展乡风文明创建活动，提高扶贫对象素质和能力，提高脱贫对象发展的内生动力，实现扶贫“造血式”发展。三是需要关注扶贫对象的生存质量，优化扶贫目标。“后脱贫时代”我国的扶贫目标不能局限于“两不愁、三保障”的温饱型保障，而应当满足“人民日益增长的美好生活需要”，满足扶贫对象就业、娱乐、社会保障和公共服务等多方面需求，注重提升扶贫对象的生存质量，最终增强扶贫对象的获得感、参与感、幸福感。

四、增强贫困地区自身发展能力

做好脱贫攻坚与乡村振兴有效衔接工作，对于全面建成小康社会、开启社会主义现代化国家新征程，具有重要作用。要推进脱贫攻坚与乡村振兴的有效衔接。解决城乡二元化问题、推进城乡减贫治理、建立新型城乡融合发展机制，利用互联网搭建共建共享平台、建立多元主体协同扶贫机制，强化产业科技和人才支撑、建立产业结构优化机制，加强多维贫困治理、衔接非贫困户与非贫困村的发展机制。二要建构脱贫攻坚与乡村振兴联动机制。① 由于脱贫攻坚与乡村振兴在目标、资源、对象、结果等方面有许多共通性，这就需要建立农村脱贫、产业发展、社会治理之间有效的目标联动，针对目标对象、参与主体、推进方式、评价体系、政策支持进行过程联动，最终实现农村全面脱贫、产业兴旺、生活富裕、乡风文明、宜居适度与可持续发展的结果联动。三要依托乡村振兴巩固脱贫成果。刚脱贫的贫困村普遍存在现代化水平低、发展基础不稳固、发展后劲不足现象，需要紧抓农业生产、建立现代化农业发展体系、推进农业现代化，积极引进人才资源、为乡村发展提供内生动力。

---

① 张敏敏，傅新红．精准扶贫与乡村振兴的联动机制建构［J］．中国农村经济，2019（12）：36.

五、创新基层脱贫方式方法

理论指导实践，正确的理论能促进实践的发展，重视和创新基层脱贫方式方法能提高扶贫工作效率，调动基层群众参与的积极性与主动性，提高贫困人口内生动力，最终助力脱贫攻坚。重视基层党建扶贫方式。发挥基层党组织引领、指导作用，培养"'党建+产业''党建+能人''党建+金融''党建+项目'"[①] 模式，增强基层发展的动力、活力。创新基层干部队伍帮扶方式。一方面，强化干部队伍的扶贫担当，实行干部包户脱贫、党员包户脱贫方式，增强干部队伍扶贫责任担当；另一方面，开展干部队伍走亲结对活动，切实解决群众实际问题，建设一支有公心、负责任、效率高的干部队伍。创新产业扶贫方式。习近平总书记指出："产业扶贫是最直接、最有效的办法，也是增强贫困地区造血功能、帮助群众就地就业的长远之计。"[②] 选择"资源优势+产业优势+经济优势"的产业，培育"风险补偿+增信担保+贷款贴息"的经营主体，推行"企业+合作社+贫困户""企业+基地+贫困户""园区+合作社+贫困户"等模式[③]。

---

① 黄承伟. 激发内生脱贫动力的理论与实践［J］. 广西民族大学学报（哲学社会科学版），2019（1）：46.

② 习近平. 习近平谈治国理政［M］. 北京：外文出版社，2014：265.

③ 吕开宇，施海波，李芸，等. 新中国70年产业扶贫政策：演变路径、经验教训及前景展望［J］. 农业经济问题，2020（2）：28.

分　论

第三章

深度贫困地区脱贫的基本问题

消除贫困是人类永恒的梦想。新中国成立的70年是中国反贫困的70年，先后经历了“救济式扶贫”到“开发式扶贫”、“区域性扶贫”到“瞄准性扶贫”的反贫困历程。自2013年“精准扶贫”提出以来，中国特色反贫困开始由“大水漫灌”向“精准滴灌”转变，相继实施易地扶贫搬迁、金融扶贫、教育扶贫、低碳扶贫、保障兜底等扶贫手段，每年减贫人口超过1300万人。2017年6月，习近平总书记在深度贫困地区脱贫攻坚座谈会上指出：“脱贫攻坚本来就是一场硬仗，而深度贫困地区脱贫是这场硬仗中的硬仗。”深度贫困地区脱贫是脱贫攻坚中的重中之重、难中之难，关系到中国特色反贫困能否顺利实施，关系到“两个一百年”奋斗目标能否如期完成，更关系到中华民族伟大复兴能否早日实现。

第一节　深度贫困

深度贫困主要集中于两个层面，即政策与区域层面的表述。其中，政策层面的表述包含深度贫困地区、深度贫困群体①两个方面，该表述主要出现于中央政府文件、领导人讲话和政府部门的工作报告中，又称为政策性的深度贫困。而区域层面的表述以界定区域为特点，所概括的“深度贫困地区”成因多样，可归结为以下三点：第一，“深度贫困地区”的概念源于全国各地经

① 李小云．冲破“贫困陷阱”：深度贫困地区的脱贫攻坚［J］．人民论坛，2018（7）．

济社会状况比较基础上优先开展扶贫工作的区域单元。20 世纪 80 年代，国家在着手推进扶贫开发时便着眼于全国各地经济社会状况，首先确定的瞄准对象就是当时贫困程度最严重的地区，即当今的“深度贫困地区”。第二，明确提出“深度贫困地区”基于需要解决泛贫困化基础上的“大水漫灌”问题，增强扶贫开发的针对性。随着扶贫开发在全国范围内展开，各地为获取扶贫资源谋发展，通过数据趋同手段将所属辖区内的贫困地区纳入已确定的扶贫区域单元，使得原本确定的扶贫区域单元的数量日益扩大，在政策实践层面呈现“撒胡椒面”“大水漫灌”等状况，引发泛贫困化问题。为解决泛贫困化基础上的“大水漫灌”问题，国家将扶贫资源用到特困地区，增强扶贫开发工作的针对性，提出了“深度贫困地区”的概念。第三，“深度贫困地区”的提出与扶贫资源的“雪中送炭”行为的具体边界息息相关。扶贫资源具有很大程度的财政和物资无偿转移的特质，容易造成“虚假性需求膨胀”状况，并诱发道德陷阱，造成各地“哄抢”“骗取”扶贫资源的现象。为解决现存的泛贫困化问题，将扶贫回归到“雪中送炭”性质的本位，区域层面的“深度贫困地区”概念的提出明晰了“雪中送炭”行为的具体边界。

“深度贫困地区”从客观实际出发，从政策层面与区域层面双层角度分析，为扶贫开发过程中如何合理有效使用公共资源提供了边界与合法性依据。2017 年 11 月 21 日，《关于支持深度贫困地区脱贫攻坚的实施意见》（以下简称《意见》）明确界定了深度贫困地区的具体范畴。《意见》指出，西藏、四省藏区、南疆四地州和四川凉山州、云南怒江州、甘肃临夏州（简称“三区三州”），以及贫困发生率超过 18% 的贫困县和贫困发生率超过 20% 的贫困村均属于深度贫困地区。在此深度贫困地区划分标准下，截至 2017 年年底，贫困发生率超过 18% 的深度贫困县有 110 个，贫困发生率超过 20% 的深度贫困村有 16000 个，贫困发生率超过 11% 的省级深度贫困县有 334 个。本章数据选取我国 238 个深度贫困县 1455 户，非深度贫困地区 19435 户，共计 20890 户样本进行分析。

深度贫困地区的确定与早期全国范围内确定贫困县、贫困村和贫困片区的不同点，主要表现为以下几点：第一，贫困发生率程度不同。深度贫困地区是现有贫困地域概念的部分，深度贫困地区没有重新制定新的贫困标准，而是在原有贫困划定标准的基础上将不同的贫困发生率进行排序界定。以2017年为例，在全国农村平均贫困发生率3.1%的标准下，贫困发生率在18%以上的属于深度贫困县，20%以上的属于深度贫困村。第二，深度贫困地区的特征日益凸显。随着深度贫困地区的识别日益精准，深度贫困地区的范围大大缩小，潜在的挤入和漏出的风险大大降低，其贫困特征相比其他贫困地区的特征日益凸显，区域发展差异显著存在。第三，深度贫困群体的界定日益明晰。明晰深度贫困地区的范围、群体的界定对于瞄准深度贫困地区的对象、提高扶贫资源的使用效果至关重要。随着开发式扶贫的深入进行，国内人均收入明显提高，人民群众的生活水平明显改善，原有的贫困线划定标准已经不能满足扶贫开发的需要，因此2011年将以2010年不变价格计算的2300元农民人均年纯收入作为新的全国贫困标准。然而，国内东西部发展差距巨大，新的全国贫困线标准高于赤贫和温饱的标准，与深度贫困地区的扶贫开发实际相差甚大，不利于深度贫困地区进行扶贫开发。深度贫困群体着重强调“三类人”①：一是病贫人，即因病致贫人群，特别是重病和慢性病人群；二是返贫人，即因灾、因学等返贫的人群；三是老贫人，即深度贫困人口。深度贫困群体的日益瞄准是该地区落实精准扶贫、精准脱贫政策的体现，对于提高脱贫攻坚的成效、啃下深度贫困这块“硬骨头”，举足轻重。

第二节　我国深度贫困地区的基本情况

深度贫困地区具有“两高、一低、一差、三重”② 的特点，是决定脱贫攻坚战役能否打赢的关键。深度贫困地区情况复杂，个体性致贫因素与整体性致贫因素交织，呈现地理与生态致贫因素交织、基础设施与公共服务供给不足、可获得性教育与培训机会相对较少、产业发展趋同化严重等特征，严

---

① 李小云．冲破“贫困陷阱”：深度贫困地区的脱贫攻坚［J］，人民论坛，2018（7）．

② “两高”是指贫困人口占比高、贫困发生率高；“一低”是指人均可支配收入低；“一差”是指基础设施和住房条件差；“三重”是指低保和五保贫困人口脱贫任务重、因病致贫返贫人口脱贫任务重、贫困老人脱贫任务重。

重制约了该地区脱贫致富的脚步与速度。具体表现为以下四个方面。

一、深度贫困地区地理环境恶劣、生态环境脆弱，缺乏自主脱贫能力

深度贫困地区主要分布于高山区、深山区、石山区等区域，面临着地理环境恶劣、生态环境脆弱等问题。因交通发展缓慢，多数地区与外界联系困难，甚至长期处于“与世隔绝”状态，极大影响了该地区的经济发展与资源开发，导致该区域的自主脱贫能力减弱。以云南省怒江州为例，该地区是我国深度贫困地区，境内61%的面积被纳入各种自然保护区范围，其中2处是国家级自然保护区，“三江并流”保护区被列为世界自然遗产。怒江州作为我国重要的生态功能区，受地理环境险峻、生态环境脆弱的影响，其丰富的矿产资源和水资源难以开发利用，成为拥有丰富资源却无法开发的深度贫困地区。

二、深度贫困地区基础设施和公共服务供给严重不足，建设难度大

多数深度贫困地区家庭住房和生活情况相对落后，生产性基础设施建设较为缓慢，地区公共服务能力严重不足，主要表现为以下几个方面。

（一）家庭住房和生活情况相对落后

结合我国脱贫攻坚目标“两不愁、三保障”[①] 的标准，深度贫困地区在家庭住房、生活用品、生活设施等方面明显落后于其他地区，尤其在饮水安全方面远未达标。2016年，深度贫困地区在饮用不受保护的井水和泉水、江河湖泊水、收集雨水、桶装水源、其他水源等方面的比重明显高于非深度贫困地区（见图3－1）。深度贫困地区农户家平均拥有1.05处住房，0.02处商品房，远未达到全国1.13处住房和0.08处商品房的平均标准；深度贫困地

① “两不愁、三保障”是指到2020年稳定实现农村贫困人口不愁吃、不愁穿，农村贫困人口义务教务、基本医疗、住房安全有保障。

区家庭饮用水主要水源只有 80.21% 是经过净化处理的自来水和受保护的井水与泉水，而非深度贫困地区的这一指标超过 90%（见图 3－1）。同时，深度贫困地区家庭获取饮用水存在的困难大于非深度贫困地区，其中“当年连续缺水时间超过 15 天”“单次取水往返时间超过半小时”分别占 2.96% 和 2.47%，而非深度贫困地区的这两项指标仅为 1.32% 和 0.48%（见图 3－2）。

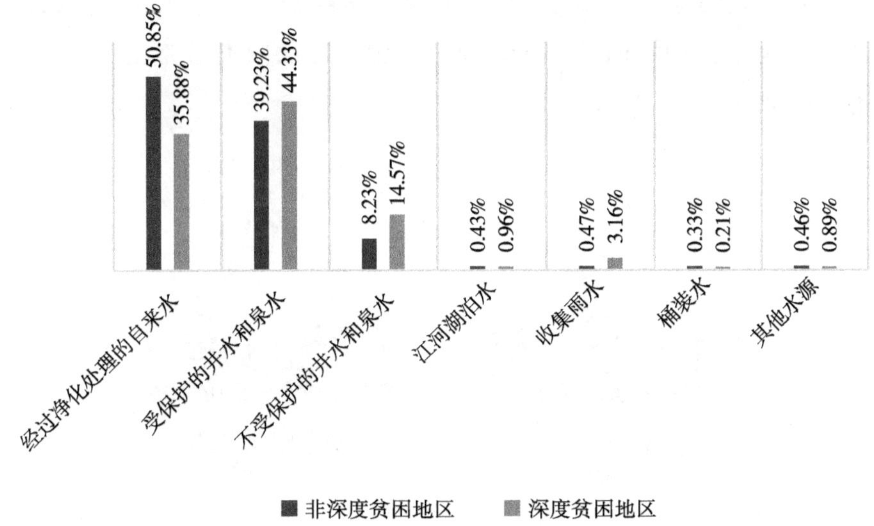

图 3－1　深度贫困地区与非深度贫困地区家庭饮用水主要水源对比图

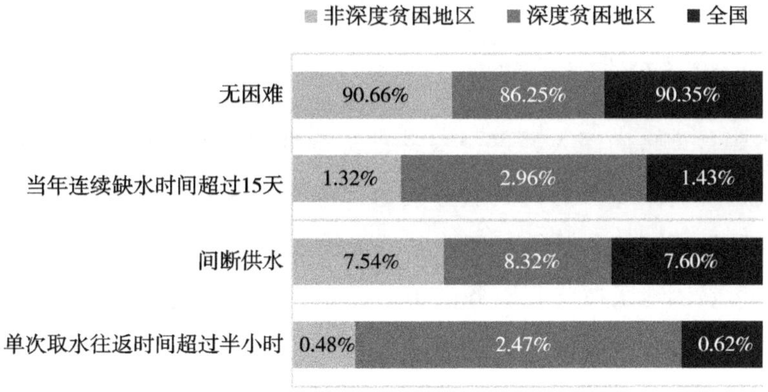

图 3－2　家庭获取饮用水主要困难对比图

（二）生产性基础设施建设较为缓慢

深度贫困地区存在农田水利、道路修建、农机用具等生产性基础设施落后的问题，无法为农业生产发展提供有利的配套支撑，使得该区域农业生产效率低下。截至2016年年底，深度贫困地区只有17.53%的农户拥有农用机械，而非深度贫困地区的农用机械拥有率高达42.15%；深度贫困地区只有86%的路面为水泥和柏油路，而非深度贫困地区的同类道路比例达到92%（见图3-3所示）。

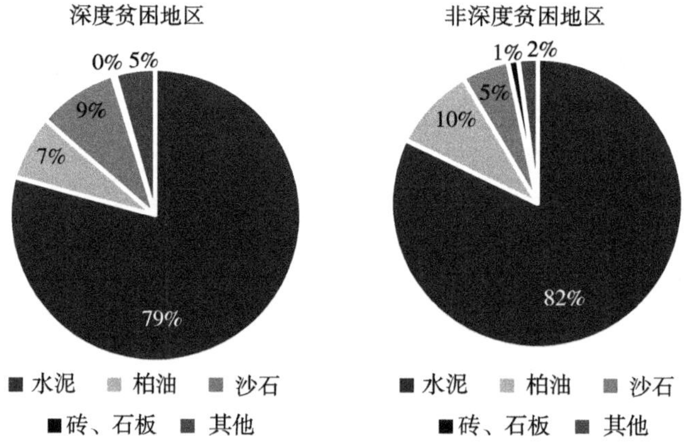

图3-3 村内主要道路情况对比图

（三）地区公共服务能力严重不足

随着脱贫攻坚的深入开展，国家日益重视深度贫困地区的投入与发展，注重提高深度贫困地区的公共服务能力，将财政资金、政策支持、资源要素向深度贫困地区倾斜。但是由于地区差异性和贫困地区自身发展能力有限等问题，深度贫困地区在公共服务供给方面存在一定问题，其配套的公共服务能力如医疗、教育等难以跟上全国平均水平与非贫困地区的水准，成为影响深度贫困地区脱贫的障碍之一。据统计，深度贫困村的小学专任教师数为3.56人，远低于全国平均水平的6.52人、非贫困地区的6.85人，而小学教学点学生数17.52人却远高于全国平均水平的14.76人、非深度贫困村的12.59人（见表3-1），使得深度贫困地区的小学专任教师人数不足与小学教学点学生人数过多相矛盾，在一定程度上造成了深度贫困地区与非深度贫困地区学生教学资源不公的现象。

表3－1　公共服务能力对比表

	全国平均	非深度贫困村	深度贫困村
小学教学点个数	0.13	0.10	0.25
小学教学点专任教师人数	1.04	0.90	1.44
小学教学点学生人数	14.76	12.59	17.52
小学校个数	0.31	0.30	0.33
小学专任教师人数	6.52	6.85	3.56
小学在校学生人数	105.15	109.20	56.04
幼儿园、托儿所个数	0.44	0.46	0.35
体育健身场所个数	0.89	0.97	0.43
图书馆（馆）、文化站个数	0.73	0.73	0.63
村集体创办的互助型养老服务设施个数	0.14	0.15	0.06
卫生室个数	1.06	1.07	0.92
执业（助理）医师个数	1.07	1.14	0.54

三、深度贫困地区农民可获得的教育、培训机会相对较少，脱贫内生动力不足

深度贫困地区多处于高山、石山区，环境相对封闭，其社会关系网络单一，接受外部技术人才扶持的途径与程度有限，使得多数深度贫困地区的人力资本集聚能力较弱，文化素质普遍较低，缺乏具有带动能力的高素质精英人才。对现有数据分析发现，云南省怒江州“直过”少数民族中50岁以上的人还有部分文盲，青壮年特别是青年妇女的文盲率较高，大多数民众听不懂普通话更无法用普通话交流。一方面，受文化程度与劳动技能限制，多数民众不具备外出务工能力，只能留于本地从事简单的体力劳动，收入有限；另一方面，受地理环境、技术条件限制，机械化未能大面积普及，劳动方式原始单一，较少从事现代农业种养殖，收入大幅度提高的空间相对较小。因此，

在可获得的教育、培训机会相对较少的条件下，深度贫困地区的群众脱贫致富能力有限，内生动力明显不足。

四、深度贫困地区产业发展同质化严重，集体经济发展薄弱

精准扶贫实施以来，我国深度贫困地区在产业扶贫过程中部分地区存在盲目借鉴、大片开发同类产业现象，未因地制宜地打造“一区一品”“一县一品”“一村一品”，使得区域产业同质化现象严重。一是产品同质化现象严重，较多产业与周边地区雷同，产品附加值不高，难以生产出真正具有当地特色的产品。多数产品种植处于初级阶段，精深加工、品牌创建、产品销售等产业链无法跟上。二是受投入资源限制，部分产品缺乏大规模生产基础。多数深度贫困地区在种养殖方面仅以满足自身需要为前提，赚取政府补贴，缺乏大规模种养殖意识。三是特色产品市场需求空间发展不足，销售渠道单一。部分深度贫困地区对特色产品发展空间考虑不足，销售渠道单一，配套供应无法跟上，出现特色农产品销售难等问题，亟待改进。四是集体经济发展不足。壮大村集体经济，提高村集体经济“造血”功能，是带动农民脱贫致富的有力抓手。部分深度贫困地区集体经济发展薄弱，截至2016年年底，深度贫困村全年村集体收入平均值为10.1万元，而同期全国和非深度贫困地区村集体收入平均值分别为96.33万元和116.96万元；2016年本村居民人均从村集体经济获得的收益（分红）中，深度贫困地区仅有33.24元，而全国和非深度贫困地区的相同指标数值则高达160.78元和192.2元（见表3－2）。可见，深度贫困地区集体经济发展薄弱，村民的集体经济分红的收入比重也较为低下。

表3－2　村集体经济发展情况对比表

列1		全国平均	非深度贫困村	深度贫困村
全年村集体收入	万元	96.33	116.96	10.10
其中：经营收入	万元	37.47	46.18	1.07
补助收入	万元	28.10	33.00	6.74
年末村集体资产总额	万元	517.22	591.58	39.70

续表

列 1	全国平均	非深度贫困村	深度贫困村
年末村集体负债总额　　万元	197.97	208.56	7.43
年末村集体负债总额　　万元	114.78	140.88	1.98
全年村集体固定资产投资完成额　　万元	59.06	64.41	6.86
2016 年本村居民人均从村集体获得的收益（分红）　　元	160.78	192.20	33.24

第三节　深度贫困地区脱贫面临的主要困难

深度贫困地区区位环境特殊、贫困群体特殊、农村空心化严重，是我国脱贫攻坚中最难啃的“硬骨头”。在全面建成小康社会的历史征程中，深度贫困地区的致贫原因复杂，脱贫难度大、任务多、战线长，脱贫攻坚的形势任重而道远。长期以来，深度贫困地区反贫困举步维艰，主要表现为以下三点。

一、区位环境特殊：经济发展动力不足

随着国内精准扶贫、精准脱贫的逐步推进，国内脱贫攻坚开局良好，深度贫困地区减贫步伐日益加快，仅 2018 年“三区三州”全年就减贫 134 万人，贫困发生率降低 6.4 个百分点，高出西部地区平均降幅 3.3 个百分点，全国 832 个贫困县中已有 153 个县脱贫摘帽。深度贫困地区的区位环境特殊，致贫原因复杂，自然与社会环境恶劣，经济发展动力明显不足。就自然环境而言，这些地区多分布于中西部的大别山区、吕梁山区、秦巴山区、乌蒙山区、六盘山区以及青藏高原等自然恶劣地区，环境复杂、生态脆弱、区域封闭的自然环境使其“孤岛效应”极强，长期与外部联系极少，甚至处于与世隔绝的状态，地区发展滞缓。就社会环境而言，深度贫困地区基础设施相对落后，公共服务供给严重不足，教育文化事业建设短缺，使得经济发展的配套设施供给不足，导致经济发展动力不足。截至 2016 年年底，我国深度贫困地区约有 57% 的农户所在的村级主要道路没有路灯，有 13.65% 的农户认为

本村主要道路未达到水泥、柏油马路标准，43%的农户认为本村生活垃圾没有进行集中处理，47.78%的农户认为本村没有公共交通。

二、贫困群体特殊：自身发展内生动力不足

精准扶贫政策实施以来，国内减贫成果丰硕，年均减贫超过1 300万人。截至2017年年底，我国的贫困人口还剩下3 046万人，普遍具有年龄偏大、观念落后、致贫原因复杂、致富门路窄等问题，绝大多数贫困人口分布于深度贫困地区，存在一定的“等、靠、要”思想，深度贫困地区脱贫内生动力不足。一方面，深度贫困群体文化水平低，导致脱贫内生动力不足。在对云南省247户“直过”少数民族对象的调查中，17%的群体从未上过学，具有高中文化学历的群体仅有2.4%。受本区群众知识水平和技能限制，该地区的信息较为闭塞，脱贫致富的能力与机会缺乏，脱贫内生动力明显不足。另一方面，部分贫困人口主动脱贫意识不强。部分地区的贫困人口长期处于自给自足的生活方式，受传统的小农思想影响，难以接受新事物，加之政府主导型的扶贫模式使得贫困群众存在一定的“等、靠、要”思想，部分深度贫困人口安于现状、甘于贫困，依靠自身主动脱贫致富的意识不强。

三、农村空心化严重：扶贫资源利用率较低

工业化和城市化的发展是一把双刃剑，既使国内资源更集中，城市建设更完善、更发达，又引发了农村“空心化”问题，使得城乡二元结构日益明显。随着我国经济发展进入新常态，经济增长速度、结构和发展动力等方面呈现出新特征，我国城镇化率已达到60%，部分地区已接近发达国家平均水平。但是，由于大城市在薪资方面的吸引，许多农村劳动力进入城市，导致农村“空心化”现象严重，城乡发展差距进一步拉大。贫困地区尤其是深度贫困地区的青壮年劳动力不断外流，使得本地区呈现扶贫资金与资源到位与劳动力短缺相矛盾的现象，部分扶贫资源长期处于闲置状态，导致贫困地区产业发展难，脱贫攻坚的经济效益与资源利用率长期低下，脱贫攻坚举步维艰。因此，解决农村空心化严重问题、破解城乡二元结构是当前每个地区都应当重视的主要问题，也是提高扶贫资源利用率、增强扶贫的长效性、巩固

脱贫成果的必由之路。

第四节　加快深度贫困地区脱贫的主要路径

随着脱贫攻坚的深入，深度贫困地区脱贫攻坚任务日益艰巨，为解决制约深度贫困地区脱贫的困难与挑战，需要不断创新扶贫模式，发挥比较优势，实施更加符合实际情况和贫困人口需求的扶贫政策，实现深度贫困地区的真正脱贫和可持续发展。

一、大力发展深度贫困地区生产力，牢固树立“绿水青山就是金山银山”的理念

生产力是人类社会发展的决定力量。深度贫困地区生产力的发展程度决定了脱贫质量，更决定着脱贫攻坚成效。因此，大力发展深度贫困地区生产力是实现深度贫困地区贫困人口脱贫的重要途径。一方面，深度贫困地区各级干部要树立改革意识，破除制约深度贫困地区生产力发展的障碍，促进深度贫困地区生产力发展，引领贫困人口走集体致富的道路；另一方面，改革深度贫困地区发展模式，正确处理好保护生态环境与发展生产力的关系。既要金山银山，更要绿水青山，把“保护生态环境就是保护生产力，改善生态环境就是发展生产力”的理念植入扶贫当中，增强深度贫困地区的可持续发展能力。

二、提高扶贫资源效益，践行依法扶贫理念

理念是行动的先导，扶贫资源效益的提升需要依法扶贫理念的指导。深度贫困脱贫过程中要做到依法扶贫、依法脱贫，防止扶假贫、假脱贫。一段时间以来，扶贫领域存在工作措施不精准、资金管理使用不规范、工作作风不扎实，形式主义、官僚主义，以及扶贫领域腐败等问题，严重影响了脱贫效果的落实，侵害了贫困群众利益。因此，脱贫攻坚的道路上要发挥好法治的保障作用，践行依法扶贫理念。一是全社会坚持“依法扶贫”，着力营造良

好的法治环境。提高精准扶贫、精准脱贫的“精准性”，提高扶贫资源的实效性。二是各级扶贫干部要增强依法扶贫意识，知行合一。积极学习关于扶贫的法律法规，将法治理念内化于心、外化于行，用正确的扶贫意识指引扶贫开发实践，切实提高扶贫的质效。三是贫困群众要增强法治观念，合理维权。自觉加强对扶贫干部的监督，运用法律手段维护好自身的合法权益，充分享受扶贫开发的成果。

三、树立市场意识，提高深度贫困地区资源的利用率

随着经济的发展，“一方水土养育一方人”已经日益演变成“一方水土难养一方人”，贫困地区的水土能否养活该地区的群众取决于当地的经济发展潜力。受现有技术水平限制，深度贫困地区在很长一段时间内难以实现养好一方人的目标，但是当地蕴含的丰富的生态资源，是未来开发、利用的重点。因此，深度贫困地区要充分发挥市场作用，以合理的市场配置来提高资源利用率，有效促进地区发展。第一，发挥市场作用，实现资源的有效配置。各级干部要树立市场意识，充分发挥市场对贫困地区资源配置的决定性作用，实现深度贫困地区的资源配置最优化，把深度贫困地区的资源变成资产，实现一方水土养好一方人。第二，发展生态农业和生态旅游业，实现高质量发展。近年来，人们日益关注生活的质量，日益注重发展性、娱乐性需求，深度贫困地区应当充分瞄准市场需求，生产出人民群众喜闻乐见的高质量特色农产品，发展人民群众切实喜爱的特色乡村旅游，真正实现贫困地区高质量发展。第三，树立开放发展的理念，学会借力。经济的发展离不开技术和资金，深度贫困地区自身的资金与技术导致资源开发受限，要加大招商引资力度，开发当地的资源，把资源变成资产，建立合理的利益分配机制，以保障贫困人口共享经济发展成果。

四、贯彻以人民为中心的发展理念，增强贫困人口自身发展动力

提高贫困人口自身发展能力是“后脱贫时代”贫困治理的重要内容。现阶段我国主要解决了中华民族千百年来的绝对贫困问题，从长远来看，只有彻底解决贫困人口自身发展的能力，激发贫困人口的内生动力，才能增强其

摆脱贫困的持续性。一方面，政府要坚持以人民为中心，加强贫困人口的思想和文化教育，增加实训技能与教育机会。加大贫困地区的教育投入，建设完善的义务教育教学点，配置教育教学相关设施，重视高等教育与职业技术教育的发展，加大教育投入，完善贫困地区基础设施；实行特惠待遇，引进优质的教师人才，提高师资待遇，为贫困地区提供优秀的师资力量；强化职业技能培训，使不适宜受教育的贫困人口学会一门过硬的技术，切实提高贫困人口发展能力。另一方面，贫困人口要树立主体意识，发扬自力更生精神，增强改变贫困面貌的信心。扶贫先扶志，治穷先治愚，贫困人口要树立脱贫的志气，摆脱“等、靠、要”思想，坚定依靠自己的力量摆脱贫困的信心。同时，要积极响应政府号召，参加技能培训，增强自身发展能力，在满足自己生存发展需要的基础上，靠勤劳致富阻断贫困的代际传递。

总之，脱贫攻坚促进了国内贫困地区经济的快速发展，使得贫困地区尤其是深度贫困地区的生产与生活、物质与精神面貌焕然一新。但是，深度贫困地区依然面临着致贫与返贫原因复杂、经济发展动力不足、自身发展内生动力不足、农村空心化严重、扶贫资源利用率较低、基础设施不完善、社会公共服务不健全等难题。面对这样的困境，为实现“让所有群众一道迈入全面小康社会”的伟大目标、早日实现中华民族伟大复兴的中国梦，需要继续发展深度贫困地区生产力，提高扶贫资源效益，树立市场意识，贯彻以人民为中心的发展理念，增强贫困人口自身发展动力。

第四章

深度贫困地区基本公共服务供给均衡性发展

基本公共服务是由政府主导、保障全体公民生存和发展的基本需要、与经济社会发展水平相适应的公共服务。享有基本公共服务是公民的基本权利，保障人人享有基本公共服务是政府的重要职责。然而，我国深度贫困地区经济社会发展相对落后，基本公共服务供给存在明显短板。推进基本公共服务均等化，实现深度贫困地区基本公共服务均衡供给，是全面建成小康社会的应有之义。由于深度贫困地区并非与所在行政区划完全吻合，本章在分析时选取西藏自治区、四川凉山州、新疆和田地区为代表地，且在无区域性数据时采用所处行政区划（西藏、四川、新疆）的数据进行分析。

第一节　深度贫困地区经济社会发展特征

2018 年 8 月颁布的《中共中央 国务院关于打赢脱贫攻坚战三年行动的指导意见》要求，聚焦深度贫困地区和特殊贫困群体，突出问题导向，优化政策供给，确保到 2020 年贫困地区和贫困群众和全国一道进入全面小康社会，为实施乡村振兴战略打好基础。

一、深度贫困地区“老、病、残”等群体比重较高

“特殊”贫困群体在深度贫困地区人口中的比重相对较高。深度贫困地区贫困人口占比高、贫困发生率高，人均可支配收入低，“低保”“五保”、因病致贫返贫、贫困老人脱贫任务重。根据绝对贫困人口建档立卡数据，因

"病"致贫、因"残"致贫、因"老"致贫的比重分别占到贫困户总数的40%、14%和16%，深度贫困家庭中"半"劳动力、"弱"劳动力、家庭"捆绑"劳动力、"无"劳动能力的问题较为突出。无论是开发式扶贫还是保障型脱贫，"老、病、残"等特殊贫困人口的比重都较大，客观上增加了脱贫攻坚的难度。

二、深度贫困地区基本公共服务存在明显短板

深度贫困地区基础设施欠账较多，基本公共服务缺口较大。该地区多位于高山、高原、高寒地区，恶劣的生态环境、频发的自然灾害、匮乏的自然资源等天然因素限制了该地区的公共服务发展。西南缺土，西北缺水，青藏高原缺积温，基础设施与基本公共服务的建设成本高，施工难度大，与全国平均水平相差甚远。目前我国深度贫困地区由于历史、区位、生态等方面的原因，村庄散落、居住分散，水、路、电、网等基础设施投入长期以来相对滞后，脱贫的硬件基础条件相对薄弱。在教育、医疗、养老、就业等农村基本公共服务方面的缺口也比较大，特别是地方财力有限，针对"老、病、残"等特殊贫困群体的托养、护理、康复、特教等方面的服务供给相对不足。

三、深度贫困地区面临"无业可扶、无力脱贫"的脱贫困境

深度贫困地区具有相当比重的"无业可扶、无力脱贫"的贫困人口，对于这部分深度贫困人口，除了保障兜底，发展和壮大农村集体经济的作用也极为重要。习近平总书记指出："发展产业是实现脱贫的根本之策。要因地制宜，把培育产业作为推动脱贫攻坚的根本出路。"产业扶贫，特别是资产收益扶贫模式，仍然是打赢脱贫攻坚战的重要手段。

推动深度贫困地区传统农业与第二、三产业融合发展，有助于推进传统农业自身的工业化和产业链延伸进程，能高效就地解决深度贫困地区家庭"半"劳动力、"弱"劳动力、家庭"捆绑"劳动力的就业需求，大大降低劳动力移动成本。即便是深度贫困地区的生态补偿脱贫，也可以通过乡村振兴从单纯依靠财政转移，逐步过渡到依靠市场机制开发特色资源的长效脱贫之路。同时，依托当地生态与人文资源，在深度贫困地区发展电商、民宿、餐

饮、养老、文创等产业，以乡村振兴为平台实现脱贫攻坚与乡村可持续发展，同时适时推进城镇化进程，最终实现城乡融合与区域协调发展的目标。

四、一般性财政转移支付和扶贫投入无法满足深度贫困地区缺口

我国深度贫困地区脱贫攻坚与国外小规模的救济式扶贫不同，深度贫困地区持续大量的易地扶贫搬迁、基础设施与基本公共服务建设需求，需要大量的财政转移支付。强化深度贫困地区扶贫资金的投入，从宏观层面来讲是发挥了中国特色社会主义集中力量办大事的制度优势，从微观层面来看则有助于通过持续改善贫困地区的基础设施、持续降低物流和交易成本，加速深度贫困地区资源变资产、资产变资本的市场化进程。

从2012年至2016年，中央扶贫专项资金投入年均增长19.22%，年均扶贫资金投入550亿元。2017年至2019年，虽然国内经济面临下行压力，但中央财政扶贫资金投入依然保持高位，3年累计投入超过2 800亿元。2017年年底印发的《关于支持深度贫困地区脱贫攻坚的实施意见》明确指出，新增脱贫攻坚资金、新增脱贫攻坚项目、新增脱贫攻坚举措主要用于深度贫困地区。《中共中央 国务院关于打赢脱贫攻坚战三年行动的指导意见》再次强调，中央财政进一步增加对深度贫困地区专项扶贫资金、教育医疗保障等转移支付，加大重点生态功能区转移支付等对深度贫困地区的倾斜力度。

第二节　深度贫困地区基本公共服务供给情况

基本公共服务均等化是我国基本公共服务发展与改革的目标，但基本公共服务均等化不等同于基本公共服务平均化，而是指全体公民都能公平可及地获得大致均等的基本公共服务，以机会均等为核心，以保障全体公民公平可及地获得基本公共服务机会为重点。本节以基础设施、文化教育服务、医疗卫生服务、社会保障情况等为主要指标，横向对比深度贫困地区与国内发达地区基本公共服务供给现状，分析深度贫困地区的基本公共服务供给现状，为改善当地基本公共服务供给现状、推进该地区基本公共服务均等化提供现实依据。

一、深度贫困地区与国内发达地区比较

深度贫困地区是国家全面建成小康社会最难啃的“硬骨头”。由于深度贫困地区并非与所在行政区划完全吻合，根据调研和掌握的数据资料，分析时选取西藏自治区、四川凉山州、新疆和田地区为代表地，且在无区域性数据时采用所处行政区划（西藏、四川、新疆）数据进行分析。

2012 年，北京市、浙江省、武汉市农村常住人口占总常住人口的比重在 13% ~35%（见表 4－1），城镇化水平整体较高；而西藏自治区、四川凉山州、新疆和田地区农村常住人口占总常住人口的比重在 70% ~90%，城镇化水平整体较低。同时，2012 年北京市、浙江省、武汉市三地城镇居民人均可支配收入均显著高于西藏自治区、凉山州、和田地区，但武汉市城镇居民人均可支配收入与前两地差距仍旧较大，而后三地之间差距相对较小。此外，北京市、浙江省、武汉市三地农村居民人均可支配收入同样显著大于西藏自治区、凉山州、和田地区三地。武汉市农村居民人均可支配收入在前三地中仍旧较低，但相对差距明显小于城镇居民人均可支配收入之间的差距。这说明相较于城镇居民，农村居民内部之间可支配收入差距较小。结合常住人口指标与区域面积指标，明显可以看出北京市、武汉市人口分布相对集中。

表 4－1　2012 年六地区基本信息

基本信息	北京市	浙江省	武汉市	西藏自治区	凉山州	和田地区
常住人口（万人）	2069. 30	5477. 00	1012. 00	307. 62	456. 10	212. 34
农村常住人口（万人）	285. 60	1922. 43	269. 97	237. 64	396. 40	175. 76
城镇居民人均可支配收入（元）	36469	34550	27061	18362	19835	17921
农村居民人均可支配收入（元）	16476	14552	11190	5697	6419	6394
区域面积（万平方千米）	1. 64	10. 55	0. 85	120. 22	6. 03	24. 91

数据来源：根据《北京统计年鉴 2013》《浙江统计年鉴 2013》《湖北统计年鉴 2013》《武汉统计年鉴 2013》《西藏统计年鉴 2012》《四川统计年鉴 2013》《新疆统计年鉴 2012》《中国农村统计年鉴 2012》等相关数据整理。

注：2014 年以前分别为城镇居民人均可支配收入和农民人均纯收入。

2018 年，北京市、浙江省、武汉市农村常住人口占总常住人口的比重在 13% ~30%，较 2012 年进一步下降（见表 4 –2）；西藏自治区、凉山州、和田地区农村常住人口占总常住人口的比重在 68% ~85%，较 2012 年也进一步下降，各地城镇化率进一步提升。此外，可以发现北京市、浙江省、武汉市三地城镇居民人均可支配收入差距相对较大，而西藏自治区、凉山州、和田地区三地城镇居民人均可支配收入差距相对较小，且六地城镇居民人均可支配收入整体差距较大，北京市城镇居民人均可支配收入更是后三地的 2 倍左右，呈现较大差异性。在农村居民人均可支配方面，前三地依旧明显高于后三地，但六地之间差异比城镇居民人均可支配收入差距小。

表 4 –2　2018 年六地区经济社会发展基本信息

基本信息	北京市	浙江省	武汉市	西藏自治区	凉山州	和田地区
常住人口（万人）	2154.20	5737.00	1089.29	343.82	490.80	253.06
农村常住人口（万人）	290.80	1778.47	234.30	236.75	419.40	198.20
城镇居民人均可支配收入（元）	67990	55574	43405	33797	30421	32764
比 2012 年增加（元）	31521	21024	16344	15435	10586	14843
相对 2012 年增加（%）	86.4	60.9	60.4	84.1	53.4	82.8
农村居民人均可支配收入（元）	26490	27302	20887	11450	12548	11975
比 2012 年增加（元）	10014	12750	9697	5753	6129	5581
相对 2012 年增加（%）	60.8	87.6	86.7	101.0	95.5	87.3
区域面积（万平方千米）	1.64	10.56	0.86	120.22	6.03	24.91

数据来源：根据《北京统计年鉴 2019》《浙江统计年鉴 2019》《湖北统计年鉴 2018》《武汉统计年鉴 2018》《西藏统计年鉴 2018》《四川统计年鉴 2019》《新疆统计年鉴 2019》《中国农村统计年鉴 2018》等相关数据整理。

注：其中武汉市统计年鉴未更新，数据为 2017 年数据。

以文化服务业为例，依据第四次全国经济普查数据，全国每万人拥有文化服务业单位数和从业人员数分别为 4.42 个和 57.93 人，而在六省区中，北京市明显最高，分别为 36.74 个和 350.14 人；浙江省也明显高于全国平均水平，分别为 7.33 个和 82.88 人；武汉市所在的湖北省则与全国平均水平基本持平，分别为 4.28 个和 52.21 人（见表 4 –3）；深度贫困地区较为集中的四川省、西藏自治区和新疆维吾尔自治区则明显低于全国平均水平。

表4－3　六地区文化服务业发展情况

地区	人口数（万人）	文化服务业单位数（个）	每万人拥有文化服务业单位数（个）	年末从业人员（人）	年末每万人拥有从业人员（人）
全国	139538	616119	4.42	8083694	57.93
北京	2154	79134	36.74	754206	350.14
浙江	5737	42071	7.33	475475	82.88
湖北	5917	25354	4.28	308906	52.21
四川	8341	21993	2.64	285849	34.27
西藏	344	612	1.78	11972	34.80
新疆	2487	5762	2.32	77918	31.33

数据来源：第四次经济普查数据、《2019年中国统计年鉴》。

二、深度贫困地区与发达地区基础设施情况比较

2012年，在居民生活用水量方面，武汉市居民人均生活用水量较低，其余各地差距不大；在居民生活用电量方面，北京市、浙江省、武汉市三地居民人均生活用电量显著大于西藏自治区、凉山州、和田地区三地，前三地居民用电量是后三地居民用电量的4倍多；在燃气普及率方面，武汉市与凉山州普及比率较低，仅有50%左右，其余四地均在80%以上；在居民生活用天然气量方面，北京市居民人均用气量明显高于其余各地，和田地区居民年人均生活用气量仅为27.96立方米。公共交通方面，北京市、浙江省、武汉市三地每万人公共交通运营车辆数明显高于西藏自治区，浙江省每万人公共交通运营车辆更是西藏自治区的11.25倍；受制于行政区划面积，北京市人均拥有道路面积最小，凉山州人均拥有道路面积较于浙江省、武汉市仍旧较小，交通运输能力存在进一步提升空间。在居民宽带普及率方面，凉山州相较于其余各地较低，仅为其余各地的50%左右。在人均快递使用量方面，西藏自

治区、新疆和田地区相较于前三地较低，和田地区年人均快递使用量不足1件。在生活环境方面，北京市、浙江省、武汉市、凉山州四地人均公园绿地面积较高，和田地区人均公园绿地面积较低。在污水处理率方面，各地污水处理率整体较高，均达到了80%以上（见表4-4）。

表4-4　2012年六地区基础设施情况

基本信息	北京市	浙江省	武汉市	西藏自治区	凉山州	和田地区
居民人均生活用水量（立方米/年）	77.32	71.47	46.82	—	71.54	62.42
居民人均生活用电量（千瓦·时/年）	779.94	715.54	763.53	163.79	221.82	184.65
燃气普及率（%）	91.80	82.49	56.04	82.60	55.74	96.60
居民人均生活用天然气量（立方米/年）	426.90	—	210.26	—	128.48	27.96
每万人公共交通运营车辆（辆）	12.48	13.96	7.29	1.24	—	—
人均拥有道路面积（平方米）	4.46	17.88	14.39	—	8.45	11.20
人均公园绿地面积（平方米）	15.50	12.47	9.92	—	9.41	7.67
污水处理率（%）	83.00	87.50	88.78	—	80.28	—

数据来源：同表4-1。

2018年，在居民生活用水量方面，武汉市居民人均生活用水量仍旧较低，其余各地差距不大；在居民生活用电量方面，北京市、浙江省、武汉市三地居民人均生活用电量显著大于西藏自治区、凉山州、和田地区三地，但后三地居民用电量增速较快，使得相对差距较2012年显著缩小；燃气普及率方面，武汉市与凉山州普及率仍旧较低，存在进一步提升的空间；在居民生活用天然气量方面，北京市居民人均用气量仍旧明显高于其余各地，凉山州与和田地区居民生活用天然气量增速较慢。公共交通方面，北京市、浙江省、武汉市三地每万人公共交通运营车辆数仍旧明显高于西藏自治区，但西藏自治区增速较快，相对差距较2012年明显缩小；交通通达度方面，受制于行政区划面积，北京市人均拥有道路面积仍旧最小，凉山州人均拥有道路面积较于浙江省、武汉市仍旧较小，但增速明显较快。在居民宽带普及率方面，凉山州普及率仅为其余各地的40%左右，相较于其余各地差距进一步拉大。在人均快递使用量方面，西藏自治区、和田地区相较于前三地仍旧较低，还存在极大的成长空间。在生活环境方面，北京市、浙江省、武汉市、凉山州四地人均公园绿地面积较大，和田地区人均公园绿地较2012年出现负增长，与其余各地差距进一步拉大。在污水处理率方面，各地污水处理率均进一步提升，均达到了90%左右（见表4-5）。

表4-5　2018年六地区基础设施情况

基础设施	北京市	浙江省	武汉市	西藏自治区	凉山州	和田地区
居民人均生活用水量（立方米/年）	85.41	74.59	54.93	—	74.31	69.86
比2012年增加（立方米/年）	8.09	3.12	8.11	—	2.77	7.45
相对2012年增加（%）	10.5	4.4	17.3	—	3.9	11.9
居民人均生活用电量（千瓦·时/年）	1190.04	1050.76	891.66	297.51	367.77	312.25
比2012年增加（千瓦·时/年）	410.10	335.22	128.13	133.72	145.95	—
相对2012年增加（%）	52.6	46.8	16.8	81.6	65.8	—
燃气普及率（%）	100.00	100.00	75.91	91.22	70.21	99.13
居民人均生活用天然气量（立方米/年）	858.46	—	400.39	—	151.61	51.84
每万人公共交通运营车辆（辆）	13.80	16.54	8.31	2.06	—	—
比2012年增加（辆）	431.56	—	19.14	—	23.13	23.88
相对2012年增加（%）	101.1	—	90.0	—	18.0	85.4
人均拥有道路面积（平方米）	4.79	18.05	13.51	—	8.96	14.85
比2012年增加（平方米）	0.33	0.17	-0.88	—	0.51	3.65

续表

基础设施	北京市	浙江省	武汉市	西藏自治区	凉山州	和田地区
相对 2012 年增加（%）	7.4	1.0	-6.1	—	6.0	32.6
宽带普及率（%）	80.00	87.60	—	76.87	80.73	29.91
年人均快递使用量（件）	102.54	176.23	34.05	2.11	—	4.47
比 2012 年增加（件）	79.31	161.26	27.87	1.07	—	4.21
相对 2012 年增加（%）	341.4	1077.3	450.5	102.9	—	1612.7
人均公园绿地面积（平方米）	16.30	13.73	10.91	—	10.14	7.57
比 2012 年增加（平方米）	0.80	1.26	0.99	—	0.73	-0.10
相对 2012 年增加（%）	5.2	10.1	10.0	—	7.8	-1.3
污水处理率（%）	93.00	95.75	97.83	—	87.87	—

数据来源：同表 4-2。

注：其中武汉市统计年鉴未更新，数据为 2017 年；数据缺失用“—”代替。

三、深度贫困地区与发达地区文化教育服务情况比较

2012 年，在基础教育阶段，凉山州中小学师生比相较于其余五地较高，达到了约 22:1，说明该地区教师负担较重；在生均教育经费方面，凉山州、和田地区生均教育经费只有北京市、浙江省的 50% 左右，教育资源分配仍有较大优化空间。在居民文化活动方面，西藏自治区、和田地区每 10 人电影人均放映场次仍旧较低，和田地区更是不及北京市的一半；公共图书馆藏书方面，凉山州人均藏书量不足 0.5 册，仅相当于西藏自治区人均藏书量的 1/10 左右；在博物馆建设方面，和田地区博物馆数量建设相对较好，北京市、浙江省、武汉市每 10 万人拥有博物馆数量显著高于西藏自治区、凉山州。在居民体育活动场所方面，西藏自治区人均体育场地面积为 0.18 平方米，仅是北京市人均体育场地面积的 11% 左右，存在较大建设空间（见表 4-6）。

表4-6　2012年六地区文化教育情况

文化教育	北京市	浙江省	武汉市	西藏自治区	凉山州	和田地区
中小学学生数（万人）	145.09	583.60	74.27	47.01	79.60	30.07
中小学专任教师数（万人）	11.69	36.29	5.87	3.15	3.63	2.11
中小学师生比	12.41	16.08	12.65	14.93	21.92	14.28
生均教育经费（万元）	1.76	1.17	0.72	1.24	0.65	0.46
每10人电影人均放映场次（次）	0.68	0.28	0.47	0.39	—	0.22
公共图书馆人均藏书量（册）	2.68	0.83	1.17	4.40	0.42	
每10万人拥有博物馆数量（个）	0.73	0.22	0.45	0.13	0.19	0.32
人均体育场地面积（平方米）	1.60	0.98	—	0.18	—	—

数据来源：同表4-1。

2018年，在基础教育阶段，凉山州中小学师生比相较于其余五地仍旧较高，但相对差距较2012年有所改善，基础教育质量得到稳步提升；在生均教育经费方面，西藏自治区生均教育经费保障充足，凉山州、和田地区生均教育经费较2012年得到明显改善，但相较于前三地仍有较大差距。在居民文化活动方面，各地每10人电影人均放映场次稳步提升，但和田地区每10人电影人均放映场次相对仍旧较低；公共图书馆藏书方面，凉山州公共图书馆人均藏书量较2012年增长缓慢，西藏自治区公共图书馆人均藏书量较2012年出现负增长，而北京市、浙江省、武汉市公共图书馆人均藏书量稳步提升，各地文化建设水平差距进一步拉大；在博物馆建设方面，西藏自治区博物馆数量增长迅速，每10万人拥有博物馆数量达到2.36个，凉山州、和田地区博物馆建设数量仍旧较少。在居民体育活动场所方面，西藏自治区人均体育场地面积为0.33平方米，相对于北京市与浙江省仍有较大差距（见表4-7）。

表4－7　2018年六地区文化教育情况

文化教育	北京市	浙江省	武汉市	西藏自治区	凉山州	和田地区
中小学学生数（万人）	143.87	598.96	85.03	51.74	89.09	46.77
中小学专任教师数（万人）	13.12	40.83	6.04	3.89	4.46	3.60
中小学师生比	10.97	14.67	14.08	13.30	19.96	12.98
比2012年减少	－1.45	－1.41	1.43	－1.63	－1.96	－1.30
相对2012年减少（%）	－11.6	－8.8	11.3	－10.9	－8.9	－9.1
生均教育经费（万元）	2.51	2.03	1.40	2.53	1.02	0.71
比2012年增加（万元）	0.75	0.86	0.67	1.29	0.38	0.25
相对2012年增加（%）	42.6	73.7	92.7	104.3	58.4	53.8
每10人电影人均放映场次（次）	1.44	1.62	1.34	1.22	—	0.56
公共图书馆人均藏书量（册）	3.15	1.50	1.49	3.82	0.47	—
比2012年增加（册）	0.46	0.67	0.33	－0.58	0.06	—
相对2012年增加（%）	17.2	81.1	27.8	－13.1	13.7	
每10万人拥有博物馆数量（个）	0.83	0.18	0.68	2.36	0.30	0.41
比2012年增加（个）	0.10	－0.04	0.22	2.23	0.11	0.09
相对2012年增加（%）	13.1	－17.4	49.5	1711.8	60.5	28.4
人均体育场地面积（平方米）	2.32	2.34	—	0.33	—	—

数据来源：同表4－2。

四、深度贫困地区与发达地区医疗卫生服务情况比较

2012年，在医疗卫生方面，北京市、浙江省、武汉市三地之间每万人拥有卫生机构数相对差距较小，而西藏自治区、凉山州、和田地区三地之间每万人拥有卫生机构数相对差距较大，后三地之间差距达14倍；在每千常住人口注册护士数方面，北京市、浙江省、武汉市三地明显高于西藏自治区、凉

山州、和田地区三地，北京市更是达到了和田地区的46倍；在每千常住人口执业（助理）医师数方面，北京市、浙江省、武汉市三地同样明显多于西藏自治区、凉山州、和田地区，北京市更是达到了和田地区的36倍。在每千常住人口医院床位数方面，北京市、浙江省、武汉市三地均高于西藏自治区、凉山州、和田地区，北京市更是达到了和田地区的8.45倍。在政府人均医疗卫生支出方面，北京市与西藏自治区支出较多，而和田地区只有这两地的三分之一左右（见表4-8）。

表4-8　2012年六地区医疗卫生情况

医疗卫生	北京市	浙江省	武汉市	西藏自治区	凉山州	和田地区
每万人拥有卫生机构数（个）	4.82	5.53	2.83	4.56	11.57	0.80
每千常住人口注册护士数（人）	4.60	2.21	3.40	0.74	1.12	0.10
每千常住人口执业（助理）医师数（人）	3.97	2.37	3.30	1.57	1.30	0.11
每千常住人口医院床位数（张）	4.48	3.89	6.14	3.29	2.11	0.53
政府人均医疗卫生支出（元）	1548	558	563	1174	648	346

数据来源：同表4-1。

2018年，北京市、浙江省每万人拥有卫生机构数保持稳定增长，武汉市每万人拥有卫生机构数较2012年更是增长了41.9%，而西藏自治区、凉山州、和田地区三地每万人拥有卫生机构数呈现下降趋势，和田地区较2012年更是下降了13.1%。在每千常住人口注册护士数方面，西藏自治区、凉山州较前三地数量仍旧较低，2018年和田地区仅为0.15人，虽然较2012年增加了52.7%，但其绝对量依旧较低。在每千常住人口执业（助理）医师数方面，西藏自治区、凉山州、和田地区三地数量较2012年增速较快，但绝对值较北京市、浙江省、武汉市差距仍旧较大。在每千常住人口医院床位数方面，西藏自治区、凉山州两地增速大体快于北京市、浙江省、武汉市，床位数的绝对数值也较为接近，但和田地区每千常住人口医院床位数数量仍旧维持在较低水平，增速也远远小于西藏自治区与凉山州地区。在政府人均医疗卫生支出方面，西藏自治区增速明显快于北京市、浙江省、武汉市三地，较2012年绝对值增加幅度也最大，而和田地区虽然增速较快，但较2012年绝对值增加幅度仍旧较小，与其他各地之间差距进一步拉大（见表4－9）。

表4－9　2018年六地区医疗卫生情况

医疗卫生	北京市	浙江省	武汉市	西藏自治区	凉山州	和田地区
每万人拥有卫生机构数（个）	5.15	5.71	4.01	4.50	10.69	0.69
比2012年增加（个）	0.33	0.18	1.18	－0.06	－0.88	－0.10
相对2012年增加（%）	6.9	3.3	41.9	－1.3	－7.6	－13.1
每千常住人口注册护士数（人）	5.74	3.51	4.71	1.62	2.21	0.15
比2012年增加（人）	1.14	1.30	1.31	0.88	1.09	0.05
相对2012年增加（%）	24.8	58.6	38.5	118.5	97.4	52.7
每千常住人口执业（助理）医师数（人）	5.08	3.35	3.33	2.41	1.58	0.15
比2012年增加（人）	1.11	0.98	0.03	0.84	0.28	0.04
相对2012年增加（%）	28.0	41.4	0.9	53.8	21.5	40.3
每千常住人口医院床位数（张）	5.40	5.83	7.20	4.88	4.03	0.70
比2012年增加（张）	0.92	1.94	1.06	1.59	1.92	0.17
相对2012年增加（%）	20.5	49.9	17.3	48.3	91.0	32.4
政府人均医疗卫生支出（元）	2430	1091	1281	3110	1387	644
比2012年增加（元）	882.2	532.9	718.8	1935.9	739.0	297.75
相对2012年增加（%）	57	95	127	164	114	86

数据来源：同表4－2。

五、深度贫困地区与发达地区社会保障情况比较分析

2012年，凉山州与和田地区职工最低工资明显低于北京市、浙江省、武汉市，西藏自治区职工最低工资与北京市、浙江省、武汉市大致持平。在失业保险金最低标准、城镇居民最低生活保障标准、农村居民最低生活保障标准方面，西藏自治区、凉山州、和田地区显著低于北京市、浙江省、武汉市。

同时，前三地在职工最低工资、失业保险金最低标准、城市居民最低生活保障、农村居民最低生活保障方面的相对数值差距也大于西藏自治区、凉山州、和田地区后三地。在社区机构服务数量方面，北京市、浙江省每万人社区机构服务数显著大于西藏自治区、和田地区，浙江省每万人社区机构服务数更是达到了西藏自治区的25倍（见表4－10）。

表4－10　2012年六地区社会保障情况

社会保障	北京市	浙江省	武汉市	西藏自治区	凉山州	和田地区
职工最低工资（元/月）	1260	1110	1180	1150	800	745
失业保险金最低标准（元/月）	842	695	810	560	572	522
城市居民最低生活保障标准（元/月）	520	260	430	400	245	291
农村居民最低生活保障标准（元/月）	380	350	200	133	143	137
每万人社区机构服务数（个）	3.05	5.53	—	0.22	—	0.51

数据来源：同表4－1。

2018年，西藏自治区、凉山州、和田地区职工最低工资、失业保险金最低标准、城市居民最低生活保障标准、农村居民最低生活保障标准均显著低于北京市、浙江省、武汉市。职工最低工资方面，北京市、浙江省较2012年增加值显著大于西藏自治区、凉山州、和田地区，武汉市较2012年绝对值增加较低，较2012年增速最低。在失业保险金最低标准方面，浙江省、西藏自治区、和田地区较2012年增速较快，各地失业保险金最低标准之间差距较2012年进一步缩小。在城市居民最低生活保障标准方面，北京市、浙江省、和田地区绝对值增加量明显高于其他地区，各地城镇居民最低生活保障绝对值有所拉大，西藏自治区城市居民最低生活保障标准较2012年增加值最低，较2012年增速也最低（见表4－11）。

表 4－11　2018 年六地区社会保障情况

社会保障	北京市	浙江省	武汉市	西藏自治区	凉山州	和田地区
职工最低工资（元/月）	2120	2010	1500	1650	1260	1460
比 2012 年增加（元/月）	860.00	900.00	320.00	500.00	460.00	715.00
相对 2012 年增加（%）	68.3	81.1	27.1	43.5	57.5	96.0
失业保险金最低标准（元/月）	1536	1608	1200	1320	1008	1168
比 2012 年增加（元/月）	694.00	913.00	390.00	760.00	436.00	646.50
相对 2012 年增加（%）	82.4	131.4	48.1	135.7	76.2	124.0
城市居民最低生活保障标准（元/月）	1000	810	670	577	500	750
比 2012 年增加（元/月）	480.00	550.00	240.00	177.31	255.00	459.00
相对 2012 年增加（%）	92.3	211.5	55.8	44.3	104.1	157.7
农村居民最低生活保障标准（元/月）	877	514	500	244	310	320
比 2012 年增加（元/月）	497.19	163.83	300.00	110.98	167.42	183.50
相对 2012 年增加（%）	130.8	46.8	150.0	83.2	117.4	134.4
每万人社区机构服务数（个）	5.52	5.71	—	0.28	—	0.74
比 2012 年增加（元/月）	2.47	0.18	—	0.06	—	0.22
相对 2012 年增加（%）	80.8	3.3	—	28.2	—	42.9

数据来源：同表 4－2。

第三节　国内发达地区基本公共服务供给的启示与借鉴

习近平总书记在全国卫生与健康大会上指出："要坚持正确的卫生与健康工作方针，以基层为重点，以改革创新为动力，人民共建共享。要坚持基本医疗卫生事业的公益性，不断完善制度、扩展服务、提高质量。"随着经济发展进入新常态，社会主要矛盾呈现新变化，国内基本公共服务进入新的发展阶段，日益瞄准到人，推动基本公共服务的质效双增。本节将北京市公共医疗卫生服务供给与浙江省公共社会保障服务供给作为典型案例，分析国内发达地区基本公共服务供给的发展现状与特点，为国内其他地区的基本公共服务发展提供启示与借鉴。

一、北京市公共医疗卫生服务供给的实践

北京是中华人民共和国首都，国务院批复确定的中国政治中心、文化中心、国际交往中心、科技创新中心。拥有医疗卫生资源位居全国前列的北京市，同样面临着“看病难，看病贵”的矛盾，如何深化医疗卫生体制改革，更好地满足广大人民群众日益增长的医疗卫生需求，成为迫切需要研究解决的问题。近年来，北京市基本医疗卫生服务稳步发展，各方面工作取得了长足进步。

（一）实施村卫生室改扩建，提升乡村公共医疗水平

提升村卫生室基本硬件设施。2016 年，北京市相关涉农区按照 20 ~ 30 分钟医疗卫生服务可及的原则，共梳理出有建设需求的村级卫生机构 525 个。之后按计划进行开工建设，至 2018 年年底已完成 479 个，2019 年其余 46 个村卫生室也已全部完成建设任务，2020 年前已经全部达到市政府核验标准。新卫生室面积平均超过 60 平方米，设有药房、诊室、观察室、治疗室 4 个功能区，药房平均配备了近 400 种常用药，卫生室墙上张贴着药品公示目录、医疗服务价格公示目录。同时，北京市村卫生室已纳入医疗保险定点医疗机构范围，实施基层医疗机构首诊制度。由各地区财政为新建村卫生室配备基本诊疗设备、中医适宜技术设备以及生活设施、交通工具等，多数村委会也为外招乡医提供了居住用房。由区卫生健康委负责建设村卫生室信息系统和区级管理平台，实现数据与区域卫生平台和健康档案库互联互通，为乡医执业提供最大便利条件。

注重人才培养。2017 年以来，北京市卫生健康委每年均委托首都医科大学针对有意愿的 30 岁以下、高中或中专以上学历的农村青年进行订单定向式临床医学三年制大专医学生（乡村医生方向）免费培养，毕业后安排回到本地乡村医生岗位服务，2017—2019 年这一项目共招收 343 名本地农村青年。同时，为了让年轻人愿意扎根基层、服务乡民，北京市卫生健康委通过政府

购买服务、提供给乡村医生的补贴，从原来的1600元涨到最高4500元。乡村医生接诊患者也能拿到可观的收入。北京市卫生健康委通过返聘城市中的退休医生、聘任引进符合条件的医务人员，如民营医疗机构人员等方式，来解决部分群众就医需求。

实施巡诊制度。针对部分因人口较少、面临整体搬迁等原因不适宜建设村级卫生机构和暂时难以配置乡村医生的村庄，北京市通过巡诊制度确保村民得到医疗卫生服务。2019年，共有80个行政村通过所在的乡镇社区卫生服务中心承担每周一次的巡诊服务，开展常见病、多发病诊疗和健康宣教、用药指导，使村民得到基本医疗和公共卫生服务。巡诊时，医生会带上常见药品，遇到一些基本需求就可以即时解决。若遇到缺药，不紧急的情况下，医生将进行登记，下周巡诊时带上；若情况较急，患者可以直接去乡镇社区医院就诊。北京市偏远地区巡诊开展后，2019年有4万余人次受益。

利用医联体开展远程医疗服务。2019年，北京市建立了100个国家级临床重点专科医联体基层服务点，并安排医联体核心医院的专家到基层出诊，开展健康教育，积极推动医联体开展远程医疗服务。全面开展“优质服务基层行”活动，社区卫生服务中心100%实施先诊疗后结算服务，100%实现妇女儿童规范化服务；增加在基层提供长处方服务的慢性病病种数量，加强高血压、糖尿病患者规范化管理，提升签约居民满意度。

（二）实施医药分开综合改革，提升人民群众就医满意度

为提升人民群众的就医满意度，满足人民日益增长的就医服务需求，北京市卫生健康委实行医药分开综合改革，通过补偿机制转换、完善分级诊疗制度、控制成本与费用等措施，缓解医患矛盾，提高就医的效率与群众满意度。

改善医疗服务。建立健全医疗质量管理长效机制，综合考虑医疗质量安全、基本医疗需求等因素；加强药品处方审核和处方点评，促进合理用药；推行非急诊预约诊疗服务，推广知名专家团队服务模式，规范服务流程；丰富家庭医生签约服务内容，使居民享受到更加便利的就医、转诊服务。

加强成本和费用控制。采用信息化手段，加大对异常、高额医疗费用的

预警和分析，控制高值医用耗材的不合理使用；严格新技术、新项目、特需服务的准入和管理；加强对大型设备购置的可行性论证，提高医疗设备的使用效益。

完善分级诊疗制度。引导大医院医生和返聘专家到基层工作，提高基层医疗服务供给能力和水平；完善家庭医生签约服务，对高血压、糖尿病、冠心病、脑血管病等4类慢性疾病稳定期常用药品，统一大医院与基层医疗卫生机构的采购和报销目录，符合条件的患者在基层医疗卫生机构可享受2个月的长处方便利。

建立财政分类补偿机制。保障公立医疗机构基本建设和设备购置、离退休人员费用、重点专科发展、人才队伍建设及承担公共卫生服务等方面支出。完善财政分类投入政策，对中医、传染病、精神障碍、职业病、妇产、儿童、康复、肿瘤、老年病等医疗机构和基层医疗卫生机构予以倾斜。

加大医保保障和支付方式改革力度。按照以按病种付费为主，按人头付费、按服务单元付费、按疾病诊断相关分组付费等为补充的复合型付费方式，逐步减少按项目付费。对于重症精神障碍住院治疗、疾病恢复期康复、非传染性疾病社区康复、老年病护理，探索按床日付费改革。

北京市通过实施医药分开综合改革，逐步取消药品加成和设立医事服务费及规范医疗服务项目，消除了医疗机构以药补医的逐利机制。同时，分级诊疗制度建设也稳步推进，通过医事服务费的差异化分级设置，引导患者就医下沉，使得大医院长期人满为患的情况得到初步缓解。

（三）医耗联动改革全面提升人民群众就医获得感

2019年7月，北京市开展了医耗联动综合改革工作，改革的主要内容总体概括为“五个一”，即一降低、一提升、一取消、一采购、一改善。具体改革措施如下。

第一，降低大型仪器设备检验项目价格。以国家指导意见为指导，结合北京市实际和检验类项目特点，重点降低应用大型仪器设备开展的检验项目价格。第二，提升体现医务人员技术劳务价值的项目价格。对中医、病理、精神、康复、手术5类项目进行价格调整，以提高医务人员的技术服务价值，完善专业体系。第三，取消医用耗材加成。改革规定北京市所有医疗机构将不再收取5%和10%的加成费用，直接按采购进价收费；按照国家要求开展部分药品联合带量采购，组织实施心内血管支架类、人工关节类等六类医用耗材联合采购，逐步扩大联合采购的医用耗材范围和规模。第四，实施药品阳光采购。一方面，要求落实药品购销“两票制”，鼓励和规范集团采购、医疗联合体采购和区域联合采购，提高医疗机构在药品集中采购中的参与度，降低药品、耗材价格。另一方面，要求药品采购全部在网上药品集中采购平台上进行，药品采购价格实现与全国省级药品集中采购最低价格动态联动。第五，完善动态调整的医疗服务价格形成机制。通过推进医疗服务价格改革，建立完善动态调整的医疗服务价格形成机制。降低大型医用设备检查项目价格，提高中医、护理、手术等体现医务人员技术劳务价值和技术难度高、执业风险大的医疗服务项目价格，理顺医疗服务的比价关系。

“五个一”改革内容顺应了公民对医疗服务的需求，降低了大型仪器设备检验项目成本，提升了医务人员技术服务价值，完善了北京市现代化医疗服务体系，提高了就医服务的质量与效益。

二、浙江省公共社会保障服务供给的实践

作为东部沿海地区的开放省份，浙江省积极推进基本公共服务均等化改革，积极开展基本民生性服务、公共事业性服务等实践活动，构建覆盖城乡、可持续发展的基本公共服务体系，使得城乡之间、群体之间、区域之间的差距显著缩小。

（一）探索建立覆盖城乡的居家养老服务中心

浙江省从2015年起探索建立覆盖城乡的居家养老服务中心，该机构以满足老年群体的需求为核心，将养老与居家服务相结合，打造出居家、社区、机构养老于一体的新型典型居家养老服务中心。政府兜底养老对象服务补贴制度全面实现城乡一体，城乡居民皆享受统一补贴标准；居家养老服务设施建设城乡同步，2019年已实现2.36万个居家养老服务照料中心城乡社区全覆盖；城乡街镇照料中心、社区居家养老服务中心的建设和运营城乡同标，政

府出资补贴。

（二）深化养老服务领域社会化市场化改革

浙江省通过降低市场准入门槛，优化营商环境，不断深化养老服务领域“最多跑一次”改革，鼓励社会资本参与养老服务业发展。申请设立从事养老服务的社区服务类社会组织，可直接向县级民政部门依法申请登记，不再经由业务主管单位审查同意；养老机构设立许可的申请材料简化为消防安全、房屋质量和产权证明等基础项目；同时，建立全省统一的养老服务管理系统，养老机构设立许可、养老服务补贴认定等事项实现网上办理。经过几年发展，浙江省先后吸引了江苏朗高、上海佰仁堂、重庆百龄帮、湖南普亲等养老服务企业进入。当前，浙江省共有养老机构2207家，其中，民办养老机构数量和民办机构床位占比均在60%以上；在863家公办养老机构中，实现公建民营的有448家，占比为51.9%。

（三）加快推进农村敬老院全面转型升级

2015年以来，浙江省加快调整农村敬老院布局。实施敬老院改造提升工程，打破乡乡都建敬老院的格局，分片设置农村养老服务机构，保证特困人员收住，同时接收社会老人。同时，开展专项行动，加大农村敬老院整治提升力度。如2016年开展浙江省敬老院消防设施整治，2017年、2018年开展养老院服务质量建设专项行动，其中，消防整治关停敬老院179家，撤并养老院56家、关停养老院38家，大大规范了养老院的运营标准，使得农村科学规范养老不是梦。

2019年，浙江省人民政府和多方市场主体共建“浙里养”智慧养老服务平台，平台用户覆盖政府、市场主体、老年人及其家属等三类群体。该平台将以全省养老服务大数据为基础，提供居家社区养老、机构养老、康养结合、医养结合、人才培养、志愿服务、老年产品租售、旅居养老等养老服务，依托受理中心、评估中心、办理中心、支付中心、监管中心等实现多方式受理、统一评估、一证通办、线上支付及严格监管。通过该平台，政府财政性补助资金可依托大数据进行分析和评估，按月直接拨付至符合要求的养老企业、社会组织、兜底对象的对公账号和个人账号内。此外，“浙里养”可以实现管理全省养老服务、一组数据掌控养老服务态势、一张地图展示养老资源信息、一部手机通办养老服务事项、一套政策服务全省养老体系等多项功能。

第四节　深度贫困地区基本公共服务供给的主要经验

深度贫困地区是我国脱贫攻坚的重中之重、坚中之坚，致贫原因复杂，基础设施和社会事业发展滞后就是其多元致贫原因之一。以基本公共服务促进减贫是在开发式扶贫之外新的有针对性的减贫路径，既有利于打破深度贫困地区的发展瓶颈，又有利于补齐当地民生短板，提供多样化的发展需求，更有利于将发展成果惠及当地的贫困群众，进一步提高其民生福祉。本节以南新疆地区、凉山地区两个深度贫困地区为典型实践案例，以小见大，综合分析深度贫困地区在公共基础设施服务供给与基本公共教育服务供给等方面的主要经验。

一、新疆地区公共基础设施服务供给的实践

习近平总书记在党的十九大报告中指出：“加强水利、铁路、公路、水运、航空、管道、电网、信息、物流等基础设施网络建设。”南疆是我国集中连片特殊困难地区之一，也是我国脱贫攻坚的主战场。受历史、地理、人口结构、经济发展水平等多方面因素的影响，南疆地区的基础设施建设相对滞后。南疆四地州位于交通路网的末端，交通发展相对滞后，与外界的人员往来、经济交流相对滞缓。因此，要“啃”下南疆脱贫的“硬骨头”，必须解决好水、电、路、气、房等突出问题。

（一）推进水利基础设施建设，补齐深度贫困地区民生短板

新疆地处干旱半干旱区，水资源时空分布极不均衡，整体呈现“春旱、夏洪、秋缺、冬枯”的季节性特征。资源性、工程性、结构性和管理性缺水并存是贫困地区尤其是南疆集中连片贫困地区致贫的重要因素，水利基础设

施薄弱是南疆脱贫攻坚的短板所在。2016 年，新疆共实施了 150 个水利工程项目，投资 85 亿元，是 2015 年落实投资额的 1.68 倍。这些项目的实施，使新疆新增农村饮水安全达标人口 24.92 万人，新增和改善高效节水灌溉面积 116.04 万亩，惠及 60 多万贫困人口，解决了 30 万贫困人口的防洪需求问题，有效改善了贫困地区群众特别是南疆地区人民群众的生产生活条件和生存环境。

深居内陆、干旱少雨，水利建设对于新疆地区的发展具有十分重要的意义。截至 2018 年 2 月，卡拉贝利水利枢纽工程、于田吉音水库、叶尔羌河防洪工程、巴楚县城乡饮水安全工程全面建成；阿尔塔什水利枢纽工程、皮山县阿克肖水库等一批水利工程正在推进；大石峡水利枢纽工程、民丰县尼雅水库等 13 个重点水利项目实现开工建设；玉龙喀什水利枢纽工程、库尔干水利枢纽工程等项目前期工作同步推进；在南疆地区的农业高效节水建设中，建成高效节水灌溉面积 240 万亩。

新疆地区以解决工程性缺水、饮水安全问题和防洪除险为重点，加快推进水利基础设施建设，先后统筹推进阿尔塔什水利枢纽工程等 5 座大型水库和奴尔水库等 17 座中型水库建设，开建玉龙喀什水利枢纽工程，推进奥依昂额孜水利枢纽、库尔干水利枢纽、莫莫克水利枢纽前期工作，不断提高水资源配置和调控能力。推进大中型灌区节水改造工程，完成 200 万亩高效节水项目建设。加强民生水利工程建设，解决 54.5 万贫困人口的饮水安全问题。

按照“确有需要、生态安全、可以持续”的原则，新疆将水利扶贫支持政策向南疆地区倾斜。针对南疆集中连片贫困地区，新疆大力实施农村饮水安全、农田水利、防洪抗旱减灾、水资源开发利用、水土保持和生态建设、农村水电等诸多工程，逐步夯实南疆精准扶贫工作的基础平台。

（二）推进公共交通基础设施建设，完善交通道路网

近年来，自治区交通运输厅围绕加快南疆产业发展、打造特色乡镇、补齐民生短板，积极拓展南疆地区进出通道。加快南疆农村公路、客货运场站建设和物流发展。2017 年，自治区交通建设项目计划完成投资 2006 亿元。截至 2017 年 10 月 25 日，共有 3602 个项目开工建设，总投资 7530.8 亿元，累

计完成投资 1698.07 亿元，其中南疆的项目占据相当大的比例。

交通设施建设及养护对新疆经济社会的发展做出了巨大贡献。根据新疆交通部门的统计，2017 年，公路建设及养护投资 30 亿元，直接创造的地区生产总值达 73 亿元，带动石化、钢铁、水泥等原材料燃料行业创造地区生产总值达到 281 亿元，带动住宿、餐饮服务、旅游等消费行业创造地区生产总值共 306 亿元，对自治区国民经济的首轮拉动作用达 354 亿元，对促进自治区国民经济增长、推动经济结构调整发挥了较为明显的作用，对南疆的带动作用更为明显。

铁路建设方面，南疆铁路至兰新铁路联络线项目开通运营；库尔勒—格尔木铁路、阿勒泰—富蕴—准东铁路、克拉玛依—塔城铁路铁厂沟至塔城段等项目建设进展顺利；乌鲁木齐轨道交通 1～4 线项目建设加快，乌北—准东铁路扩能改造实现开工。

公路建设方面，新疆地区推进县县通高速公路、乡乡通油路、村村通硬化路。推进深度贫困乡镇、深度贫困村硬化路建设，加强“四好农村路”建设。高速公路建设也同步推进，G7 明水（新甘界）—哈密高速公路建成通车，G30 小草湖—乌鲁木齐、G30 乌鲁木齐—奎屯改扩建等续建公路项目加快推进；G7 线梧桐大泉—下马崖—伊吾、G0612 若羌—民丰、S254 线尉犁—且末等公路项目实现新开工。

机场设施方面，“空中丝绸之路”的基础也在持续夯实。莎车机场建成通航，库尔勒机场改扩建项目建成投运，若羌机场待验收后即可投运，塔城机场、阿勒泰机场改扩建项目的跑道工程已完工，实现复航；乌鲁木齐机场改扩建工程、阿克苏机场改扩建、喀什机场改扩建、伊宁机场改扩建、塔什库尔干机场、昭苏机场、于田机场等项目前期工作正在抓紧推进。

（三）推进景区基础设施建设，打通制约旅游发展的瓶颈

“十三五”规划期间，新疆维吾尔自治区发展改革委累计落实中央预算内投资 13.23 亿元，支持全疆 171 个旅游景区项目建设，项目覆盖南疆四地州所有县市及北疆部分县市。仅 2018 年至 2019 年，新疆维吾尔自治区就撬动社会资本 28.78 亿元投入旅游基础设施建设。同时，为适应当前自治区促进

旅游大发展的形势，平衡南北疆旅游项目资金需求，推进全区旅游基础设施总体改善，2018年至2019年，自治区共安排预算内资金1.1亿元，实施阿勒泰地区喀纳斯景区、博尔塔拉蒙古自治州温泉县圣泉景区等29个旅游基础设施建设项目。上述项目的实施不仅完善了景区的基础设施条件，还统筹解决了制约旅游业发展的“三难一不畅”问题，突破了旅游发展“最后一公里”的瓶颈，提升了当地的旅游品牌。

二、凉山地区基本公共教育服务供给的实践

凉山地区是全国14个集中连片特困地区之一，也是全国最大的彝族聚居区、典型的深度贫困地区。全州辖17个县市，其中11个少数民族聚居县为深度贫困县，截至2017年年底，全州仍有贫困人口49.1万、贫困村1118个。习近平总书记2018年在凉山地区考察时指出，“教育必须跟上，决不能再让孩子输在起跑线上”。教育扶贫，成为凉山州整体脱贫攻坚的重要组成部分。围绕教育基础薄弱、控辍保学等突出问题，中央及四川省委、省政府近年来在四川少数民族地区实施“义务教育学校改薄”“大小凉山彝区教育扶贫提升工程”等，全面改善少数民族地区基本公共教育服务。

（一）推行一村一幼，实现学前教育设施全覆盖

缺乏良好的学前教育，在运用通用语言上的困难直接导致学生听不懂老师上课、难以融入学校环境，严重影响小学、初中学习，成为学生辍学的重要原因。据凉山州教育局调查，有的县高中毛入学率不到10%。

自2015年10月开始，凉山州先行在彝区10县启动“一村一幼”计划试点，随后在全州17个县市推开。按照“大村独立举办、小村联合举办”的思路，发展出“一村一幼”“一村多幼”“多村一幼”等多种形式，每个点开设一个或多个混龄班，每个班容纳30名左右适龄幼儿，并在个别居住特别分散、人口特别少的村举办流动幼教点、季节班等。截至2019年年底，学龄儿童入学率达99.46%，其中少数民族学龄儿童入学率达98.74%。

在基础设施方面，完善幼教点硬设施与软设施。选用村空余房间，内设午休房、洗手间、功能教室等基础设施，并免费为孩子提供营养午餐。有条

件的地区采取幼教点食堂供餐、中心校送餐、中央厨房送餐、蛋奶模式等形式为幼儿提供午餐，已有2604个幼教点提供幼儿午餐。

人员方面，在村级幼教点配置懂彝、汉双语的辅导员。凉山州注重选用高素质学前辅导员。据相关数据统计，凉山州选聘的双语辅导员中，本科学历人员占3.12%，专科学历人员占51.67%，高中学历人员占37.96%，高中学历以下人员占7.24%；学前教育专业占44.5%。与此同时，凉山州注重学前教育辅导员培训，并制订了《“一村一幼”学前教育辅导员培训方案》。截至2018年8月，凉山州教育局共组织了12期州级培训，1585名骨干辅导员参加。

投入方面，凉山州实施学前教育3年保教费减免政策。从2016年春季学期起，减免公办幼儿园、小学附设学前班、“一村一幼”、“一乡一园”的在园幼儿学前3年保教费，省级补助每生每年700元。从2017年春季学期起，凉山州对彝区10县、木里藏族自治县农村在园幼儿（含“一村一幼”）实行每人每天3元的生活补助，全年按200天给予计算。“一村一幼”开办以来，各级财政共投入资金5.9亿元。

（二）坚持控辍保学，做好“穷财政”办教育的民生工程

由于凉山地区早婚早育的风俗根深蒂固，学校教师还要做很多本职工作以外的事情，如扛起“控辍保学”的硬任务。为降低辍学率，保障深度贫困地区孩子的教育，凉山州出台了一系列控辍保学方案。自上而下建立完善控辍保学监测机制，实行“六长”责任制①、“双线八包”工作机制②，出台“一方案、三办法、十制度”，压实责任、狠抓落实，确保实现控辍保学“一个都不能少”的目标。截至2019年年底，全州有各级各类学校948所，在校学生92.80万人，其中少数民族学生69.40万人。③

凉山州加大教育扶贫力度。该地区注重发挥社会力量参与扶贫，采取

① 指县（市）长、教育局局长、乡镇长、校长、村长、家长等“六长”。

② 指县级领导包乡镇、乡镇干部包村、村干部包村民小组、组干部包户；教育局领导包学校、学校领导包村小、班主任包班、科任教师包人。

③ 数据来源：2019年凉州区国民经济和社会发展统计公报。

"政府主导+对口支援+社会参与"相结合的教育扶贫模式，构建"奖、贷、免、减、助、补、扶"面面俱到的贫困学生资助体系和机制，减少因贫失学、因学致贫现象。同时，各贫困县均设立了不低于300万元的教育扶贫救助基金，旨在解决贫困家庭子女上学难问题。

此外，凉山州注重改善教育的基础设施。凉山州大力实施"全面改薄"、十年行动计划、教育扶贫提升工程、大凉山彝区教育振兴行动计划等项目，根据"缺什么、补什么"原则，大力完善基础设施，提高贫困地区办学条件，特别是改善网络教学环境。截至2018年8月，全州中小学互联网接入学校达74%，义务教育阶段建成班班通多媒体教室比例达72%；师生实名制网络学习空间，教师注册率达66.77%，学生注册率达34.51%。

最后，对教师实行"引进来+留得住+教得好"政策。在引进教师方面，凉山州公开招聘，实施"特岗计划"，累计招聘特岗教师9772人。在"留得住"方面，凉山州注重对教师物质补助，如对11个民族聚居县17303名农村教师每人每月发放不低于400元的生活补助。在"教得好"方面，凉山州注重定期加强教师队伍培训，提高教师的教学能力。截至2019年年底，全州的学校专任教师累计达4.82万人，同比增长0.20万人。

（三）做好中职教育，提高民族学生的就业创业能力

职业教育是提高深度贫困地区居民"智"与"志"，提高其脱贫致富能力，进而改善当地贫穷落后面貌的重要途径。一方面，凉山州实施"9+3"①免费教育计划。每年在彝区10县和木里藏族自治县招录4800余名初中毕业生到内地优质中职学校免费就读，为贫困地区的优质学生提供异地培养学习的机会。同时，凉山州采取自主办学、联合办学相结合的方式发展职业教育，将职业教育作为脱贫攻坚的重要举措，州级财政每年安排职教攻坚经费2000万元，用于加强职业教育基础能力建设。截至2020年，全州有中等专业和技术职业学校5所，在校学生9220人；职业高中11所，在校学生2.15万人。

职业教育是提高深度贫困地区可持续发展能力，促进当地居民脱贫致富

① 即9年义务教育+3年中职教育。

的直接途径，也是阻断当地贫困代际传统的重要途径，有助于实现“解决一人读书、实现一人就业、带动一个家庭脱贫致富”目标。

第五节　推进深度贫困地区基本公共服务供给均衡性的对策建议

改革开放以来，社会保障工作成为推进基本公共服务均衡的有效措施。各级政府从基本公共服务供给角度入手，保障全体人民的生存和发展的基本需要。但受地域和现有实施条件的限制，部分地区尤其是深度贫困地区的基本公共服务供给出现不均衡、不标准、不可及等问题。为推动“后脱贫时代”深度贫困地区基本公共服务供给均衡性发展，更高质量地打赢脱贫攻坚战，做好脱贫攻坚与乡村振兴战略的有效衔接，需要从以下三方面进行思考。

一、深度贫困地区基本公共服务供给的总体设想

“十三五”时期开启了我国农村经济社会振兴的新纪元，国家相继出台了《“十三五”脱贫攻坚规划》《乡村振兴战略规划（2018—2022年）》《关于坚持农业农村优先发展做好“三农”工作的若干意见》《中共中央 国务院关于建立健全城乡融合发展体制机制和政策体系的意见》等规划和文件，为指导国内脱贫攻坚与乡村振兴指明了方向。

对于深度贫困地区基本公共服务供给，应着重从以下几个方面推进：一是根据深度贫困地区缺口实际，逐步实现深度贫困地区基本公共服务供给均衡性；二是依照国家基本公共服务清单和有关规划要求，全面建立深度贫困地区基本公共服务供给标准化；三是夯实深度贫困地区基本公共服务体系，提高贫困群众获得基本公共服务的可及性。

二、构建深度贫困地区基本公共服务供给的制度框架

深度贫困地区的生存条件较为恶劣，基本公共服务的建设成本高、难度大，为建立健全供给均衡性、标准化、可及性强的深度贫困地区基本公共服

务供给体系，推动深度贫困地区基本公共服务均等化、公平化，亟须从顶层设计入手，构建完善的深度贫困地区基本公共服务供给制度框架。

（一）深度贫困地区基本公共服务供给制度框架

深度贫困地区基本公共服务呈现短板，必须尽快补齐短板，努力达到全国总体水平。根据国家发布的《“十三五”推进基本公共服务均等化规划》，涵盖从出生到死亡各个阶段和不同领域，对基本公共服务的核心、主线、依托、支撑作出明确规定，是政府保障全民基本生存发展需求的制度性安排（见图4－1）。

为确保深度贫困地区基本公共服务项目不留缺口，保障贫困人口享有义务教育、医疗卫生、文化体育、住房安全等基本公共服务，推动贫困地区基本公共服务主要领域指标接近全国平均水平，必须以贫困地区和贫困人口为重点，扩大覆盖范围、补齐短板、缩小差距，提高城乡、区域、人群之间的基本公共服务供给的均衡化程度。

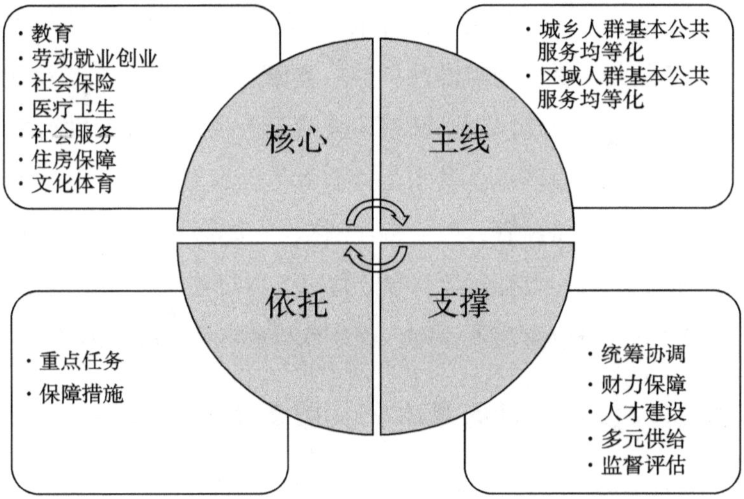

图4－1　“十三五”推进基本公共服务均等化规划示意图

（二）深度贫困地区基本公共服务重点领域

做事情要抓牛鼻子，深度贫困地区推进基本公共服务时应瞄准重点领域，抓住工作核心。一方面，要瞄准深度贫困地区的特殊困难人群。将农村留守人员、困境儿童和残疾人录入帮扶信息台账系统，对满足条件的特殊群体实行特殊关爱服务。如健全孤儿、弃婴、法定抚养人无力抚养儿童、低收入家庭重病重残儿童等困境儿童的福利保障体系，提高低保家庭中的老年人、未成年人、重度残疾人等重点救助对象的救助水平。另一方面，要瞄准深度贫困地区在城镇化过程中出现的农业转移人口。全方位推进并监督户籍制度改革的实施与落实，将居住证制度覆盖全部未落户城镇常住人口，同时破除传统的城乡户籍制度带来的基本公共服务差异化，保障城乡居民统一、公平、可及地享有同等的基本公共服务，切实保障农业转移人口的利益与基本保障，提高其城市融入感、获得感。

（三）深度贫困地区公共服务供给配套政策体系

深度贫困地区公共服务供给配套政策体系是影响该地区公共服务供给均衡性的重要因素，是推动该地区基本公共服务均等化、将发展成果惠及全体公民的重要途径。一方面，需要统筹服务半径、服务人口、资源承载能力等因素，强化布局，统筹规划，做好制度设计。另一方面，从保障资源投入力度、提升基层公共服务体系和服务能力、推动基本公共服务供给方式和供给主体多元化等方面切入，实现深度贫困地区基本公共服务供给政策体系的整体配套。针对深度贫困地区的社会经济特征，建立健全有效的基本公共服务实施机制，改善人、财、物等基础条件，推动各项基本公共服务项目在深度贫困地区总体可及，确保国家基本公共服务制度高效运转，逐步推动基本公共服务标准化建设。

三、推进深度贫困地区基本公共服务供给均衡性的对策建议

深度贫困地区经济社会发展相对滞后，致贫原因复杂，各类基本公共服务存在一定短板，一般性财政转移支付和扶贫投入无法满足深度贫困地区的发展需要，而常规的公共服务供给又未能与脱贫产业等的发展实现有机衔接，难以为长效稳固脱贫提供保障。为此，应保障深度贫困地区基本公共服务建设的资源投入力度，提升深度贫困地区基层人员提供基本公共服务的能力，同步推动公共服务供给方式和供给主体的多元化。

（一）推动基本公共服务供给方式和供给主体多元化

动员社会力量参与，推进政府购买公共服务，提高社会组织的参与性。对于适合市场化方式提供的公共服务，政府不再直接承办，由具备条件的社会组织、企业等承担。发挥社会力量，动员志愿服务组织与志愿者参与基本公共服务供给，建立健全志愿服务记录制度，完善激励保障措施。

鼓励有条件的地方采取招标等方式确定公共服务项目的举办或运营主体，推动基本公共服务领域民办非营利性机构享受与同行业公办机构同等待遇。加强社会组织孵化培育和人才扶持，采取人员培训、项目指导、公益创投等多种途径和方式，提升社会组织承接政府购买服务的能力，降低准入门槛，发展社区、社会组织。

（二）实现深度贫困地区公共服务体系建设与巩固拓展脱贫攻坚成果有效衔接

统筹推进公共服务供给项目与扶贫及涉农项目相结合，推动深度贫困地区传统农业与第二、三产业融合发展，加快传统农业自身的工业化和产业链延伸进程，就地解决深度贫困地区家庭“半”劳动力、“弱”劳动力、家庭“捆绑”劳动力的就业需求，降低劳动力移动成本。将公共服务建设项目融于乡村振兴战略，从单纯依靠财政转移，逐步过渡到依靠市场机制开发特色资源的长效脱贫之路。依托当地生态与人文资源，在深度贫困地区发展电商、民宿、餐饮、养老、文创等产业，以乡村振兴为平台实现脱贫攻坚与乡村可持续发展，适时推进城镇化进程，最终实现城乡融合与区域协调发展的目标。

中央财政应进一步增加对深度贫困地区专项扶贫资金、教育医疗保障等转移支付的倾斜力度，新增基本公共服务建设资金、项目和举措应优先用于深度贫困地区。提升深度贫困地区的基层服务力量，完善深度贫困地区基层人员工资待遇、职称评定、医疗保险和养老保障等激励政策。加强公共服务领域人才培训，推进基层公共服务队伍轮训。建立政府、社会、用人单位和个人相结合的投入机制，对参加相关职业培训和职业技能鉴定的人员，按规定给予补贴。

（三）保障深度贫困地区基本公共服务建设资源投入力度

深度贫困地区要不断优化转移支付结构，划分清楚中央和地方财政事权与支出责任，适度加强中央政府承担基本公共服务的职责和能力，加大对深度贫困地区的财政投入力度。统筹安排、合理使用、规范管理各类公共服务投入资金，对重要建设项目的建设质量实行项目负责人终身责任制。

加快推进转移支付制度改革，向深度贫困地区增加一般性转移支付规模和比例，重点增加对老少边穷等深度贫困地区的转移支付，缩小深度贫困地区与国内其他地区间的财力差距，提高深度贫困地区的县级财政保障能力，引导深度贫困地区将转移支付资金重点投入到基本公共服务等民生领域。

第五章
推进易地扶贫搬迁农村安置区后续发展

易地扶贫搬迁作为脱贫攻坚的“头号工程”和“标志性工程”，是解决“一方水土养不起一方人”地区贫困群众脱贫问题的最直接、最有效的举措，也是脱贫攻坚中任务最繁重、难度最大、情况最复杂、矛盾最集中的重要工作。该举措的目的是通过帮助贫困群众“挪穷窝”“换穷业”，从根本上解决搬迁群众的脱贫发展问题，是脱贫攻坚任务能否如期完成的关键所在。

第一节　易地扶贫搬迁的总体进展与成效

“消除贫困、改善民生，实现共同富裕，是社会主义的本质要求。”① 党的十八大以来，全面实施精准扶贫、精准脱贫方略，坚决打赢脱贫攻坚战。易地扶贫搬迁作为精准扶贫的主要方式之一，是党中央、国务院高度重视的民生工程，更是2020年实现全面建成小康社会的重大举措。2018年2月，习近平总书记在四川调研时指出：“易地扶贫搬迁是实现精准脱贫的有效途径，搬迁安置要同发展产业、安排就业紧密结合，让搬迁群众能住下、可就业、可发展。”易地扶贫搬迁解决的是“一方水土养不起一方人”的问题，对于提高贫困群众生活质量起了至关重要的作用。易地扶贫搬迁最早被称为异地扶贫搬迁和自愿移民搬迁，直至2007年关于易地扶贫搬迁的“十一五”规划出台将其正式定名为易地扶贫搬迁。党的十八大之后，易地扶贫搬迁作为“五

① 中共中央党史和文献研究院. 习近平扶贫论述摘编［M］. 北京：中央文献出版社，2018：3.

个一批”兜底扶贫的重要举措，向着更加系统、更加专业的方向发展。随着易地扶贫搬迁工作的不断推进深入，截至2019年年底，全国已有940万名搬迁群众完成易地搬迁，相当于每天有近6000人从“一方水土养不起一方人”的山沟沟里搬了出来，改善了生活环境，提高了生活质量，实现了稳定脱贫。

一、易地扶贫搬迁的政策演进

学者翟绍果、张星、周清旭（2019）认为易地扶贫搬迁政策按时间节点可以划分为四个阶段：第一阶段为中央鼓励、移民自愿阶段。1980—1990年我国经济建设刚刚起步，通过建立小范围试点区域，鼓励移民自愿搬迁，迁入地与迁出地政府提供支持。第二阶段为中央引导、各地跟进阶段。1991—2000年我国扶贫开发进入攻坚阶段，救济式扶贫效益减弱，中央通过宏观引导，西部地区制定具体政策，以解决剩余贫困群众温饱问题。第三阶段为中央布局、地方协同阶段。2001—2010年随着综合扶贫效果日渐降低，解决贫困问题难度逐渐增大，中央整体规划、统筹推进，以解决剩余贫困群众的温饱问题。第四阶段为多元参与、精准发力阶段。2011—2020年随着传统易地扶贫协调难度加大，为进一步巩固前期扶贫成果，增强扶贫精准程度，中央统筹规划全局、地方政府落实，推动形成社会力量积极参与的大扶贫格局。

学者王宏新（2017）以政策文件为主线，将国内易地扶贫搬迁政策演进划分为如下阶段：一是试点探索阶段（2001—2010年）。以部门规章制度、政治政策和社会政策推动，采取先开发、后搬迁，鼓励民众自力更生的方式，在宁夏、云南、贵州和内蒙古四个省（区）开展试点工作，关键性政策文件是《关于易地扶贫搬迁试点工程的实施意见》。二是全面推进阶段（2011—2014年）。按照“中央统筹，省负总责，县抓落实”的原则对中西部17个省区进行易地搬迁，并培育后续产业，保证群众“搬得出，稳得住，富得起”，其关键性政策文件为《易地扶贫搬迁“十二五”规划》。三是脱贫攻坚阶段（2015年至今）。加大中央预算投资和地方各级政府投入力度，健全全社会参与机制，实施精准扶贫战略，加快全国贫困群众精准脱贫速度，其关键性政策文件是《“十三五”时期易地扶贫搬迁工作方案》。

学者邹英、向德平（2017）按照政策执行过程将其划分如下三个阶段：

一是政策执行初期（1983—2000年），各省（区、市）先后制定政策，采取“先行试点，逐渐扩大”原则，在内蒙古、贵州、云南、宁夏开展易地扶贫搬迁试点。二是深化扩展期（2001—2012年），国家颁布易地扶贫搬迁政策和细则，逐步走向规范化、制度化、系统化。三是易地扶贫搬迁与增减挂钩政策相衔接的时期（2013年至今）。新时代以来，“一方水土养不活一方人”现象愈加明显，为从根本上解决这一方人的脱贫和发展问题，易地搬迁应时而生。2015年10月习近平总书记首次提出实施精准扶贫的“五个一批”工程，易地扶贫搬迁就成为解决好环境恶劣、生态脆弱地区“怎么扶”问题的最重要手段，对于贫困群众尤其是深度贫困群众摆脱贫困具有重要意义。

二、易地扶贫搬迁的历史演进

易地扶贫搬迁在我国有着漫长的历史，从中国古代的北方人口南迁到近代的闯关东，中国经历了六次大的移民潮。这些人口大迁移改变了中国人口的分布格局，促进了不同民族之间的文化交融，加快了土地的开垦与利用，为人口的快速增长准备了前期物质基础。系统回顾我国易地扶贫搬迁政策的实施过程，对于新时代加快推进易地扶贫搬迁农村安置区后续发展和全面建成小康社会具有重大的现实意义。

（一）易地扶贫搬迁政策的萌芽阶段

1982年，西北“三西”地区①遭遇严重旱灾，80%的人口缺粮半年以上，70%的农户不能维持温饱。为尽快缓解灾情，当地政府在实践中探索形成了“三西吊庄”移民扶贫，通过发动青壮年劳动力到自然条件较好的新区开荒种地、定居，形成新的村庄。这种移民开荒不仅使得移民获得了口粮，缓解了灾情，减轻了居民的贫困程度，还促进了救灾、扶贫、生态保护三统一，取得了良好的经济、社会和生态效益。“三西吊庄”移民扶贫是新中国成立以来第一次有计划、有组织的大规模扶贫搬迁工程，为大规模消除贫困，充分认识扶贫搬迁奠定了实践基础，成为我国扶贫开发过程中卓有成效的扶贫举措。

① 三西地区指甘肃的河西、定西和宁夏的西海固地区。

（二）易地扶贫搬迁政策的发展阶段

2001 年，我国开始在宁夏、内蒙古、云南、贵州四省区设立国家易地扶贫搬迁试点项目区，随后陕西、山西、甘肃、河北、广东、广西、湖北等全国 17 个省（自治区、直辖市）相继启动移民安置工程，自此移民搬迁政策开始上升为国家战略。2006 年，国家发展改革委颁布《易地扶贫搬迁“十一五”规划》，指出：“易地扶贫搬迁，亦称生态移民，是党和政府在新时期探索实施的一项重要扶贫举措，通过对生活在不适宜人类生存地区的贫困群众实施搬迁，达到消除贫困和改善生态的双重标准。”明确提出在 2006—2010 年搬迁农村贫困群众 150 万人。截至 2015 年，国家累计安排易地扶贫搬迁中央补助投资 363 亿元，搬迁贫困群众 680 万人。2015 年，中共中央、国务院颁发《中共中央 国务院关于打赢脱贫攻坚战的决定》，提出“确保到 2020 年农村贫困群众实现脱贫，是全面建成小康社会最艰巨的任务”，易地扶贫搬迁成为我国实施精准扶贫方略的重要措施。

（三）易地扶贫搬迁政策成熟阶段

党的十八大以来，以习近平同志为核心的党中央把握全局，推动我国进入精准扶贫、精准脱贫的新阶段。易地扶贫搬迁作为“五个一批”脱贫措施的重要组成部分，被摆到更加重要的位置。2015 年年底，根据《中共中央 国务院关于打赢脱贫攻坚战的决定》和《国民经济和社会发展第十三个五年规划纲要》，“十三五”时期全国总计要对约 1000 万名建档立卡贫困群众实施易地搬迁，使其彻底摆脱恶劣的生存环境和艰苦的生产生活条件，增加就业机会，实现稳定脱贫。截至 2019 年年底，我国已经完成 940 万名搬迁群众安置工作，改善其生活条件，提高其生活水平，实现了贫困人口的稳定脱贫。

三、易地扶贫搬迁的主要成效

随着脱贫攻坚的深入推进，脱贫的难度继续加大，成本逐渐提高，早期脱贫的人口中很大一部分生活在经济发展水平低、基础设施落后，自然环境差的地区，部分搬迁群众处于深度贫困状态。易地扶贫搬迁对于实现贫困地区尤其是深度贫困地区贫困群众脱贫具有重要作用。截至2019年9月，全国“十三五”规划建设的安置住房完工率达到96%以上，搬迁建设任务已取得决定性进展，已入住建档立卡搬迁群众800多万人，易地扶贫搬迁进入以做好后续扶持发展为重点的新阶段。多数地方政府已经为90%以上的搬迁群众落实后续扶持措施，旧房拆除协议签订率达90%以上，旧房拆除率达60%，已有700多万建档立卡贫困搬迁人口实现脱贫摘帽，已搬迁入住贫困群众脱贫率超过80%。

（一）易地扶贫搬迁政策不断推进

根据国家发展改革委发布的《全国“十三五”易地扶贫搬迁规划》，对计划搬迁人口大于100万人的5个省、自治区进行统计（分别是广西壮族自治区、贵州省、四川省、陕西省、湖北省），发现这些省、自治区在“十三五”期间加大了易地扶贫搬迁力度，易地搬迁群众数量多，基本实现了易地扶贫搬迁“搬得出”的初步目标（见表5－1）。对于后续实现“稳的住”“能致富”打下了良好基础。以西北地区为例，2011—2017年，西北地区易地搬迁群众搬迁采取集中安置为主、分散安置为辅的安置方式，累计搬迁贫困群众418.31万人，使深度贫困群众过上了“挪穷窝、移穷业、断穷根”的生活。搬迁安置实行“五靠近”原则，围绕靠近中心村、靠近集镇、靠近生态旅游区、靠近产业园区、靠近城5个方面，通过完善迁入地基础设施以及建立增收体系，落实社会保障，使农村居民人均可支配收入实现大幅度增长。

表5－1　广西等省、自治区2015—2018年扶贫搬迁群众数量

单位：万人

年份	广西	贵州	四川	湖北	陕西
2015	—	66.0	—	66.0	—
2016	12.2	45.8	25.0	39.6	28.0
2017	56.5	173.6	33.0	61.5	34.0
2018	69.3	76.2	15.5	26.8	30.0

数据来源：各省、自治区政府工作报告。

（二）搬迁后续发展不断完善

易地扶贫搬迁不仅要解决“住得下”问题，还要实现“住得好”，做好基础设施与公共服务的衔接配套，让居民充分享受到就业、教育、医疗、基础设施等配套设施的发展成果，使搬迁群众逐步适应新的生产生活方式，稳定融入迁入地社会，实现“搬得出且稳得住，稳得住且能致富”。从整体看，多数地方积极探索易地扶贫搬迁农村安置区后续发展的解决方案，同步做好配套基础设施和公共服务建设。河南省贯彻共享发展理念，以人民为核心，将公共服务与易地扶贫搬迁相统筹，实施“五个有”[①] 全覆盖工程，积极推动配套设施共建共享、公共服务覆盖到位；河北涞源推动“居住区、工业园区”两区同建、物业公司管理人员一对一服务，推动搬迁群众融入当地社会。实施“一统筹、两跟进、三解决”，社区党总支统筹抓日常管理、服务群众、协调沟通等各项工作；服务保障跟进、就业发展跟进；解决党员组织生活正常开展问题、解决搬迁群众发展致富问题、解决社区工作逐步规范运行问题，扎实做好安置区党建工作。

（三）搬迁群众素质稳定提高

要使搬迁群众获得稳定的收入来源，就必须让其在迁入地拥有稳定的就业机会。边远深山地区和边疆少数民族地区的贫困群众在知识储备、生产技能、语言沟通能力等方面存在着一定困难，降低了其就业的可能性。部分政府通过完善基础设施和公共服务配套设施等措施，改善搬迁群众生活环境，通过对其进行知识和技能方面的培训，提高就业能力，引导相关企业在技能培训中发挥积极作用。通过一系列的学习培训，搬迁群众的知识技能和劳动技能得以提升。同时，受迁出地自然环境和发展条件同质性影响，部分迁出地的非贫困建档立卡户也存在发展动力不足、可获得性机会较少、公共服务与基础设施较差等问题，需要进行同步搬迁，称之为同步搬迁人口。这一部

---

① “五个有”即每个规模以上安置区通过新建或依托现有设施的方式，实现有社区服务中心、有义务教育学校、有幼儿园、有卫生室、有综合文化场所。

分同步搬迁群众与贫困群众一起共享基础设施、公共服务设施和就业培训，能够极大地提升搬迁群众的素质，促进安置区有序发展。

第二节　易地扶贫搬迁农村安置区后续发展的基本做法与经验

易地扶贫搬迁是解决国内绝对贫困问题、打赢脱贫攻坚战的重要举措，是实现贫困群体“挪穷窝”“移穷业”“断穷根”的关键，是解决“一方水土养不活一方人”，增强区域可持续发展能力的关键。截至2019年年底，我国易地扶贫搬迁人口达960多万人，新建3.5万个安置新区，是实现贫困群众跨越式发展的重要途径，为中国与世界减贫做出了突出贡献。全面建成小康社会后，我国“十三五”时期的易地扶贫搬迁已全面完成，进入以后续扶持为中心的新阶段，总结易地扶贫搬迁农村安置区后续发展的基本做法与经验对于讲好脱贫攻坚故事、巩固脱贫攻坚成果、推进脱贫攻坚与乡村振兴的有效衔接意义深远。

一、易地扶贫搬迁农村安置区后续发展工作的基本做法

从“搬得出”到“稳得住”“能致富”“能融入”的转换是当前我国易地扶贫搬迁工作的重点，“稳得住”是易地扶贫搬迁战略的重要组成部分。各级地方政府根据中央指导，积极探索“稳得住”的基本做法与措施，积累了一定经验。

（一）建立就业与培训服务体系

就业是实现脱贫的“压舱石”。稳定的就业能够为搬迁群众提供稳定的收入，确保贫困人口在迁入地实现“两不愁、三保障”。各级政府不断探索构建适合本地的易地扶贫搬迁就业支撑体系，主要存在以下几种不同的方式。第一，河北省涞源县推进劳动密集型工业园区与搬迁安置区同步建设，同步发展，使搬迁居民就近就业，获得稳定收入，确保搬迁群众在迁入地“站得

住”，对迁入地产生归属感。第二，河南省淅川县对搬迁群众统一培训，成立就业与需求信息处，将外地企业用工需求及时提供给搬迁群众，组织统一就业，保障搬迁群众的就业权益。针对知识水平、就业技能等方面存在的短板，通过就业技能培训等形式提高搬迁居民的素质与就业技能。同时，针对就业信息不流通、获取信息渠道较单一等问题，通过设立专岗专人负责等形式，确保就业信息供求畅通，成为解决易地扶贫搬迁安置区就业问题的重要环节。第三，河北省涞源县推行“企业+合作社+贫困户”就业模式，为搬迁群众提供良好的培训与就业机会。龙头企业具有资金、市场、技术等方面优势，涞源县政府通过引进龙头企业，企业进行红利分配，充分发挥龙头企业带动作用，为搬迁群众提供培训技术、市场，政府提供场地，合作社提供信息，共同促进搬迁群众尤其是贫困人口就业，带动了当地经济的发展。

（二）完善基本公共服务体系

基本公共服务体系缺乏是制约搬迁群众迁出地发展的重要因素。推动基本公共服务均等化是脱贫攻坚和建设社会主义现代化国家的内在要求。易地扶贫搬迁要不断加强搬入地基本公共服务体系建设，通过强化安置区的公共服务功能，推动搬迁群众在迁入地获得均等的生存发展机会，公平享有公共资源和社会福利，增强获得感、幸福感和安全感。一要完善硬件配套设施，包括学校、医院、水、电、路以及垃圾处理设备等基本公共服务设施，使搬迁群众在迁入地的生活质量得以明显提升。二要加强就业培训、信息供求等“软件”建设，创造就业机会，确保搬迁群众“搬得出”“留得住”，为搬迁群众后续发展提供信息支撑。三要加强管理，促进搬迁群众融入新居住地。通过村党组织与居民自治，采用迁入地、迁出地双重领导等方式，为搬迁群众提供生活、就业帮助。加强对搬迁群众的引导与帮助，促进其与原住居民的快速融合，成立便民服务中心，建设扶贫档案室，实行动态管理，为搬迁群众提供信息服务。

（三）加强基层党建体系

党政军民学、东西南北中，党是领导一切的。加强农村基层党建，是推进易地扶贫搬迁后续扶持工作的重要内容，也是打赢脱贫攻坚战的重要保证。为充分发挥基层党组织的引领指导作用，构建完善的基层党建体系，需要做好以下三方面：一要强化基层党组织建设。按照“群众搬到哪里、党组织就建到哪里”的要求，保证搬迁工作的稳定性和延续性，确保村“两委”干部安心做好各项工作，在原村党支部的基础上建立新搬迁安置区党总支，加强迁入地党组织服务管理工作。二要建设党员服务阵地。按照便于管理、便于协调、便于服务、便于开展组织生活的原则，河北省涞源县为搬迁安置区落户成立集党务、物业、民政服务为一体的党群服务中心，切实为搬迁群众提供服务，发挥党员先锋模范作用。三要加强宣传转变观念。迁入地社区党总支要带领党员围绕过上好日子、养成好习惯的目标开展各项活动，制定完善社区居民公约，加强宣传，确保搬迁群众尽快适应新生活，实现从“村民”到“居民”的转变。

（四）构建文化服务体系

文化是一个国家、一个民族的精神家园，是综合国力竞争的重要组成部分。对于公民个人来说，文化具有丰富人的精神世界、促进人的全面发展的重要作用。丰富多彩的文化生活对于搬迁居民的后续发展具有重要的促进作用。加强社区文化建设是推进易地扶贫后续发展的重要措施。一方面要加强文化建设的硬件支持，修复修建一批质量过硬、布局合理的文化广场、社区图书馆、社区放映室等文化设施，形成良好的文化氛围；另一方面要帮助搬迁群众形成对迁入地的文化认同，通过举办形式多样的文化活动，开展文化交流等形式，形成浓郁的文化氛围，凝聚搬迁群众价值观认同，帮助其更快、更好地融入新环境。

二、易地扶贫搬迁农村安置区后续发展的主要经验

我国易地扶贫搬迁工作重心已经由“搬得出”向“稳得住”转移，中央和地方各级政府不断探索适合易地扶贫搬迁农村安置区后续发展的配套措施。易地扶贫搬迁农村安置区后续发展政策在中央统筹、地方探索的推动下不断完善，在政策落实的过程中积累了大量的宝贵经验。总结各地关于易地扶贫

搬迁农村安置区后续发展的经验，对于进一步推动易地扶贫搬迁农村安置区后续发展工作的开展具有重要意义。

（一）抓住关键环节，推动安置区后续发展工作全面落实

资金是关系到易地扶贫搬迁工作能否顺利推进的最大难点之一，也是安置区后续发展工作全面落实的关键，确保搬迁群众“稳得住、融得进、能发展”离不开资金的持续性投入。两地在实践探索中不断创新机制，拓宽资金来源渠道，引入开发性、政策性资金，为易地扶贫搬迁安置区后续发展提供有力的资金保障。一是创新筹资方式，保障各项工程的建设与落实。利用市场与社会力量，创新筹资方式，如引入开发性、政策性金融资金等投入项目建设，带动专项建设基金、中长期低息贷款、地方政府债券、群众自筹资金等各类资金投入工程建设，保障安置区后续发展工作稳步推进。二是确保就业问题得到有效解决，加强就业培训与就业信息及时有效公布。安置区配备就业指导平台，利用互联网将安置区群众聚集到一起，及时发布就业培训与就业信息，增强群众的就业能力。三是构建防止返贫长效机制。构建防止返贫长效机制是易地扶贫搬迁安置区持续发展的重要保障。在解决搬迁群众过渡期生计问题的基础上，建立包括就业服务、创业指导、产业增收、最低保障在内的防止返贫长效机制对于促进搬迁群众维持稳定的生活具有重要作用。

（二）建立监管巡查机制，实现监管与奖励相结合

有效的监管巡查机制，对于提高扶贫资金利用率、规范易地扶贫搬迁工作，推进阳光搬迁、廉洁搬迁，举足轻重。第一，针对监督检查和媒体曝光的问题，派出工作组进行实地核查，纠错纠偏，及时解决问题。第二，深化问题整改。对贪污腐败、挥霍资金、不作为、胡作为等问题严惩不贷，用敢于较真碰硬的精神，促进搬迁成效全面提升。第三，加大表彰力度。加大对易地搬迁中做出突出贡献的先进集体和先进个人进行表彰，动员社会各方面力量参与易地扶贫搬迁安置区后续发展，凝聚社会力量，形成较好的影响与带动作用。

（三）提升搬迁群众获得感，落实以人民为中心的发展理念

党的十九大报告强调："保证全体人民在共建共享发展中有更多收获感，不断促进人的全面发展、全体人民共同富裕。"① 增强搬迁群众的归属感、获得感、幸福感、安全感，是全力做好易地扶贫搬迁"后半篇文章"的重点，也是落实以人民为中心发展理念的重要体现。一方面，各地不断改善搬迁安置区的生产生活条件，使搬迁群众享有便利可及的公共服务，提高生活质量；另一方面，在落实后续发展工作的过程中，针对出现的诸如迁出地土地利用问题、迁入地土地确权问题、搬迁群众素质不高等新情况，及时灵活解决，不断提升搬迁群众的幸福感、认同感和获得感，帮助其尽快融入新环境。

（四）凝聚社会扶贫合力，构建多元扶贫格局

易地扶贫搬迁是一项复杂的系统性工程，需要社会各方力量共同参与，构建多元扶贫体系。鼓励各类企业、社会组织、个人参与到易地扶贫搬迁安置区后续发展中，实现帮扶资源和帮扶对象的有效对接，形成全社会为脱贫攻坚贡献力量的扶贫格局。第一，鼓励并吸引社会主体参与扶贫。部分地方政府鼓励企业、工会、民间组织等社会主体参与到易地扶贫搬迁安置区后续发展工作中，群策群力，取得良好的效果。安徽省岳西县通过与龙头企业合作，使搬迁群众的就业问题得到很好解决，既节省了扶贫资金，又帮助更多搬迁群众就业，使政府腾出更多财力与精力解决其他问题。第二，明确扶贫多元主体的权责。多元主体要明确自己参与易地扶贫搬迁安置区后续发展的权利与责任，监督与奖励并行，调动社会主体参与易地搬迁的积极性、主动性与创造性。第三，发挥搬迁群众自身的能动作用。搬迁之前，受居住条件和个人思想限制，贫困群众脱贫主观动力不强。搬入安置区后，为确保真脱贫、脱真贫，要不断提高搬迁群众的脱贫意愿，积极脱贫，拔掉思想上的"穷根儿"，真正做到物质与精神双脱贫。

---

① 习近平．决胜全面建成小康社会 夺取新时代中国特色社会主义伟大胜利——在中国共产党第十九次全国代表大会上的报告［M］．北京：人民出版社，2017：23.

（五）强化宣传，营造脱贫文化氛围

习近平总书记多次强调不仅要做好扶贫开发工作，还要讲好扶贫故事。讲好中国易地扶贫搬迁故事不仅能彰显易地扶贫搬迁成效，还能为国际脱贫提供中国脱贫方案，更能凝聚共识，营造良好的脱贫文化氛围。一方面有利于激发搬迁群众的脱贫动力，用走访入户、拉宣传标语、电视广播等形式向搬迁群众宣传党的扶贫政策、先进致富典型、赖贫可耻的价值观，帮助搬迁群众摆脱“等、靠、要”的落后思想，树立自力更生、光荣脱贫的奋斗意识，真正激发“要脱贫”“要致富”的强大信念；另一方面，有利于凝聚共同的价值认同，使全体社会成员认识到中国共产党和各级政府打赢脱贫攻坚战的信心与决心，感受到中国共产党以人民为中心的发展理念，激发全体社会成员的参与热情，凝聚共同的价值认同，形成大扶贫格局。

三、易地扶贫搬迁农村安置区后续发展工作的总体评价

易地扶贫搬迁的主要目的是把生态脆弱且容易受到破坏的区域人口迁移到新的城镇和聚集点，重新组织生产和生活，使迁出地区的生态能够得到有效恢复和利用。搬迁区域多为生存环境较差且发展条件严重缺失的农村贫困地区，因此，搬迁群众迁入区的自然条件和经济社会通常优于迁出区，以确保搬迁群众在搬迁之后仍然能够进行正常的生产和生产，实现“搬得出、稳得住、能致富”的目标。

易地扶贫搬迁安置区后续发展是易地扶贫搬迁工作能否成功的关键因素，多数迁入地通过“以稳促搬、迁产结合”的方式实现了安置区后续发展，为安置区的经济发展提供基础保障。易地扶贫搬迁安置区后续发展，能有效提升搬迁群众家庭的经营性收入和财产性收入，促进安置区经济发展，充分发挥易地扶贫搬迁政策的实施效果。但是，部分地区在搬迁安置后，却出现搬迁与发展不同步现象，具体表现为以下几方面：一是安置区选址和设计存在缺陷。部分地区盲目求成，选址、规划不合理，安置区环境承载力弱，后续发展能力不强；个别地区没有做好安置区配套设施，搬迁群众新区参与感与归属感低，经常在新老区“两头跑”。二是后续产业发展跟不上。部分地区过

于重视搬迁"硬件"设施建设，一门心思建设安置区，把房子修好、园区建好，却忽略了当地的产业发展与公共服务等"软件"建设，使得搬迁建设与发展规划相分离，配套就业安置不到位，与"稳得住""能致富"的要求相距甚远；部分地方扶贫产业盲目借鉴别的地区的产业发展，使得产业同质化现象严重，综合竞争能力弱，没有特色产业支撑长远经济发展。三是就业安置不牢靠。部分安置区的就业扶贫车间吸纳贫困群众就业的意愿和能力不足；搬迁群众有就业创业意愿，却缺乏相应的技术指导、培训与资金支持，即使身处安置区，其自身后续发展能力仍待加强。

第三节　易地扶贫搬迁农村安置区后续发展存在的主要问题

脱贫攻坚以来，我国易地扶贫搬迁农村安置区后续发展工作取得显著效果，但在搬迁群众、安置区配套建设、基本公共服务保障、后续产业发展、基础组织建设管理、后续发展资金等方面日渐暴露短板。针对易地扶贫搬迁农村安置区后续发展中存在的主要问题，须展开较为深入的分析。

一、搬迁群众方面的问题

解决好搬迁群众问题是真正落实以人民为中心发展思想，做好易地扶贫搬迁农村安置区后续发展的基础。本节以搬迁群众为出发点，围绕搬迁群众的社会融入与同步搬迁人口问题展开论述，简要剖析易地扶贫搬迁群众发展存在的主要问题。

（一）搬迁群众的社会融入问题

社会融入情况体现了搬迁群众对迁入地的心理归属和社会认同。部分搬迁群众在文化习俗、生产生活、心理状态、身份转换等方面融入迁入地存在一定困难。一是文化习俗适应难。受传统安土重迁情结影响，部分搬迁群众在生活习惯、文化习俗等方面对原居住环境的情感认同性更高，搬迁至新址后，不得不放弃原有的生活习性与习惯，去适应新的文化习俗，而对当地文化的适应与归属感的培养需要一定的时间与过程。二是生产生活转变难。搬迁群众在搬迁之前多以农业生产活动为主，生活节奏相对缓慢，这种自给自足的生产生活使得其对外部环境的依赖性较低。而安置区多为现代化的居民区，与原耕地区距离较远，搬迁群众不得不放弃原有的生产生活方式，直接或间接地面对就业安置和就业岗位，一定程度上导致其生产生活转变困难。三是心理落差大。城乡居民的生产生活方式不同，搬迁群众与原住民的生活亦有所不同，部分搬迁群众对安置区生活的期望较高，搬迁之后，面对新的环境和人员，存在生活习惯、语言障碍、就业压力、适应能力等方面的问题，一定程度上形成心理压力。四是身份转换大。易地搬迁后，部分搬迁群众的身份由农村村民转变成城镇居民，意味着其在入学、就医、就业、住房、保障等方面都呈现新的变化，如何实现搬迁群众在这些方面的完美对接，是易地扶贫搬迁后续扶持的重点，也是真正实现搬迁群众身份转换的关键。

（二）同步搬迁人口问题

同步搬迁人口，指与实施易地扶贫搬迁的建档立卡贫困户同在一个自然村组（居住点），符合易地扶贫搬迁范围和条件且自愿搬迁的非建档立卡农户。该群体的自然环境和发展条件与建档立卡户具有同质性，虽然在经济条件上优越于贫困人口，但部分群体也存在发展动力不足、可获得性机会较少、公共服务与基础设施较差等问题。按照国家相关规定，同步搬迁人口可与建档立卡户共享安置区基础设施和基本公共服务设施，但无法享受同等的补助资金，因此，实际工作中部分地区仍散落着个别应搬未搬的同步搬迁人口。该留置群众极易成为新的贫困户，也易激化社会矛盾。

二、安置区配套建设问题

搬迁是手段，脱贫是目的。安置区配套设施的规划与建设是影响易地扶贫搬迁农村安置区后续发展的基础，部分地区存在安置区基础设施配套建设不足、软件信息服务有待加强等问题。

（一）基础设施配套建设仍需完善

部分易地扶贫搬迁安置区存在水、电、路、网、污等配套基础设施建设不完善，基本医疗、公共卫生服务、养老保障体系无法满足搬迁群众愿望等问题。部分地区为了完成搬迁的任务与目标，未合理论证搬迁安置区的实际承载力与发展能力，随着搬迁的推进与规模的日益扩大，安置区环境承载压力日趋严重。同时，部分地区对于易地扶贫搬迁投入资金量较大，后续基本公共服务等硬件设施建设缺乏相应的配套资金支持。产业发展的硬件条件也未能跟上，导致后续发展工作存在动力不足现象。有的地方在搬迁过程中没有战略思维，对相应的硬件、软件配套设施规划不明确，发展较为混乱。配套的扶贫产业项目技术门槛低，产业同质化严重，无法带来明显的增收效益，使得搬迁与发展无法实现同步。

（二）软件信息服务有待加强

相对于安置区水、电、路、网、污等硬件配套设施，就业培训、就业信息等软件信息服务有效供给有待加强。第一，部分安置区就业安置能力有限，尚未完全开发，不能完全解决搬迁群众的就业工作问题。部分搬迁群众就业创业意愿强烈，但当地不完善的就业培训、资金支持与融资服务严重影响了搬迁群众就业的积极性，限制其发展。第二，安置区多在搬迁群众进入后采取社区管理办法，但是个别搬迁群众并不能马上适应新环境、新变化，其文化素质与就业能力也与其他居民有一定差距，导致搬迁群众对新生活的满意度不高。第三，搬迁群众政策保障衔接不到位。我国的易地扶贫政策涉及户籍、低保、土地、教育、医疗、水利、保险等方面，惠农支农政策包含危房改造、交通补助等内容，但政策之间明显呈现出衔接不到位的问题。以低保政策为例，部分农村低保标准与国家扶贫标准不统一，加之没有完备的识别、管理、退出、监管机制，无法实现“应保尽保”。

三、基本公共服务保障问题

良好的基本公共服务是社会发展的必要条件，易地扶贫搬迁农村安置区对于基本公共服务保障的需求更加强烈。在影响易地扶贫搬迁农村安置区后续发展的重要因素中，基本公共服务保障水平因素尤为突出。

（一）安置区管理服务水平有待加强

第一，安置区管理工作日常性事物较多，涉及面广，无法完全兼顾所有服务。由于易地扶贫搬迁安置区多为集中安置，安置人员数量多、搬迁区域多、社会工作面广，因此安置区的日常性事务，如纠纷调解、社保医保征收、扶贫济困、劳动就业等问题繁多。安置区人少事多，往往会出现无法及时处理好搬迁群众的问题、无法统筹新老居民共同利益的情况。第二，搬迁群众社区管理参与和自我管理意识不强。政府与居民是社区管理的主体，是实现社区良好治理的基础，但现实中往往存在搬迁群众因文化程度较低而很少参与社区管理或自我管理意识不强等现象。此外，还存在因生活习惯、文化和语言差异等因素，使得搬迁群众在短时间内难以融入新的生活环境，缺乏社区归属感，对社区的公共事务管理与建设参与不积极。第三，新老居民的利益调节与协调管理有待完善。由于搬迁群众是新来者，在一定程度上分享了迁入区的公共资源，在缺乏沟通与协调机制的情况下，容易造成新老居民矛盾，威胁社区稳定。第四，社会力量参与较少，多元扶贫格局尚未形成。当前，安置区多数工作仍以政府工作人员为主，部分政府派遣工作人员进入社区引导搬迁群众逐步适应新生活、形成新习惯，但社会力量辅助搬迁群众的作用发挥较少。社会力量参与扶贫是国内反贫困的重要推动力，只有充分发动企业、社会组织等社会力量参与到易地扶贫搬迁安置区的后续发展中，才能更好地促进安置区的后续发展。

（二）基本公共服务能力有待提高

部分安置区所在地区城市化率不高，基本公共服务和基础设施建设周期长，基本公共服务功能薄弱。如河北省保定市涞水县惠民小区安置区附属设施建设不完善，农贸市场、金融服务机构相对较少，基本公共服务功能明显薄弱，使得多数居民生活较为不便，无法满足大量的搬迁群众的基本生活需求。

（三）就业渠道狭窄、稳定性有待提升

受文化程度与职业技能影响，搬迁群众只能从事建筑、修路、打临工等临时性、劳动密集型、低报酬、不可持续的工作，既不具有长期性，又缺乏可持续性保障，使得该群体的就业极不稳定。因此，在现有就业渠道条件制约下，部分搬迁群众时常因为缺少合适的就业机会而返回原居住地继续种地，往返于新居与旧居之间，变相地增加了复垦难度，削弱了脱贫攻坚的可持续发展力度。

四、后续产业发展问题

2018 年 10 月，习近平总书记在广东清远考察时指出："产业扶贫是最直接、最有效的办法，也是增强贫困地区造血功能，帮助群众就地就业的长远之计。"产业发展不仅是确保搬迁群众获得稳定收入的重要保障，对于解决就业问题也具有一定带动作用。易地扶贫搬迁农村安置区后续发展中，部分地区受主客观条件制约，对后续产业发展重视不够，投入不足，缺乏长远规划。

（一）产业发展手段单一，带动能力不强

产业扶贫是解决搬迁群众生存发展的根本手段，更是实现稳定脱贫的必由之路和根本之策。部分地区产业扶持手段单一，带动作用有限。个别已经摘帽的贫困县对易地扶贫搬迁农村安置区后续发展中的产业发展重视程度明显不足，安置区及其周边缺乏配套产业的支撑，搬迁群众就业意愿不强，无法维持正常收入，易导致脱贫人口再度返贫的问题。部分龙头企业被重视程度不强，产业发展空间不足。龙头企业既为易地扶贫搬迁安置地提供了就业与技术支撑，又为搬迁群众提供了稳定的收入来源。易地扶贫搬迁后续产业发展离不开龙头企业的带动，但部分地区对于引进龙头企业的积极性不高，使得地区产业的发展空间不足，群众的持续性收入受到影响。产业扶贫利益转化机制不健全。产业扶贫在一定程度上能够激发搬迁群众的内生动力，提高搬迁群众的搬迁意愿与自身发展能力。个别地区为了加强产业扶贫，通过各项优惠政策吸引企业落户，但在落实中却存在利益不对等现象。虽然部分

安置区吸引了企业参与，增加了搬迁群众的收入，但在实际操作中却存在一定的不对等。

（二）社会组织参与意愿较低，扶贫效果不明显

易地扶贫搬迁农村安置区后续产业的发展离不开政府出台的各类政策，更离不开企业等社会组织的充分参与。社会组织参与扶贫，可以发挥其灵活性、多样性的专业特长，提高扶贫效果。一些大型社会组织具有良好的品牌效应，筹款能力较强，可以配合易地扶贫搬迁实施较大规模的扶贫产业，覆盖更多的搬迁群众；一些小型社会组织长期服务于基层，在农村开展各项工作，能够更好地促进搬迁群众发展。因此，吸纳更多的专业化社会组织参与，能够为易地扶贫搬迁农村安置区后续发展提供更多的专业性指导。如企业的参与能够直接提出明确的用工需求方向，为搬迁群众技术培训提供场地、内容、案例等，使培训更加精准对口。同时，企业也能够发挥自身对市场了解的优势，加强搬迁群众的就业指导和技术指导。

五、基层组织建设管理问题

农村基层党组织既是国家各项扶贫政策的落实者，又是共同富裕的践行者，是带领、引导群众脱贫致富的“领头羊”。在易地扶贫搬迁过程中，农村基层党组织既是脱贫攻坚的战斗堡垒，担负着落实扶贫政策、政策宣传的重任，又是党群之间的“桥梁”与“纽带”，始终坚持群众观点、群众路线，确保将政策实惠惠及所有搬迁群众。但是，农村基层党组织在易地搬迁后续发展中仍存在一定问题，需要高度重视。

（一）搬迁安置区基层党组织治理能力有待加强

搬迁安置区是由多个搬迁村组合并形成的，原搬迁村两委的合并重组成为搬迁安置区基层党组织需要解决的重要问题。搬迁安置区基层党组织要建设成为民服务的一站式服务中心，为搬迁党员和群众提供一站式服务，发挥先锋模范作用，但是由于组织机构整合、治理能力不强等因素，部分地方未能建立起一站式服务的党群服务中心，导致搬迁安置区基层党组织治理水平

降低，治理能力弱化。同时，部分基层党组织作用发挥不明显。个别基层党组织迁入安置区后未能较好地发挥引领带头作用，帮助搬迁群众尽快适应社区生活环境，完成从“村民”到“居民”的转变。个别党员干部知识理论素养有待提高。个别党员干部知识理论水平不高，工作思维与眼界格局受限，带领群众脱贫致富的能力较弱，缺乏战略思维与创新能力，无法为搬迁群众创造更多机会。

（二）搬迁安置区基层党组织服务观念有待转变

农村基层党组织既是易地扶贫搬迁工作的组织者和落实者，也是多方联动、助力扶贫的联系点。在易地扶贫搬迁过程中，农村基层党组织既是脱贫攻坚的战斗堡垒，担负着落实扶贫政策、政策宣传的重任，又是党群之间的“桥梁”与“纽带”，始终坚持群众观点、群众路线，确保将政策惠及所有搬迁群众，提高搬迁群众对扶贫开发的认可度与满意度，激发社会各界伸出援手、帮扶困难群众的积极性。但搬迁安置区治理工作具有琐碎而复杂的特点，部分安置区基层党组织出现责任意识淡薄、作风建设有待加强等情况，部分基层干部政治意识薄弱、服务意识淡薄，懈怠主义、厌战情绪蔓延，甚至存在互相推诿、扯皮的现象，严重影响了基础党组织作用的发挥。

六、后续发展资金不足问题

充足的资金保障是开展易地扶贫搬迁的物质基础，对于易地扶贫搬迁农村安置区后续发展、扫除发展障碍起着积极作用。易地扶贫搬迁地区多为资源贫乏、经济落后的中西部地区，资金的筹集困难较大。多数贫困地区将易地扶贫搬迁中筹集的资金投入到安置区的建设与群众的安置当中，后续发展安排的资金所占比例极小。因此，部分搬迁区的资金不仅没有发挥“助推器”的作用，反而成了“拦路虎”，影响了易地扶贫搬迁农村安置区后续发展的有效推进。

（一）地方投入配套资金压力较大

《全国“十三五”易地扶贫搬迁规划》中规定我国“十三五”期间需要

搬迁1000万人，经过测算需要大约9463亿元资金作为保障。根据规划，这些资金将用于住房和安置区建设、土地修整等方面，其中住房和安置区建设占了总投资的62.58%。中央政府安排800亿元进行建档立卡贫困户的住房建设，需要地方政府自筹3000多亿元，搬迁农户自筹215亿元资金。而现实当中，部分贫困地区政府受经济发展水平、纳税能力等条件限制，地方财政收入有限，导致地方自筹的安置资金经常无法到位。部分政府通过开发商、融资、发行地方债券等形式拓宽自筹资金渠道，获取的资金数量有限。地方配套资金不到位的问题，加大了地方政府的财政负担，制约了易地扶贫搬迁的后续发展。

（二）融资渠道较为单一

利用融资渠道解决贫困问题是解决地方资金配套不足的有力举措。为解决实践中发展资金匮乏的难题，部分国有金融机构、非国有金融机构、民间资本、发行债券、PPP等模式和境外资本等形式筹集资金。但融资渠道单一，多以银行系统贷款的形式获取发展资金，缺乏社会组织力量的发挥。由于易地扶贫搬迁农村安置区后续发展涉及产业发展、公共服务设施的建设以及民生等领域，过于单一的融资方式会加剧融资困难。因此，单纯依靠某一种或某几种形式获取资金，很难满足易地扶贫搬迁农村安置区后续发展的资金需求。只有充分发挥社会组织在融资方面的力量，才能从根本上解决地方政府资金不足的问题。

第四节　推进易地扶贫搬迁农村安置区后续发展的政策建议

乡村振兴战略是实现“两个一百年”奋斗目标和中华民族伟大复兴的必然要求，也是落实以人民为中心发展理念、缩小城乡差距、实现全体人民共同富裕的必然选择。解决易地扶贫搬迁农村安置区后续发展要和推进乡村振兴战略结合起来，坚持党的领导，充分发挥农村基层党组织领导核心和战斗堡垒作用；坚持以人民为中心，着力提升搬迁群众的幸福感和获得感；坚持依法有效治理，实现城乡统筹协调发展；坚持因地制宜，构建安置区相对完善的基本公共服务体系；发挥搬迁群众性自治组织的基础作用，解决好安置区“最后一公里”发展问题，才能确保真正搬得出、稳得住、实现脱贫致富，从根本上改变农民的生产生活条件。

一、推进易地扶贫搬迁农村安置区后续发展的基本思路

脱贫摘帽不是终点，而是新生活、新奋斗的起点。随着脱贫攻坚的深入进行，国内扶贫开发工作呈现新特点、新要求，只有将易地扶贫搬迁农村安置区后续发展与乡村振兴战略有机衔接，以集中安置为基础，加快推动易地扶贫搬迁农村安置区后续发展，才能高质量、长久地打赢脱贫攻坚战。

（一）工作重心由“搬得出”向“稳得住、能致富”转移

易地扶贫搬迁已经进入以后续扶持为中心的新阶段，实施乡村振兴战略是“十四五”时期乃至今后长期一段时间内的重点。因此，易地扶贫后续工作的开展要跟乡村振兴战略结合起来，在乡村振兴战略的背景下巩固脱贫成果，统筹易地扶贫搬迁后续发展。

第一，做好搬迁群众的融入工作。搬迁群众作为易地扶贫搬迁的主体，面临居住环境、生产生活方式改变的挑战，受安土重迁的乡土观念影响，需要花费大量时间和精力去适应现有的生产方式、人际关系、就业环境等方面的新环境。为加快搬迁群众融入新环境，易地扶贫搬迁农村安置区可以做到以下几点：一方面广泛开展精神文明互助活动，帮助迁入民尽快适应新环境。通过成立社区公共组织，发动原住居民积极参与，加快新老居民的熟悉与融合；举办社区文化活动，营造学习型文化社区，凝聚社区共识，引导居民对新环境的融入；开展移风易俗行动，改变一些陈旧的观念；开展文明村镇、星级文明户、文明家庭等群众性精神文明创建活动，提高搬迁群众的精神文化水平。另一方面，设立救助活动，加强社会兜底。通过设立公益岗位、生活补助、临时救助、社会援助等短期活动，并结合长期的社会保障，帮助搬

迁群众快速度过过渡期，为就业规划的落实与长效脱贫体系的构建赢得时间与空间。

第二，做好公共服务的规划与建设工作。推动城乡基本公共服务均等化是乡村振兴的必然要求，也是衡量乡村振兴的重要指标。易地扶贫搬迁农村安置区基本公共服务的规划与建设是易地搬迁“稳得住”“能致富”阶段的工作重点。首先，需要加快乡村振兴基本公共服务规划与易地扶贫搬迁农村安置区基本公共服务规划挂钩并行工作。基本公共服务是“生产发展、生活富裕、生态良好”的基础，易地扶贫搬迁农村安置区基本公共服务规划不仅关乎安置区发展，更关乎乡村振兴战略的深入实施。为此，必须统筹乡村振兴基本公共服务规划与易地扶贫搬迁农村安置区基本公共服务规划挂钩并行，推动安置区基础设施水、电、路、学校、医院等逐步完善，为搬迁群众提供生活便利。其次，需要做好安置区环境保护与绿色建设规划与设计，打造生态良好的安置区。良好的生态环境是发展的重要外在条件，是“金山银山”的基础，更是推动乡村振兴战略圆满完成的前提。因此，注重搬迁安置区环境保护与绿色建设规划与设计，推动搬迁地绿化面积提升、发展相关产业，实现经济与生态双赢，易地搬迁与乡村振兴同步进行。

第三，做好就业安置工作。就业是民生的基础，也是实现搬迁群众永续发展的长久之计。要确保搬迁规划与产业扶贫规划、乡村振兴规划同轨并行。围绕安置区布局扶贫产业，就近配备系列配套产业和就业增收举措，做到居住区与产业园区两区同步建设；有条件的安置区探索引进龙头企业，深化产业链，不断提升附加价值，拓宽搬迁群众的收入渠道。实现多元扶贫主体协同发力，畅通就业渠道。政府扮演好引导者的角色，引导企业、社会组织与政府协同发力，为搬迁群众提供相应的就业技能培训与就业信息供给，确保搬迁群众就业渠道畅通。在精准帮扶的基础上探索长效脱贫机制。紧紧围绕精准扶贫、精准脱贫思想，瞄准到户、聚焦到人，瞄准“病”因、对症下药，在精准帮扶的基础上扶“智”、扶“志”，从根上激发贫困群众脱贫致富的积极性与创造性，依据现有脱贫产业、脱贫模式探索适合地区的稳定脱贫长效脱贫机制。

第四，做好易地扶贫搬迁的资金筹集工作。资金是易地扶贫搬迁与乡村振兴的基础，只有拥有充足的资金，才能圆满实现易地扶贫搬迁目标。一要提高社会资本使用效率。各级政府通过制定相应的法律法规和社会资金使用办法与回报措施，提高社会资金使用效率，做到资金投入与使用有据可依。二要发挥社会多元主体的力量。加大对乡村振兴、易地扶贫搬迁的资金投入预算，鼓励企业、机构、社会组织、社会团体在乡村振兴、易地扶贫搬迁等方面献资献力。三要鼓励金融产品与服务创新。金融机构要增强市场意识，根据时代与民众需求，设计多元化金融产品和融资方案，打造区域特色金融扶贫产品，运用好互联网，创新推出“互联网+金融扶贫”金融产品。

（二）解决好贫困群众与边缘人口的矛盾问题

消除贫困、改善民生是乡村振兴的重要内容。消除贫困不仅要消除绝对贫困，也要逐步解决在贫困线附近的边缘人口的贫困问题。随着绝对贫困问题的解决，相对贫困问题势必成为乡村振兴的重点。在同步搬迁人口中，绝大多数是徘徊在贫困线以上的边缘人口，其虽与贫困群众一同搬迁，但由于享受不到相同的扶持政策，极易引发致贫返贫问题，甚至产生矛盾纠纷。因此，在易地扶贫搬迁过程中，解决好同步搬迁人口问题也是易地扶贫搬迁农村安置区后续发展的重要方面，对该问题的解决既有利于缓和贫困群众与边缘人口的矛盾，又有利于实现社会公平正义，维护社会安全稳定。

加大对同步搬迁人口的支持和保障力度。首先，统筹布局，适当安排同步搬迁工作。结合乡村振兴战略，统筹做好资金、管理、建设、监督等方面的谋篇布局，同时做好同步搬迁人口台账，做到基本情况心中有数，为推进同步搬迁奠定基础。其次，精确规划，同步配套社会保障政策。重视同步搬迁人口问题，要统筹规划，将同步搬迁人口中的边缘人口逐步纳入贫困群众搬迁政策体系，相关配套保障政策也要同步跟上，使其享受到与搬迁群众相同的社会福利与政策保障。最后，做好预算，加大同步搬迁资金支持。把同步人口搬迁纳入各级政府财政预算，加大对同步搬迁人口中边缘人口的资金支持力度，将其纳入地方政府财政预算。

为同步搬迁人口就业提供便利服务。加强同步搬迁人口就业培训与指导，既让同步搬迁人口从心底感受到尊重与重视，又从实际行动增强其就业、创业能力，从根本上提高其收入水平，激发其勤劳致富、自力更生，向着美好的生活不断努力。

统筹规划待搬迁的同步搬迁人口，解决其生产生活难题。对于未实施搬迁的同步搬迁人口，应当及时对其居住地进行规划建设，如实行危房改造、建设暖心房工程、厕所改革、暖气覆盖等，解决待搬迁人口面临的实际问题，加强其对易地扶贫搬迁政策的理解和支持，增强其对社会发展成果惠及全体人民的认同感。

（三）提高搬迁群众自我发展能力

易地扶贫搬迁农村安置区后续发展离不开搬迁群众自身脱贫致富内生动力的发挥。易地扶贫搬迁是为了给搬迁群众提供一个新的发展环境、提供一个新的发展起点，使其具备获得稳定收入的能力。因此，在后续发展中更要激发搬迁群众的脱贫致富斗志，提高搬迁群众的脱贫致富能力。

多措并举，激发搬迁群众的脱贫内生动力。对于搬迁群众，除了要加大物质帮扶，更要注重精神帮扶，激发贫困群众脱贫的斗志与勇气。首先，树立致富典型，彰显榜样作用。通过推选、表彰脱贫致富典型，让贫困群众看到贫困是可以战胜的，在搬迁安置区中形成一种你追我赶、比勤劳、比脱贫速度的良好风气，引导贫困群众树立起脱贫致富的信心，埋头苦干，摆脱贫困。其次，加大科教文化投入，提高搬迁群众的综合素质。完善搬迁安置区文化基础设施，增大资金投入力度，加快社会文化与教育事业的发展，提高贫困群众的思想水平与知识水平，使其看到脱贫致富的希望。再次，因地制宜，合理开发特色产业。立足当地自然资源、市场需求，发展相关产业，在革命老区开发红色旅游资源，在生态资源保护区发展绿色有机产业，在民族地区发展民族文化产业等，使搬迁群众实事求是，充分利用现有条件发家致富，在收入增长中树立脱贫的信心与决心，进一步激发其脱贫动力。最后，以社会主义核心价值观引领搬迁群众的思想思潮。加强搬迁区的社会主义核心价值观教育，持续强化其劳动致富的意识与自我发展的能力，提高自我规划能力和自我控制能力，最终从内部增强其脱贫动力。

大力发展教育事业，阻断贫困的代际传递。教育扶贫是阻断贫困的根本之计。多数搬迁群众对教育的投入力度不足，本人及其家人受教育的年限较短，思想观念、劳动技能等方面较为落后。只有大力发展教育事业，才能真正阻断贫困的代际传递，从“根”上摆脱贫困。“要紧紧扭住教育这个脱贫致富的根本之策，再穷不能穷教育，再穷不能穷孩子，保证贫困家庭孩子受到教育。”① 首先，完善教育经费稳定增长机制，加大易地扶贫搬迁农村安置区教育经费投入力度，健全教育经费投入保障制度，形成按照比例增长的长效机制。其次，大力发展师范教育，培养师资后备力量。提高安置区教师的待遇，给予特殊的政策照顾，使培养的教师后备力量能够返回安置区就业，提高安置区的受教育水平。最后，大规模开展实用技能培训。在了解搬迁区群众所需要的职业技能的基础上开展实用技能培训，提高教育的针对性与精准性，使得安置区贫困群众掌握更多脱贫致富的技能。

加大职业培训力度，提高搬迁群众收入。一方面，提供就近就业的岗位，解决安置区就业难问题。在不断加强基础设施建设的基础上，发展劳动密集型产业和其他类型的特色产业，积极吸纳安置区群众，帮助解决贫困群众、边缘群众就近就业问题，增加其现金收入；另一方面，完善就业指导与职业技能培训体系，提高安置区群众的就业率。政府及时公布就业需求信息，提供就业咨询与指导，定期组织实用性就业技能培训，集中组织贫困群众外出务工，做好安置区群众的就业后续保障工作。

（四）持续提供优质基本公共服务

基本公共服务与配套设施的完善对于易地扶贫搬迁农村安置区的后续发展具有重要的支撑作用。为搬迁安置区提供较完善的基本公共服务与基础设施是社会公平正义的体现，也是巩固脱贫成果、做好安置区后续发展的必要举措。

做好易地扶贫搬迁迁入地基本公共服务的发展规划，推动基本公共服务标准化。重点做好基本公共服务在搬迁区的均等化水平和短期发展规划，推进基本公共服务建设的落实。加快监督体系建设，将基本公共服务工程的建

① 十八大以来重要文献选编（上）［M］. 北京：中央文献出版社，2014：682.

设纳入绩效监督体系中，制定符合搬迁地区的基本公共服务执行标准。

推进基本公共服务提供方式多元化，促进基本公共服务提质增效。基本公共服务的建设与完善离不开资金的长期投入，政府作为基本公共服务的长期提供主体，财政负担过重，既不利于安置区基础设施与公共服务的长效性发展，也不利于其他扶贫多元主体发挥其社会力量。因此，必须调动社会各方力量参与公共服务，推动政府职能转变。一方面，简政放权，转变政府工作职能。推动政府从基本公共服务“提供者”“包办者”转为基本公共服务“组织者”“参与者”，为其他社会力量参与基本公共服务推进提供机会；另一方面，合理评估基本公共服务，促进其提质增效。引入第三方评估机制，对实施双方进行合理评估，加强对基本公共服务的质量验收，最终实现双方互利共赢。

继续加强安置区后续发展的公共财政倾斜力度，夯实基本公共服务的物质基础。基本公共服务的完善需要大量资金的支持，公共财政提供充足的资金保障有利于安置区后续发展。合理调整中央与地方的财政支付体制，加大对地方的支持，减轻地方财政压力，拓宽融资渠道，发挥银行、金融机构等渠道的融资作用，设立专项资金，推进安置区后续发展。

构建多元主体参与的扶贫格局，注重多元主体的协同作用，画出扶贫开发的最大同心圆。企业、机关、社会组织、民间团体等社会主体都是参与扶贫的主体，对于扶贫开发举足轻重。要明晰各主体的责任，推动政府扶贫角色转变，使各扶贫主体各尽其用。如在实践中构建多方互动、责任共担的协同治理体系、易地扶贫搬迁数据平台、易地扶贫搬迁监督体系，最终提高扶贫的效率。

二、推进易地扶贫搬迁农村安置区后续发展的政策建议

在推进乡村振兴战略的过程中，有序推进易地扶贫搬迁安置区的后续发展、形成防止返贫长效机制关系到易地扶贫搬迁的成败。全面建成小康社会后，政府要不断转变角色，从“一手包办”的主导者转变为多元主体参与扶贫的“引导者”；不断拓宽就业机会，构建双向互动的就业体系，完善易地扶

贫搬迁政策体系，加强财政、就业、社会治理等方面建设，形成保障完善的政策合力。

（一）构建多元主体参与的政策体系

政府是推进扶贫政策的主体，却不是唯一主体，反贫困的过程中应当看到多元主体的价值，充分发挥社会和市场的作用，形成多元主体共同参与的大扶贫格局。政府、社会、市场共同参与的多元主体扶贫体系，对于发挥社会主义制度的优越性、保障扶贫措施的连续性和有效性具有重要意义。第一，政府以其强大的动员能力和资源整合能力，在易地扶贫搬迁农村安置区后续发展中发挥主导作用，在制定扶贫政策、确定发展规模、实施资源投入等方面发挥了不可取代的核心作用。第二，市场通过“看不见的手”对后续发展进行指挥，优化扶贫配置资源，提升资源使用效率，有效弥补政府在安置区后续发展中出现的低效率等问题；第三，社会组织作为社会主义现代化的重要力量，以灵活高效、精细专业等优势参与到扶贫开发当中，有效弥补了易地扶贫搬迁农村安置区后续发展中政府管理不到位、社会救助能力有限等问题，最大限度地凝聚起社会分散力量，提高了农村安置区后续发展的精准性和效率。

（二）构建双向互动的就业服务政策体系

提高易地扶贫搬迁人口素质，才能有效提高搬迁群众的自主脱贫能力。精准扶贫贵在精准，而就业服务是提升搬迁群众自助脱贫能力的重要举措，必须做到精准到位。一要精准做好前期培训调研。对培训对象、资源、需求做到精准调研，对现有各类培训资源、可提供的服务掌握清楚，分类整合培训对象，做到职业培训基础摸底精准到位。二要精准培训需求。结合市场需求、搬迁群众文化水平、就业需求、就业规划等因素，把搬迁群众需求、市场需要做到有机结合，精准对接，提高就业成功率，增强搬迁群众就业积极性。三要就业精准。政府通过资金补助，减轻搬迁群众培训资金花费等形式，提高其就业意愿，扩大就业规模；同时也要加强与相关企业和地方能人对接，根据企业需求进行有针对性的培训，将就业需求方与供给方有效对接。四要搭建就业信息服务平台。以微信公众平台、微信群为基础，党委、政府为“中介”，企业入驻平台，即时发布用工信息，搬迁群众可足不出户就能掌握身边的工作机会，既便于用工信息及时传递到每一名搬迁群众手中，又便于企业与搬迁群众进行双向选择。同时，充分发挥帮扶干部作用，为贫困群众寻求相关工作岗位，调动其就业的积极性，激发其摆脱贫困的内生动力。

（三）加强各级政策之间的有效衔接

易地扶贫搬迁作为一项复杂的系统工程，内容丰富，涉及财税政策、土地政策、社会保障、社会治理政策等（见图5－2），关系到脱贫攻坚成果的巩固与乡村振兴战略的实施。因此，必须不断跟进其后续发展的各项政策，加强财政、土地、社会治理、社会保障政策等方面的有效衔接，强化整体效果。一要加大财税政策的扶持力度。足额安排工作经费，统筹利用资金，在不改变资金使用性质和用途的前提下，探索将各类扶贫资金量化为村集体或搬迁群众的股金入股，变“一次性”补贴为“持续性”收益。二要加强土地政策改革力度。以颁发权证的形式明晰农户产权，将“三权分置”改革落到实处，增强农户的产权流转率与利用率，提高农户与经营者的经营效益。三要强化社会治理政策制定与执行力度。引入现代化管理模式与技术手段，建立健全安置区的利益协调与信息沟通机制，完善基本公共服务与党群服务设施，提高安置区的现代化治理与管理水平。四要加大社会保障政策兜底力度。在“两不愁、三保障”成果巩固的基础上，统筹安置区群众的社保、医疗、职业、收入、教育、务工等相关信息，重点监测易致贫返贫人群，补齐安置区群众的突出民生短板，特别是健康领域短板，真正建立健全多维度、全覆盖的社会保障体系。

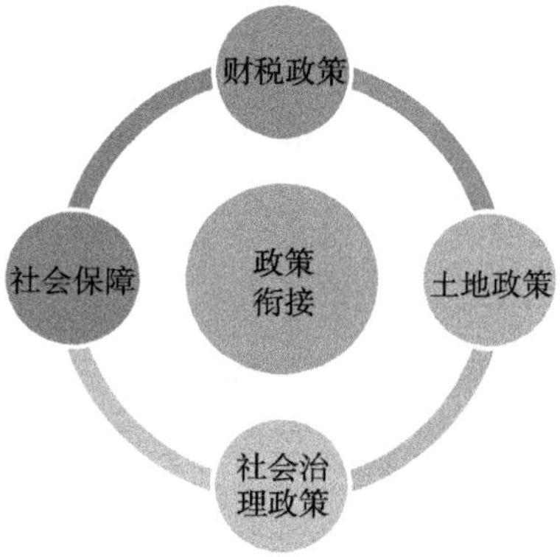

图5－2　易地扶贫搬迁政策衔接示意图

第五节　易地扶贫搬迁农村安置区后续发展的实践——以保定市涞源县为例

易地扶贫搬迁农村安置区后续发展解决了搬迁群众“稳得住”的问题，是“后脱贫时代”做好脱贫攻坚与乡村振兴有效衔接的重要抓手。本节选取具有代表性的河北省保定市涞源县，详细介绍其在易地扶贫搬迁农村安置区后续发展中的典型经验及做法。

一、保定市涞源县易地扶贫搬迁的基本情况

涞源县是河北省西部的一个全山区、深山区县，自1986年以来就是国家扶贫开发工作重点县，是河北省10个深度贫困县之一，也是革命老区之一。县域总面积2448平方千米，辖17个乡镇、285个行政村，总人口27万人，其中农村人口20.42万人。截至2018年年底，建档立卡贫困群众22103户49861人，其中未脱贫7981户15084人，贫困发生率为7.39%。2019年计划减贫13124人，将贫困发生率降到0.96%，实现整县脱贫摘帽。

涞源县委、县政府始终把易地扶贫搬迁工作作为推进“五个一批”的标志性工程和重大民生工程，科学谋划，精准施策，干群同心，攻坚克难，举全县之力坚决打赢脱贫攻坚战。作为深山区，易地扶贫搬迁成为涞源县推进脱贫攻坚的重要举措。涞源县易地扶贫搬迁共分为两期：第一期集中安置工程福泽园建设共19个集中安置区，涉及16个乡镇、43个村，安置13968人，目前搬迁群众已全部领到钥匙并分配入住；2019年10月，第二期集中安置工程恩泽园的县城安置片区也已实现搬迁群众分房入住。为降低分散安置比例，第二期集中安置中，涞源县将4556名建档立卡贫困群众全部转为集中安置，安置片区从2018年10月份开工建设，建设占地160亩、建筑面积14.6万平方米、共28栋住宅楼。目前，涞源县18524名易地搬迁群众已实现全部安置，安置区后续发展工作正在稳步推进，并采取了部分可操作性强、具有代表性的措施。

二、保定市涞源县易地扶贫搬迁农村安置区后续发展采取的主要措施

（一）加强搬迁安置区基层党组织建设

对搬迁群众实施双重管理。搬迁安置区25个村党支部（福泽园15个，恩泽园10个）接受社区党总支和原乡镇党委的双重管理，搬迁村日常事务由乡镇党委负责，社区物业管理、产业发展、矛盾调解、上学、就医等问题由社区党总支负责，提高了搬迁群众的归属感和办事效率。联合议事解难题。县委组织部定期组织乡镇党委、社区总支、驻村工作队、村支部及相关单位（企业）召开议事会，了解工作开展情况，总结经验，查找不足，对存在的问题共同研究解决办法，对重点工作进行安排部署。网格管理明确责任。实行“干部包片，组长包楼、党员包户”的网格化管理体系。村“两委”根据村民居住情况划分责任区片，每个区片安排至少1名村“两委”干部负责各项工作的统筹协调；每栋楼推选1名党小组长，与1名物业和1名警务室工作人员共同负责整楼栋的日常服务管理，及时为群众解决生活中的实际问题。加大投入强保障。首先，保障基本报酬和村级组织办公经费。为每个搬迁村每年拨付9万元的村干部基本报酬和村级组织办公经费，用于在职村“两委”干部基础职务补贴和必要的办公用品费、办公设施维护费、水电暖费、报刊征订费等，维持村级组织正常运转所需要的开支。其次，保障村党组织活动经费。按照每名党员每年不低于200元的标准列支村党组织活动经费，用于村党组织开展“三会一课”、主题党日、党员教育培训、救助困难党员、慰问老党员等活动。保障服务群众专项经费。为每个搬迁安置村每年列支5万元服务群众专项经费，用于公共设施维护、公共防疫、村内治安、服务群众生产生活的临时劳务用工等方面的开支。

（二）坚持“两区同建”

在建设集中安置区的同时，同步规划建设产业园区和扶贫车间，帮助搬

迁群众就近就业，提高就业率，带动安置区后续发展。在县城安置区建立盛英智谷产业园项目，总投资2.2亿元，占地140亩，建设集箱包、服装加工、双创中心、电商基地和物流配套等为一体的综合性产业园，可吸纳2500人就业，品一电子商务、沛福箱包、森海服装3家企业已入驻运营，搬迁群众就业后年均增收万元以上。在白石山安置区建立产业园项目，总投资2.1亿元，占地90.6亩，总建筑面积6.5万平方米，建设10栋厂房，打造集仓储、物流为一体的现代化手工业加工产业园区，可吸纳2000余人就业，容城毛绒玩具、北京绿山谷芽苗菜已经入驻运营。截至2019年10月，涞源县分别在19个片区周边配套建设扶贫车间和养殖小区，其中，寨沟门、塔崖驿片区扶贫车间已建设完成，正待企业入驻；建设宝迪生猪养殖小区7栋、玖兴蛋鸡养殖小区22栋，3栋已投入放养。

（三）大力发展脱贫产业

全面推进“三种两养”产业发展。涞源县在光伏扶贫电站全覆盖的基础上，全面推进“三种两养”产业发展，北味集团1.5亿棒黑木耳、宝迪集团30万头仔猪、玖兴集团8100万只肉鸡等一大批农业产业化龙头企业和劳动密集型企业进驻运营，打造了“长短结合、多点支撑、多重覆盖”的产业格局。注重就业培训。围绕“三种两养一加工”模式，结合产业园发展和用工需求，因地制宜地制定培训方案，对于搬迁安置的贫困户开展“雨露计划”，有重点地进行专业化培训，安排专门人员与待就业贫困人员进行对接与管理，确保搬迁安置的贫困群众能“稳得住”。实施“新型农民职业培训”“春风行动助脱贫”等大型促就业活动，通过举办劳动力培训班、东西部劳务协作大型招聘会等方式，直接带动或转移就业近5000人次。

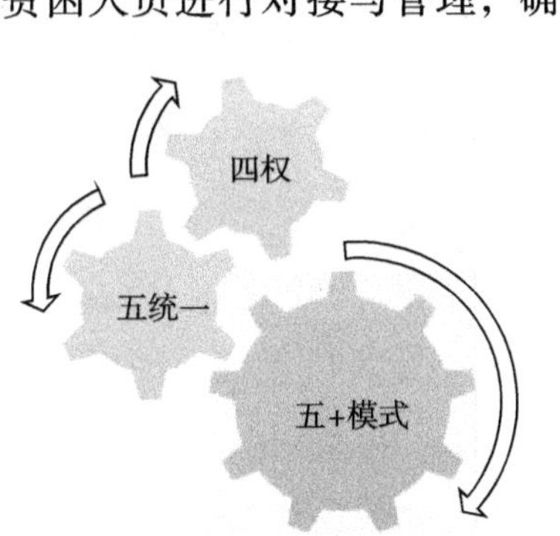

图5-3　涞源县产业扶贫模式示意图

涞源县施行“一种两养”产业扶贫模式，创新“五+”+“四权”+“五统一”（见图5-3），实现了政府、企业、农户的共赢。为防止扶贫资产闲置与流失，保障扶贫资金资产保值增值、进一步巩固脱贫成果，涞源县采取了“龙头企业＋基地＋村两委＋合作社＋贫困户”的“五＋”模式，实现了由“资金到户”到“效益到户”的转变。同时，该县注重村集体经济的发展壮大，充分发挥基层党组织战斗堡垒作用。该村明确了包含所有权、经营权、收益权、监督权在内的“四权”，其中所有权归村集体，经营权归合作社共同，收益权归贫困户社员，监督权归县财政、扶贫等有关部门及乡镇人民政府依法依规行使。龙头企业负责供销两端，通过建设孵化厂、能繁基地、屠宰场实现统一仔苗、统一饲料、统一兽药、统一防疫、统一回收的“五统一”，有效弥补了村级合作社和贫困户的生产经营短板和不足，实现技术托管、饲料托管、防疫托管和关键环节托管。此举既解决了搬迁人口迁入新环境后原有土地的流转问题，使得土地得以有效利用，又解决了搬迁人口发展生产时缺乏资金的问题，实现了贫困群众发展生产的“零投入”，缩小了返贫风险。合作社设置了相应的针对搬迁贫困群众的岗位，既促进了搬迁人口的就业，又提高了收入，更培育和壮大了村集体经济，使村“两委”干部成为村集体经济的带头人，带动了搬迁人口和贫困群众参与生产，巩固了脱贫成效。涞源县“一种两养”的扶贫模式能够增加贫困户和搬迁人口收入，使其参与到企业发展中，增加主体意识，带动了村集体经济的发展壮大。同时，形成全产业链的发展模式，带动城乡经济能力提升，为易地扶贫搬迁农村安置区后续发展积累了资金。

（四）加强对搬迁安置区的后续管理

在硬件配套和社会管理上，涞源县推出一系列措施来有序推进“农民变市民、村委会改居委会”，确保搬迁群众尽快融入新环境。安置区高标准配套水、电、路、气、通信及垃圾、污水处理设施，配置燕赵小学、实验幼儿园、中医院（分院）等优质的教育、医疗、文化资源，充分满足搬迁群众生产、生活需求。不断创新管理办法，围绕入住后安置区管理，建立了“村党组织为基础、社区服务为纽带、居民自治为核心”的新社区管理模式。在各搬迁村“两委”的基础上，设立社区党总支和党群服务中心，采用迁入地、迁出地双重领导模式开展工作。采用先进的数字化管理模式，建设扶贫档案室，将搬迁群众的收入、就业、就医、就学等信息全部录入系统，实行搬迁群众动态化管理，便于及时发现群众问题并加以解决。

（五）加强对脱贫户的监管，确保不落一户一人

建立了非贫困户和脱贫人口跟踪调查和动态监测机制，确保全程动态跟踪致贫返贫。实行县乡村三级联动报告制度，每季度进行全程报告和监测，并充分利用国家扶贫开发信息平台，做到对所有边缘户和脱贫监测户全程监管、动态跟踪，确保群众稳步可持续实现奔小康。对所有脱贫人口实施分类管理，确保防贫范围全面。出台了《关于建立健全脱贫巩固提升机制的意见》，坚持脱贫不脱监管，把防止返贫放在重要位置，建立台账，分类管理，及时帮扶，靶向治疗，做到监管到位、跟进到位、措施到位，全面提升脱贫群众的安全感和认可度。

三、保定市涞源县易地扶贫搬迁农村安置区后续发展面临的主要困难

保定市涞源县在易地扶贫搬迁过程中取得了显著成效，安置区后续发展顺利进行，并积累了较为丰富的经验。但是，在后续发展的实践中，也面临着一些困难。具体表现为以下四点。

（一）搬出地土地利用问题

涞源县位于太行山、燕山、恒山交汇处，是拒马源、涞水源、易水源的发祥地。全县山区面积广大，易地扶贫搬迁人口多是从山地、丘陵等地区搬向集中安置区。但是，在村民搬出后，如何充分利用搬出地土地问题成为涞源县易地扶贫搬迁农村安置区后续发展面临的突出难题。一方面，偏远地区虽然不适宜居住，但其土地仍然具有一定利用价值。在国家耕地资源紧张的情况下，充分利用每一寸土地是实现安置区后续发展的必然要求。涞源县部分安置区与原住地之间距离遥远，搬迁人口往返于两地之间种植、养殖非常不便，因此，如何有效利用原址土地问题成为亟须解决的难题。另一方面，我国对于易地扶贫搬迁后迁出地土地利用的法律法规尚不明确。虽然涞源县

委、县政府也在探索进行相关法规确立，但在国家、省级层面的法律尚未出台前，其迁出地土地的有效利用依然存在无法可依或法律法规不具有代表性等风险，容易滋生各类问题。

（二）易地搬迁后续发展资金投入问题

资金压力大是涞源县易地扶贫搬迁农村安置区后续发展工作面临的突出困难。易地扶贫搬迁需要投入大量资金，而安置区后续发展工作的开展更离不开有效资金的持续性投入。涞源县进行易地扶贫搬迁的融资渠道较少，资金筹措渠道过于狭窄。该地区的资金主要来源于国家财政拨款、各级政府补助和群众自筹，而社会和行业扶贫资金所占比重很小。随着互联网的迅猛发展，“互联网+金融扶贫”在脱贫攻坚中的作用日益凸显，国家大力倡导金融扶贫，鼓励银行和其他金融机构参与到易地扶贫搬迁中来，以减轻政府的支出压力。但在实践过程中，部分金融机构为维护自身利益、降低投资风险，真正参与金融扶贫的积极性并不高。同时，国内多数地区用于易地扶贫搬迁安置区后续发展的资金的使用效率不高，现有资金使用方式存在使用范围不集中问题，且资金的监管不到位，无法较好地发挥应有的资金整合效应，导致易地扶贫搬迁专项资金使用效率不高。

（三）部分搬迁群众脱贫意愿不强

扶贫开发只有提高贫困群众自力更生的能力，激发其内生动力，才能从根本上提高扶贫质量，实现长期、持续、稳定的脱贫。部分搬迁群众由于长期处于贫困状态，渐渐丧失了与贫困作斗争的勇气与信心，即使搬入新的安置区，面临全新的生活，依然缺乏摆脱精神贫困的动力与信心，无法迅速转变思想。同时，政府的一手包办使得贫困群众的能力发挥有限，无法较好地激发其内在脱贫动力，反而滋生了严重的“等、靠、要”思想，“懒人”问题逐渐成为地方政府工作面临的又一难题。搬迁群众稳定脱贫是制定各项扶贫政策和行动的出发点和落脚点，也是扶贫的对象、参与者与最终受益者，其对待易地扶贫搬迁的态度直接决定着安置区后续工作的效果。因此，必须增强搬迁群众在安置区后续发展中的主体性地位，强化对搬迁群众的“志”

"智"双扶，增强其摆脱贫困的积极性、主动性和创造性意识与能力。

（四）旅游产业的发展对经济的带动能力较弱

随着生活水平的提高，人民日益追求美好生活，注重节假日休闲旅游，使得旅游业日益成为第三产业的重要产业。旅游业能够带动餐饮、住宿、零售等行业的发展，能够带动就业、提高居民收入水平，实现产业扶贫与生态扶贫的双赢，日益成为国民经济中的重要产业。涞源县充分利用当地的自然条件充分发展旅游业，如建设白石山风景区、人工滑雪场等大型项目，促进第三产业发展，对于易地扶贫搬迁安置区后续发展也产生了一定的积极效应。但是，涞源县旅游业的发展对于扶贫经济的带动能力相对较弱。首先，风景区的知名度不高，并未在全国范围内打响知名度，形成影响力，每年吸引的游客有限。其次，旅游项目过于单一且发展不具有持续性。多以滑雪、温泉为主，受季节性影响比较大，并未形成持续性客流量，带动餐饮、住宿等第三产业的发展效果有限。最后，对旅游产业规划尚不明晰。旅游业发展的资金投入与扶贫产业相比力度不够也是旅游产业发展对经济带动能力较弱的体现。

四、保定市涞源县易地扶贫搬迁农村安置区后续发展形成的影响

涞源县易地扶贫搬迁农村安置区后续发展工作有序推进，取得一定进展。易地扶贫搬迁的推进与农村安置区后续发展工作的开展产生了良好的效益，对于经济社会的发展形成了一定积极影响。

易地扶贫搬迁产生了良好的经济效应。在易地扶贫搬迁农村安置区后续发展过程中，后续产业的规划与发展是重要一环。涞源县委、县政府引进龙头企业，深化相关产业链，有效推动了产业的纵深发展，不仅带动了当地安置区的充分就业，更产生了直接的经济效益，促进了当地经济发展；同时，涞源县注重发展特色产业，提高群众收入，以特色旅游风景区的建设吸引了大量游客，促进了第三产业发展，提高了安置区搬迁群众收入水平。

易地扶贫搬迁农村安置区后续发展产生了良好的社会效应。易地扶贫搬迁农村安置区后续配套基础设施的建设与发展提高了搬迁群众的生活便利度

和生活质量，有利于促进社会团结安稳。推动搬迁安置区管理方式的转变，“五+”的扶贫模式提高了搬迁群众参与的热情，提高了其参与扶贫的积极性、主动性和创造性，推动了扶贫发展的有效创新，减少了返贫现象的发生。

易地扶贫搬迁带来了居住环境、生态环境的改变。易地扶贫搬迁带给搬迁群众最直观的感受是搬迁前后生态、居住环境的变化，对生态、居住环境的变化的体验直接影响到搬迁百姓的满意度，影响到搬迁区群众的幸福感与参与感。涞源县先后开展了后续复垦、绿化等工作，不仅使得搬出地的环境得到明显改善，还增强了搬迁群众对美好居住环境的建设热情，提高了搬迁群众新居建设的参与度、融合度。

五、保定市涞源县易地扶贫搬迁农村安置区后续发展的提升对策

巩固易地扶贫搬迁成果，加快农村安置区后续发展，需要结合乡村振兴战略，实现乡村振兴与易地扶贫搬迁安置区后续发展的有效衔接。

（一）充分发挥基层党组织作用

2012 年 12 月 30 日，习近平总书记在河北阜平调研时指出：“农村要发展，农民要致富，关键靠支部。”① 习近平总书记的论述充分强调了基层党支部在农村基层发展中的重要作用。易地扶贫搬迁必须同基层党组织建设相结合，充分发挥基层党组织的战斗堡垒作用。

一要选好党支部书记。基层党组织在易地扶贫搬迁中发挥着重要作用，而党支部作用的发挥在很大程度上取决于党支部书记的能力。“打攻坚战的关键是人”，党支部书记是村里的一把手，也是脱贫攻坚的领头羊，为本村发展指明方向。实践证明，思想好、作风正、能力强的党支部书记是促进农村发展的关键。华西村的吴仁宝、刘庄的史来贺、塘约村的左文学、周家庄的雷金河等都是农村杰出党支部书记的代表。因此，要想真正践行共产党的宗旨，将发展成果惠及全体人民，消灭国内绝对贫困与相对贫困，就必须选好党支部书记。好的党支部书记必须具备以下素养：具备良好的政治素养与责任意

① 习近平．习近平谈治国理政［M］．北京：外文出版社，2014：190.

识，政治立场坚定，牢记为人民服务的宗旨；具有一定的经营管理能力，拥有现代化经营管理知识，能活学活用，管理好安置区；保持作风良好，有钢铁一般的纪律。只有选出政治素养、责任意识、本领强大、作风良好的党支部书记，易地扶贫搬迁安置区才能发展得更好。

二要强化党员培训与教育。党员培训与教育是增强易地扶贫搬迁安置区基层党组织战斗力的重要途径。搬迁安置区的党员多呈现散点式状态，其学习培训的机会较少，交流次数减少，学习渐渐流于形式。“学如逆水行舟，不进则退”，一旦放松党员的学习教育，就可能出岔子。因此，在易地扶贫搬迁安置区要保证党性教育常态化，根据实际创新农村安置区党员的教育培训方式，采取“线上＋线下”教育相结合的方式，利用手机、电脑等增加普通党员的学习机会，丰富党员的学习内容，将党性教育常态化。

三要积极发展青年党员，为基层党组织注入新鲜血液。党员年龄偏大、数量少，是很多搬迁安置区面临的共同问题。为解决基层干部老龄化问题，将基层建设得更美好，就必须积极发展青年党员，为基层党组织注入新鲜血液。要不断坚定青年党员的理想信念。理想信念是共产党员的“精神之钙”，若缺少理想信念，共产党员就会变得软弱无能，中国就会再次变成“东亚病夫”。因此，青年党员应当以人民的梦想为梦想，坚定对马克思主义的信仰，以实现中华民族伟大复兴为己任，坚定对社会主义、共产主义的信念，在祖国大地上立报国之志、践爱国之行。要端正青年的入党动机。入党动机、入党目的关乎青年党员个人的发展方向，亦关乎整个民族的发展动向，只有让青年党员坚定正确的理想信念，胸怀民族复兴之志，才能在壮大党的组织的过程中保持党组织的纯洁性与先进性。要让农村青年党员有更多的获得感和归属感。青年党员是基层的骨干与未来，要转变青年党员的思想观念，引导其服务群众、造福群众，带领群众脱贫致富，进而在广阔的基层各展其才、各尽其用，将基层建设得更好。

（二）激发搬迁群众脱贫致富的内生动力

人民群众是社会历史的创造者。搬迁群众作为易地扶贫搬迁农村安置区后续发展工作的主要参与者，在易地扶贫搬迁农村安置区后续发展工作中，要逐渐恢复搬迁群众的主体地位，激发其脱贫致富的内生动力，提高其参与、管理搬迁区的主动性与积极性。

有效促进社会融入。搬迁群众有效融入新的社会，这是易地扶贫搬迁能否成功的关键，也是后续发展工作展开的基础。通过加强安置区基层社会治理，完善基础设施和公共服务供给，增强搬迁群众的安全感、归属感和幸福感。坚持“缺什么、补什么”的原则，加快安置区基础设施和公共服务配套建设，满足人民群众的真正需求。营造和谐的安置区生活氛围，组织开展群众喜闻乐见的文化活动，加强安置区文化建设，促进新老居民融合，增强社区价值认同。构建“一站式”综合服务平台，确保社会保障的连续性，做好医疗保障、社会保障和养老保险等社会保障的统筹衔接工作。

提升搬迁群众的思想觉悟。选出先进致富典型，并给予物质和精神奖励，营造致富光荣氛围，向搬迁群众传递奋斗光荣的意识，使其认识到“幸福是奋斗出来的”，增加其自主致富的信心和决心。实行一对一帮扶，发挥党员先锋模范作用，一位党员定点帮扶一户搬迁群众，定期与他们交流，传达党的政策，不断增强其脱贫致富的觉悟与动力。

加强县域内就业所、服务型企业与贫困群众的联系。通过不定期开展就业培训会、实用性职业技能培训等形式，教授安置区搬迁群众与企业岗位需求相适应的工作技能，使搬迁群众不断增强脱贫致富的技能与本领，提高其就业的匹配度，进而促进当地经济的发展。

（三）统筹优化后续帮扶举措

要优化资金的筹措与配置。资金是各种扶贫政策落地与实施的基础，脱贫攻坚尤其是易地扶贫搬迁对于资金的需求量较大。涞源县在脱贫攻坚的过程中已经投入了大量的资金用于扶贫搬迁，在易地扶贫搬迁后续发展工作中也应统筹安排，充分用好资金。不断拓展资金筹措渠道。除加大财政预算外，引导银行等金融机构为易地脱贫攻坚提供更多的支持，鼓励企业等社会团体贡献更多的资金力量，拓展资金筹措渠道。合理使用现有资金。整合各种资金，如农田改造资金、安置区住房补助资金、危房改造资金、配套设施投入资金和搬迁群众生活保障资金等，统筹安排、集中支出，简化资金使用和审批流程，提升资金的使用效率与使用价值，将资金用到位、用到好。

解决好同步搬迁人口问题。统筹规划搬迁区的基础设施。优先将地质灾害多发、交通不便、基本公共服务严重不足以及生态环境脆弱等地区纳入优先搬迁规划，做好迁入区的基础设施完善与迁出区的生态恢复与生态补偿。整合涉农资金，同步解决搬迁人口问题。涞源县退出贫困县之后要继续统筹规划好农村危房改造、人居环境整改、安全饮水等涉农项目，整合涉农资金，分清主次，集中精力逐步解决同步搬迁人口最关心、最需要解决的问题。

继续探索、优化产业布局与创新运行方式。加大对旅游产业的扶持力度，使得旅游产业效能最大化。加大宣传力度，将白石山风景区、华中假日酒店等宣传出去，打开知名度，吸引客流量。加大扶贫产业政策的灵活性。将扶贫产业运行的优秀经验进行总结，对其中的不足进行改进，灵活运用各种政策，加大政策的灵活性。

（四）大力扶持和培育社会组织

社会组织是扶贫中的重要主体，具有专业能力强、精细化等优点，在扶贫中具有重要的作用。近年来，社会组织逐渐参与到扶贫中，发挥了重要作用。但是由于经验不足和政府主导式扶贫模式的限制，社会组织参与扶贫的效能尚未充分释放。政府要转变职能、简政放权，加强对社会组织的引导，探索社会组织在扶贫领域的新功能，赋予其第三方监督者角色，不断增强其参与扶贫的可持续性和多功能性。扶持和培育各种新型的社会组织，建立健全政府购买扶贫服务的体制机制，推动社会组织参与扶贫的广度与深度不断拓展，形成政府与社会组织合作形成常态化、制度化。提高社会组织参与的积极性，定期举办社会组织扶贫成就展、公益日等活动，建立社会组织扶贫奖励机制，提高社会组织的知名度与成就感。

第六章

农村基层党组织建设促进脱贫攻坚

改革开放以来，中国相继开展了有组织、有计划、大规模的扶贫开发，取得了举世瞩目的巨大成就，为促进经济发展、政治稳定、民族团结、边疆巩固、社会和谐发挥了重要作用，更为人类减贫事业贡献了中国方案。党的十八大以来，在习近平新时代中国特色社会主义思想指导下，以习近平同志为核心的党中央紧紧围绕坚持和发展中国特色社会主义这个主题，把精准扶贫和全面从严治党摆到治国理政的重要位置。习近平总书记多次强调："要把扶贫开发同基层党组织建设有机结合起来，真正把基层党组织建设成带领群众脱贫致富的坚强战斗堡垒。"农村基层党组织作为最前沿阵地的"基本作战单元"，要把党的建设和精准扶贫拧成"一股绳"，充分发挥基层党组织"一线指挥部"的作用，为切实打赢脱贫攻坚战、全面建成小康社会贡献力量。

第一节　农村基层党建的理论基础

习近平总书记在中央农村工作会议上强调，要加强党对"三农"工作的全面领导，要突出抓基层、强基础、固基本的工作导向，推动各类资源向基层下沉，为基层干事创业创造更好条件。新中国70多年的实践证明，农村基层党组织是党在社会基层组织中的战斗堡垒，是党的全部工作和战斗力的基础。农村基层党组织工作，关系到农村地区经济发展，关系到党的凝聚力、影响力和战斗力的充分发挥。

一、马克思主义经典作家关于农村基层党建的思想

马克思认为农民群众对于无产阶级生产的发展与壮大都非常重要。认为农民在社会生产发展中发挥着重要作用，农民作为从事农业的主体，为人类生产生活提供必需的物质生产资料。马克思在《资本论》中指出，“农民为整个社会提供生产必要的食物，不仅为自己提供，也为非农业工人生产必要的食物”①。因此，农民作为农业生产的主体，不仅为自己生产生存资料与生产资料，也为工业和工人提供生产资料和消费资料。农民在政治革命中发挥重要作用。农民是受封建制度与资本主义制度剥削最严重的部分，也是革命的主体。马克思在《1845 年至 1850 年的法兰西阶级斗争》中提出，在革命进程中，工人阶级只有使处在无产阶级和资产阶级之间的农民和小资产者明白他们的革命地位，才能进一步发起革命，推翻资产阶级制度。此后，马克思又在《路易·波拿马的雾月十八日》中指出：“法国农民一旦对拿破仑帝制复辟感到失望，就会把对自己小块土地的信念抛弃，那时建立在这种小块土地上面的全部国家建筑物都将会捣塌下来，于是无产阶级革命就会得到一种合唱。”② 这一革命意识的产生就会促使农民在推翻资本主义制度中发挥重要作用。马克思还认识到虽然农民在社会生产与政治革命中具有重要作用，但是农民具有二重性，其既是劳动者，受到地主以及资本家的剥削，又是私有者，农民生产的产品归自己所有。因此，应当正确对待农民的二重性，即无产阶级在建立政权后不能损害农民的利益，更不能采取暴力或者强制措施进行剥夺，只能从维护农民的利益角度出发，通过生产协作与经济协作引导农民土地私有制向集体所有制转化。

恩格斯在《法德农民问题》一文中认为，农民不仅是生产力量，还是重要的政治力量。农民对于政治的冷漠态度，促使他们成为专制制度强有力的支柱。因此，无产阶级为了夺取政权，必须要与农民进行联系。农民作为工人的同盟军对无产阶级夺取革命事业具有重要作用，因此，恩格斯指出无产

---

① 马克思恩格斯全集：第 8 卷［M］. 北京：人民出版社，1961.

② 马克思恩格斯全集：第 8 卷［M］. 北京：人民出版社，1961.

阶级政党要从城市走向农村，成为农村中的坚强力量；为了发动农民群众，工人阶级要坚决维护农民利益。农民不仅是工人队伍的后备军，更直接关系到党的直接利益，必须真心实意地关注农民，切实维护好农民的利益。因此，在《法德农民问题》一文中，恩格斯把农民分为小农、中农和大农三层，提出在维护农民利益时不能一刀切，要区别对待。同时，恩格斯认为小农是农民问题的关键，起决定性作用，小农作为经济上遭受压迫最严重的群体，最终必然会沦为无产阶级，应当格外关注小农问题；恩格斯在维护农民利益时主张必须尊重农民的意愿，与马克思一致，主张无产阶级夺取政权后变革农村生产关系不能采取强制措施，提高农民的认识，耐心引导、采取典型示范的方式促进土地所有制的改变，而不能违背其意愿、采取暴力手段。

十月革命后，列宁在继承马克思、恩格斯农民、农村思想的基础上，坚决维护农民利益，十分重视农村政权问题，紧紧抓住无产阶级对农村的领导权，提出在农村建立由农民掌权贫苦农民委员会。贫苦农民委员会是苏维埃俄国在农村的基层组织，成为无产阶级专政在农村的代表，这种自上而下建立起来的统一的政权体制，使苏维埃俄国无产阶级政权得以巩固与发展。吸收优秀农民群众，不断扩大党在农村的力量。列宁通过开展征收党员入党的运动，在俄罗斯以及部分欧洲联邦38省积极征收党员。经统计，当时约有三万名农民入党。这些积极入党的农民群众成为社会主义建设的重要力量，也是建设社会主义新农村的中流砥柱。列宁认为农村党组织作用的发挥取决于农村干部的能力和素质，要培养会管理农业经济的党干部，促进农业农村发展。同时提出，要大力培养优秀基层干部作为接班人，把最可靠的农村党员培养成建设社会主义的党干部，指导农村促进农村经济发展。因此，马克思主义经典作家一开始就重视农民、农村的思想，为我国农村基层党建思想的生根发芽做出了巨大贡献。

二、中国共产党人关于农村基层党建的思想

以毛泽东为核心的党的第一代中央领导集体在农村革命建设实践中，逐步形成了农村基层党建思想。在长期领导农村革命武装斗争的过程中，以马克思主义农民、农村观为指导，毛泽东提出了一系列符合中国实际的农村基

层党组织建设论述：一是在我国建立农村支部，消除了党组织建设中的留白处。1925 年毛泽东在中国韶山建立了中国共产党第一个农村基层党组织建设——中国湖南韶山支部，极大地扩大了中国共产党的渗透力，拓宽了中国共产党的工作范围。二是积极吸收农民入党，扩大党组织力量。毛泽东认识到农民占我国人口的绝大多数，结合实际提出中国共产党人要战胜敌人必须向工人、青年积极分子以及农民敞开大门以扩大组织力量，为农村基层党组织建设培养人才基础。党的四大也提出“凡有党员三个以上的均成立一支部”，为吸收农村党员提供了便利。三是重视党员素质，加强农村基层党员队伍建设。毛泽东提出要对新入党的党员，层层把关、择优录取，并加强无产阶级的思想领导，注重农村基层党员的思想教育，纠正错误思想。在毛泽东的领导下，我国农村基层党建思想向前迈进了一大步，极大地丰富了农村基层党建思想。

中国农村基层党建的发展既是在马克思主义“三农”思想的基础上发展起来的，也是在以毛泽东同志为核心的党的第一代中央领导集体在革命与建设的实践基础上发展而来的。因此，中国共产党认识到农民是无产阶级的重要同盟军，农村基层党组织要始终以维护农民的根本利益与长远利益为目的，指导农村发展，带领农民发家致富。

第二节　农村基层党建的发展历程与主要经验

中华人民共和国成立以来，中国共产党不断开拓创新，推进我国农村基层党建理论发展。将农村基层党组织建设摆在我国农村工作的重要位置，不仅为农村基层党组织建设提供了理论遵循，也为农村基层党组织工作提供了行动指南。新中国成立 70 年来，中国农村基层党建思想从逐步形成到不断完善，为农村基层党组织的发展与壮大做出了巨大贡献。

一、农村基层党建思想的发展历程

中华人民共和国成立后，以毛泽东同志为核心的党的第一代中央领导集体在总结长期革命实践的基础上，对农村基层党建经验进行了总结，结合农村基层党组织实际，逐步发展、完善、形成了农村基层党的建设思想。党的十八大以来，以习近平同志为核心的党中央结合农村现实情况与实际特征，从思想建设、组织建设、作风建设、制度建设和反腐倡廉建设五个方面入手，全面发展了中国农村基层党建。

中华人民共和国成立后到“文化大革命”前夕，中国农村基层党建事业不断发展。1949 年新中国成立，中国共产党成为执政党。我国基层党组织遍布各个地方、单位与部门，中共中央开始对农村基层党建进行全面整顿。以毛泽东同志为核心的党的第一代中央领导集体在总结农民运动与农村党支部建设经验教训的基础上，认识到走“农村包围城市武装夺取政权”道路的重要性并取得了新民主主义革命的胜利，在社会主义改造和建设时期也将农村基层党组织置于农村各项工作的核心并积极发挥其核心作用。因此，毛泽东提出要坚决拥护农村基层党组织在农村的领导核心。毛泽东认为农村基层党组织担负着发展农村经济、政治、文化以及社会等各方面工作的责任，农村基层党组织在农村必须发挥领导作用。1954 年第一次全国农村党的组织工作会议提出在乡镇建党支部，在农业合作社建党小组，党员多的农业合作社可以建立党的分支部。在 1962 年制定的《中国共产党农村基层组织工作条例（试行草案）》中又指出农村的党委、党支部、党总支部是农村开展工作的核心领导。在尊重农民的意愿情况下，提出“以粮为纲”的农业发展主题，以典型示范，积极引导的方式促进农民加入农村生产合作社。毛泽东在认识到中国农村“一穷二白”的情况下，发展社会主义公有制集体经济，促进农村经济快速发展，提高了农民的生活水平，避免了农村出现两极分化问题，朝着带领农民实现共同富裕的目标不断迈进。

“文化大革命”期间，我国农村基层党建实践出现偏差。在这一特殊的历史时期，我国农村基层党建思想受到影响，并在发展中逐渐偏离正确方向。

改革开放后到党的十三届三中全会期间，我国农村基层党建思想开始恢复并向前纵深推进。虽然党的十一届三中全会后人民的思想开始得到逐步解放，但农村普遍出现思想、作风和组织不纯的情况，以邓小平同志为核心的党的第二代中央领导集体在总结中国共产党农村基层党建的历史经验并借鉴其他国家的执政党兴衰成败的经验的基础上发展了农村基层党组织建设思想，不断巩固农村基层党组织地位，推进毛泽东农村基层党建思想具体化。一是废除农村基层党组织政社不分、政社合一体制，鼓励村民自治。1983 年颁布的《关于实行政社分开建立乡政府的通知》中指出实行政社分开、在农村建立乡政府，并且建立村民委员会实行村民自治管理。在这一时期，乡镇村委、党支部纷纷恢复与建立。1985 年，全国共建立 9 万个乡镇人民政府、82 万个村民委员会。二是明确农村基层党组织的职责、任务与工作，加强农村思想政治教育。邓小平同志提出日常的行政和业务工作应该交由政府和其他部门去做，党的领导干部职责与工作就是搞好思想政治工作。1986 年出台的《关于加强农村基层政权工作的通知》中指出，当前农村各地在政社分开、建立乡政府的情况下要理顺党组织、政府和企业的关系，积极开展思想政治教育，在改善官僚主义作风等方面取得巨大成就。三是实施家庭联产承包责任制，促进农村生产制度变革。试点并实施推广家庭联产承包责任制，积极推动农村生产制度变革——由传统的集体所有制转变为以家庭为单位的个体生产，为农村发展注入活力，促进农村集体经济的发展与壮大。从 1982 年起，中央连续出台五个一号文件，促进农村发展，调动了农民生产的积极性，为农村基层党建提供了制度保证，更为促进农村经济连续 6 年的飞速发展提供了政治保证。

党的十三届三中全会到党的十六大期间，以江泽民同志为核心的第三代中央领导集体认识到我国农村基层党组织建设虽然取得了长足进步，但出现农村基层党组织的政治领导核心地位边缘化、自身建设不足、部分干部领导水平不强等问题。以江泽民同志为核心的党的第三代中央领导集体再次重申农村基层党组织建设的战略地位，在农村基层党建中全面落实“三个代表”重要思想，加强农村基层党组织建设。召开全国农村基层组织建设工作座谈会与农村基层党组织建设经验交流会，明确了农村基层组织建设以后工作的目标、任务，逐步推广民主管理农村工作经验，坚持依法建制、以制治村。同时，提出进一步巩固农村基层党组织在农村各项工作中的领导核心地位。1999 年党中央颁布《中国共产党农村基层党组织工作条列》，指出“农村党委员会和农村党支部是农村基层组织的领导核心，也是各项工作的领导核心”。此外，江泽民还提出要加快培养农村基层党组织领导班子和干部队伍建设，指出“要促进农村物质文明与精神文明，巩固党在农村的社会主义阵地”，提高农村基层干部和群众的社会主义觉悟，加强以农村党支部为核心的农村基层党组织建设。

党的十六大到党的十八大期间，农村基层党建逐步形成了一套完善成熟的体系。在《中共中央关于推进农村改革发展若干问题的决定》中，胡锦涛强调“要推进农村的改革和发展最关键的是党，要以党的执政能力和先进性为主线，以改革创新精神全面推进农村党的建设，认真开展深入学习科学发展观活动，增强各级党组织的创造力、凝聚力和创造力，不断提高党领导农村工作水平”①。在此基础上，以胡锦涛同志为总书记的党中央提出要积极以优秀的领导思想贯彻和武装农村基层党员头脑，加强农村基层党组织的思想理论建设；提出要加强领导干部党性修养，树立和弘扬农村基层党员良好作风；提出要加大从优秀干部中考录乡镇公务员的力度，制定相应的政策，引导高素质人才到农村从而为其提供人才基础，不断完善组织建设及其相关建设。

党的十八大以来，习近平总书记不断开拓创新，加强农村基层党组织建设，结合农村实际，坚持以问题为导向，在继承历届中央领导人优秀思想的基础上，发展壮大了农村基层党组织建设。针对农村地区长期存在的农民增收难、青年劳动力流失严重、人才留不住、老龄化严重、集体经济薄弱等问题出台了各项有针对性的政策，面对部分地区存在的“两不愁、三保障”难以解决的问题，打响了精准脱贫攻坚战，充分发挥农村基层党组织战斗堡垒作用。主要有以下五点：一是在思想建设上坚持以中国特色社会主义理论体系引领农村基层党建，促使农村基层干部以强烈的使命感和责任感，维护农民利益，坚持以发展农村经济带领农民摆脱贫困；二是在组织建设上坚持以合格的党员标准要求党员，培养为农民服务与为精准扶贫工作服务的农村党支部书记队伍，加强“懂农业、爱农业”的基层党干部培养，为发挥农村基

① 胡锦涛．中共中央关于推进农村改革发展若干重大问题的决定［M］//中共中央文献研究室．十七大以来中央文献选编（上）．北京：中央文献出版社，2009.

层党组织战斗堡垒的作用提供人才基础；三是在作风建设上坚持“三严三实”与加强党员党性培养，积极践行群众路线，整顿基层党组织软弱涣散之风，严肃农村党员工作，转变工作作风，坚决做到以群众满不满意作为检验作风的重要检测标准；四是在制度建设上实施土地“三权分置”，完善农村以家庭联产承包责任制为基础、统分结合的双层经营体制，实施乡村振兴战略，落实五级书记制度和“四个优先”的要求，强化政绩考核，强化农村经济体制改革与政治体制改革之间的融合性，进一步突出政策支持，增强农民在农村生活的获得感、幸福感和归属感；五是在廉政建设上重视农村党风廉政建设，开展“两学一做”，强化基层干部廉政工作的教育与监督，着力建设防腐败机制体制，将权力关进笼子，拒腐防变。以习近平同志为核心的党中央以为人民服务为目的，提高农村基层党组织实效性建设，不断完善农村基层党组织功能与结构，为农村基层党建思想发展做出了突出贡献。

二、农村基层党建思想的发展经验

新中国成立 70 年来，中国农村基层党建思想逐步成熟，不断完善，巩固了农村基层党组织在农村工作中的领导核心地位。

中国农村基层党建要坚持正确的理论方向。马克思、恩格斯十分重视农业、农村、农民问题的发展，强调无产阶级必须联合农民阶级，走向农村；列宁在继承马克思、恩格斯的思想的基础上，提出“在每一个部队成立共产党支部”①，积极吸收党员，扩大党组织覆盖范围，并在“农村建立党支部”②，密切联系农村人民群众。我国历届党的中央领导集体始终以马克思主义农民、农村观为思想源泉与理论前提，始终作为继承与发展的理念遵循与行为准则，使之形成一脉相承的思想体系，不断加强农村基层党组织建设。以毛泽东同志为核心的党的第一代中央领导集体以马克思主义的农民、农村观为思想源头，将农村基层党组织建设置于农村经济、文化、政治工作的中心，进一步深化了农村基层党组织的基础性作用；以邓小平同志为核心的党

① 列宁全集：第 36 卷［M］. 北京人民出版社，1985：410.

② 列宁全集：第 36 卷［M］. 北京人民出版社，1985：418.

的第二代中央领导集体在对马克思主义农村基层党建理论正确理解的基础上，逐步恢复了农村基层党组织生活，指引我国农村基层党建朝着正确方向发展；以江泽民同志为核心的党的第三代中央领导集体充分继承农村基层党建理论，强调农村基层党组织的战略性地位，巩固农村基层党支部工作地位；以胡锦涛同志为总书记的党中央全面推进农村基层党组织建设，不断提高党领导农村工作的水平；以习近平同志为核心的党中央在新时期充分发挥农村基层党组织战斗堡垒作用，紧抓农村基层党建，进一步巩固了农村基层党组织的核心地位。

中国农村基层党建要保持农村基层党组织的思想活力。历届中央领导集体在中国农村实际的基础上，与时俱进，加强了我国农村基层党组织建设。以毛泽东同志为核心的党的第一代中央领导集体不断强调要发挥农村基层党组织在农业生产合作社中的作用，促进农业生产合作社生产与发展，为农村经济发展提供了政治保障；以邓小平同志为核心的党的第二代中央领导集体建立乡政府，实行村民自治并大力推广家庭联产承包责任制，为农村基层党建提供了经济制度保障；以江泽民同志为核心的党的第三代中央领导集体着手修订组织工作条例，进一步强调农村基层党组织在农村经济、政治、文化、社会工作和生态保护等方面的领导核心地位，培养农村党员党性，为农村基层党建提供人才保障；以胡锦涛同志为总书记的党中央强调通过学习先进的社会主义思想进行洗礼，完善农村基层党组织配套设施，为农村基层党组织建设提供设施基础；以习近平同志为核心的党中央结合农村实际，将农村基层党组织建设与精准扶贫相结合，通过建立第一书记制度，加强农村基层党员教育学习与政绩考核，充分发挥农村基层党组织在脱贫攻坚中的战斗堡垒作用。

中国农村基层党建要以农村工作为重点。历届中央领导集体的农村基层党建思想既一脉相传又与时俱进、各具特色，坚持以农村工作为重点，从组织建设、作风建设、思想建设、廉政建设和制度建设五个方面完善农村基层党建思想。新中国成立初期，农村一穷二白，以毛泽东同志为核心的党的第一代中央领导集体紧抓农村工作，强调基层党组织在生产发展上的引导作用，促进农村经济和农村生产快速发展，明确农村基层党组织处于农村工作的核心地位；改革开放之初，以邓小平同志为核心的党的第二代中央领导集体明确规定农村党支部的工作与任务，理顺政府、党和企业的关系，增强了农村建设活力，农村基层党组织的数量与质量空前提高，农村基层党建基本恢复；江泽民和胡锦涛在牢牢以农村工作为重点的基础上，不断改革创新农村基层党组织在各个方面的体制机制，促进农村基层党建发展成熟；党的十八大以来，以习近平同志为核心的党中央围绕脱贫攻坚，调整农村基层党组织，完善农村基层党组织体制机制，带领广大农民脱贫致富，推动农村基层党建在思想、组织、作风、制度以及反腐倡廉建设方面新发展。

中国农村基层党建要以农村经济发展为中心。历届中央领导集体根据农村不同时期的具体情况提出具体的政策和策略来解决问题，推动农村经济向前发展。以毛泽东同志为核心的党的第一代中央领导集体根据新中国成立初期积贫积弱的现实，以马克思主义的农村、农民观为指导，在维护农民利益的基础上以引导农民加入生产合作社为手段，变革农村生产关系，加速了农村经济向前发展，改善了农村面貌；以邓小平同志为核心的党的第二代中央领导集体以推行家庭联产承包责任制为手段变革农村生产关系，帮助农民获得土地，激发了农民的生产积极性，农村生产力大幅度上涨，农村经济持续飞速发展；江泽民和胡锦涛时期不断发展壮大农村经济，确保了农村经济持续快速发展；以习近平同志为核心的党中央提出精准扶贫、精准脱贫，注重农村贫困问题的解决，实行土地“三权分置”，放活土地经营权，强调加强农村党支部建设，发展壮大农村集体经济，改善农村生产关系，不断发展农村经济。

第三节　农村基层党建对脱贫攻坚发挥的重要作用

习近平总书记指出：“基础不牢、地动山摇。”农村基层党组织是我党在农村全部工作的基础。党的十八大以来，中国共产党党员数量日益增加，农村基层党组织数量也与日俱增。《2019 年中国共产党党内统计公报》显示，截至 2019 年 12 月 31 日，中国共产党党员总数为 9191.4 万名，比上年净增

132.0万名；中国共产党现有基层组织468.1万个，比上年净增7.1万个，增幅为1.5%，其中基层党委24.9万个，总支部30.5万个，支部412.7万个。而中共党员与农村基层党组织数量的增多，对于夯实基层党组织的战斗堡垒作用、推进脱贫攻坚、全面建成小康社会，都发挥了关键作用。

一、农村基层党组织是党联系农民群众的桥梁和纽带

农村基层党组织是党联系农民群众的桥梁和纽带，是做好党群工作的“最后一公里”。农村基层党组织坚决发挥好桥梁与纽带作用，坚持全心全意为基层群众服务，坚持把发展成果惠及基层全体人民，尤其是困难群体。向上反映群众的需求与意见。深入基层，与群众打成一片，收集群众的意见、要求、困难和愿望，并将其反映到党的领导机关中来，使各级党组织能够全面掌握农村、农民的现状，发现问题。向下贯彻并传达党的路线、方针、政策。做群众解读党的方针政策的引路人，将党的执行决定化作基层语言，引领广大群众学习领会党的方针政策，带领群众将党的主张化为实际行动，努力画好党群之间的最大同心圆。

二、农村基层党组织是落实党的农村工作任务的战斗堡垒

“农村基层党组织是党在农村全部工作和战斗力的基础，是贯彻落实党的扶贫开发工作部署的战斗堡垒。”① 党的扶贫开发政策的落实，“三农”工作的开展，乡村振兴战略的实施，都依赖于农村基层党组织战斗堡垒作用的发挥。“以党建促扶贫”是新时代我国取得脱贫攻坚胜利的重要经验，也是如期完成全面建成小康社会目标的重要经验。正是因为有25.5万个驻村工作队、300多万名第一书记和驻村干部，同近200万名乡镇干部和数百万村干部一道奋战在扶贫一线，我国才能如期打赢脱贫攻坚战，实现现行标准下9899万农村贫困人口全部脱贫、832个贫困县全部摘帽、12.8万个贫困村全部出列。

① 中共中央党史和文献研究院．习近平扶贫论述摘编［M］．北京：中央文献出版社，2018：32.

三、农村基层党组织是农村基层组织中的领导核心

“打赢脱贫攻坚战，组织领导是保证。”① 我国是一个多民族的国家，疆域广阔，实行基层群众自治制度与民族区域自治制度，广泛存在行政组织，自治组织、群团组织、经济组织等各类组织。农村基层党组织是这些组织中的领导核心，更是打赢脱贫攻坚战、实施乡村振兴战略的基本保证。农村基层党组织统一领导农村经济与社会发展工作，做好规划部署，真正下好基层这盘棋，带领群众开展各类基层工作；同时，农民基层党组织领导各组织、群体贯彻执行党的路线、方针、政策，协调乡镇、乡村各种组织的利益矛盾，保证基层平稳运行，社会和谐稳定。

第四节 农村基层党建促进脱贫攻坚发展的对策建议

全面建成小康社会决胜阶段，以农村基层党组织建设助力精准扶贫，是新形势下打赢脱贫攻坚战，全面建成小康社会的重要抓手。随着中国特色社会主义进入新时代，农村基层党组织在脱贫攻坚中面临许多新问题、新挑战，农村基层党组织和党员干部必须把扶贫开发作为“第一民生”工程，注重科学治贫、精准扶贫、有效脱贫，充分发挥基层党组织战斗堡垒和党员先锋模范作用，才能实现真扶贫、扶真贫。

一、在基层队伍建设上精准发力

“打好脱贫攻坚战，关键在人，在人的观念、能力、干劲。贫困地区最缺的是人才。”② 为提供优质的基层党组织队伍，需要加强基层干部队伍建设。一是提高现有干部队伍的能力与素质。通过定期开展“两学一做”“不忘初心、牢记使命”等主题活动，不定期召开干部队伍工作技能培训活动，夯实

① 中共中央党史和文献研究院．习近平扶贫论述摘编［M］．北京：中央文献出版社，2018：49.

② 中共中央党史和文献研究院．习近平扶贫论述摘编［M］．北京：中央文献出版社，2018：52.

基层队伍的理论素养、思想意识、政治觉悟，提高基层队伍解决问题、创新管理的能力。二是积极引进优秀人才，为基层工作注入源头活水。基层队伍需要德才兼备，既需要具备政治素养与责任意识，政治立场坚定，牢记为人民服务的宗旨，又需要具备一定的经营管理能力，拥有现代化经营管理知识，能活学活用，管好基层，还需要作风良好，有钢铁一般的纪律。只有选出政治素养、责任意识、本领强大、作风良好的基层队伍带头人，任用正确的人才和干部，才能增强基层党组织解决实际问题、攻坚克难的能力，才能将基层建设得更加美好。

二、在完善基层党组织法律法规上精准发力

理论是实践的先导，正确的理论能对实践活动起积极的促进作用。正确的、适合村情的农村基层党组织法律法规来源于基层工作实践，对于农村基层党组织工作开展起保障和引领作用。因此，我国应当构建全方面、多样化、可持续的农村基层党组织法律法规体系。一要制定关于“基层党组织 + 扶贫开发”工作机制的法律法规，明晰基层党组织、村“两委”在“后脱贫时代”扶贫工作中的职能，打造透明式扶贫基层党组织；二要构建防止返贫长效机制的政策法规，全面建成小康社会后，我国消除了绝对贫困，但仍然面临因学、因病、因残、因房返贫的风险，国家应当针对这些潜在的返贫风险，制定长效的政策法规，确保扶贫工作的长效性；三要以法律条文方式落实基层党组织责任制，明确基层党组织、基层政府、居委会和村委会的权利和义务，做到有法可依、依法执行；四要制定农村基层干部的选拔和培训条例，保证农村干部选拔的公平、公开、公正，减少农村权利的“世袭”现象，既选好一把手，选配好领导班子。只有在完善基层党组织法律法规上精准发力，才能真正为基层党组织工作的顺利开展保驾护航，进一步推动基层工作科学化、法治化。

三、在聚焦脱贫攻坚扶贫对象上精准发力

随着全面建成小康社会任务顺利完成，我国贫困治理方向将发生重大转变，扶贫对象与工作重心将有所调整。因此，农村基层党组织在开展基层工作时应当注重工作重点与工作方向的转移，在“后脱贫时代”聚焦相对贫困

治理的扶贫对象，实现精准帮扶。在“后脱贫时代”，帮扶对象将会产生一定变化，低保户、五保户、脱贫户、边缘户都将作为解决相对贫困的对象，应当尽快制定相对贫困人群的贫困标准线，以便于科学筛选新型扶贫对象，实现精准帮扶。要关注扶贫对象自身发展能力，激发内生动力。农村基层党组织在扶持贫困对象时，不仅要给钱给物，满足其基本需求，更需要关注扶贫对象的发展能力，提高其脱贫致富的意愿和动力，如加强扶贫对象思想道德建设、加强扶贫对象知识和劳动技能培训、积极开展乡风文明创建活动，提高扶贫对象自身的素质和能力，实现扶贫“造血式”发展。要关注扶贫对象生存质量，优化扶贫目标。在“后脱贫时代”，扶贫开发的工作重点越来越倾向“扶质”，提高贫困对象的物质生活与精神生活的质量，满足扶贫对象就业、娱乐、社会保障和公共服务等多方面需求，注重提升扶贫对象的生存质量，最终优化扶贫目标，提升其幸福感与满意度。

四、在做好乡村振兴战略与脱贫攻坚的有效衔接上精准发力

农村基层党组织在工作中需要在做好乡村振兴战略与脱贫攻坚的有效衔接上精准发力。推进脱贫攻坚与乡村振兴有效衔接，推进城乡减贫治理、建立新型城乡融合发展机制，利用互联网搭建共建共享平台、建立多元主体协同扶贫机制，强化产业科技和人才支撑，建立产业结构优化机制，加强多维贫困治理、衔接非贫困户与非贫困村的发展机制。构建脱贫攻坚与乡村振兴联动机制。由于脱贫攻坚与乡村振兴目标、资源、对象、结果等方面有许多共通性，建立农村脱贫、产业发展、社会治理有效的目标联动，针对目标对象、参与主体、推进方式、评价体系、政策支持进行过程联动，才能实现农村全面脱贫、产业兴旺、生活富裕、乡风文明、宜居适度与可持续发展的结果联动。

五、在创新基层脱贫方式方法上精准发力

理论指导实践，正确的理论能促进实践的发展，重视和创新基层脱贫方式方法能提高扶贫工作效率，调动基层群众参与的积极性与主动性，提高贫困人口内生动力，最终助力脱贫攻坚。一要重视基层党建扶贫方式。发挥基层党组织引领、指导作用，培养“‘党建＋产业’‘党建＋能人’‘党建＋金

融’‘党建＋项目’”[①] 模式，增强基层发展的动力、活力。二要创新基层干部队伍帮扶方式。一方面，强化干部队伍的扶贫担当，实行干部包户脱贫、党员包户脱贫方式，增强干部队伍扶贫责任担当；另一方面，开展干部队伍走亲结对活动，解决群众实际问题，建设一支有公心、负责任、效率高的干部队伍。三要创新产业扶贫方式。习近平总书记指出：“产业扶贫是最直接、最有效的办法，也是增强贫困地区造血功能、帮助群众就地就业的长远之计。”[②] 选择“资源优势＋产业优势＋经济优势”的产业，培育“风险补偿＋增信担保＋贷款贴息”的经营主体，推行“企业＋合作社＋贫困户”“企业＋基地＋贫困户”“园区＋合作社＋贫困户”等模式。[③]

六、在加强基层监督机制体制上精准发力

习近平总书记在中共中央政治局第十一次学习时强调“要在新的起点上，持续深化党的纪律检查体制和国家监察体制改革，推进反腐败工作法治化、规范化”。为提高基层工作效率、增强基层工作的透明度，减少基层不作为、胡作为现象的发生，需要在加强基层监督机制体制上精准发力。一方面，要利用互联网建立健全现代化基层监督机制，打造阳光基层党组织。利用大数据、互联网建立基层党组织监督平台，以村务监督委员会为依托，打造“村务监督委员会＋上级党组织监督＋社会监督＋媒体监督＋个人监督”的现代化基层监督机制，增强基层党组织工作的公开性、公平性、透明性，把基层党组织的权力放在笼子里，打造阳光基层党组织。另一方面，要设立基层党组织工作评估机制。扶贫物资能否如数到达贫困人口手中，脱贫质量及成果是否真实，关系到“后脱贫时代”相对贫困问题的解决和全面建成小康社会的后续发展。在现代化监督机制的基础上利用“中央评估＋地方评估＋第三方评估＋公众评估”的综合性评估机制，考察基层党组织干部的工作成效，进一步提高基层工作效率，完善基层党组织工作评估机制。

---

① 黄承伟．激发内生脱贫动力的理论与实践［J］．广西民族大学学报（哲学社会科学版），2019（1）：44－50.

② 习近平．习近平谈治国理政［M］．北京：外文出版社，2014：265.

③ 吕开宇，施海波，李芸，等．新中国70年产业扶贫政策：演变路径、经验教训及前景展望［J］．农业经济问题，2020（2）：23－30.

第七章

金融扶贫助力脱贫攻坚

党的十八大以来，习近平总书记就扶贫开发发表了一系列重要讲话，阐明新时期我国扶贫开发工作的重大理论和实践问题，形成了以精准扶贫为核心的扶贫开发战略新思想。金融作为现代经济的核心，在瞄准脱贫攻坚的重点人群及重点任务、精准对接金融需求、完善支持政策以支持脱贫攻坚和服务乡村振兴方面具有不可替代的重要作用。因此，系统总结金融扶贫的理论演进、实践发展，及时发现存在的问题，有针对性地提出未来金融扶贫的政策建议，既有利于确保我国到2020年实现现行标准下整体脱贫，也有利于巩固“后扶贫时代”的脱贫成效。

第一节　金融扶贫的理论演进

金融扶贫是金融与扶贫相结合的新型扶贫方式，既具有金融本身吸引资金的特色和优点，又具有扶贫目标和对象的特殊性，是新时代我国打赢脱贫攻坚战的重要举措。本书所指的金融扶贫是在国家相关政策支持和引导下，金融机构有针对性地对贫困地区、农村贫困群体提供金融产品和服务，以改善农村发展环境、提升农村生产经营能力和农村贫困群众发展水平的扶持活动，提高贫困地区和贫困群众的造血能力，以帮助其增加收入，摆脱贫困，最终实现共同富裕。

一、金融扶贫的基本特征

具有双向式造血扶贫特点。金融扶贫区别于以往的扶贫方式，以往的扶贫主要依靠政府财政资金，由中央拨款给地方政府，地方发放补贴给贫困户。政策的初衷是消灭贫困，但在实际执行过程中，却存在诸多盲点，金融扶贫以政府牵头，由金融机构贷款给农户或企业，扶持其生产经营活动。由于贷款是有借有还，不是无偿性质，在一定程度上既能激发贫困者的内生动力，调动农民的生产、发展积极性，拉动农村地区经济发展，促进农村地区减贫脱贫，又能推动整个社会的经济发展。

具有引导性和协同性。金融扶贫区别于慈善扶贫，它以政府为主导，金融机构为主体，贫困区、贫困户为对象，用于扶贫项目。在这个过程中，国家的政策、资金虽然有向贫困地区尤其是深度贫困地区倾斜，但并不是倾倒，也不是无偿，而是利用金融扶贫项目引导贫困地区发展。由于金融扶贫涉及保险扶贫，且不是无偿扶贫，需要贷款者到期还本付息，在一定程度上能减轻贫困地区发展的成本和风险，缩小贫困地区发展的差距，具有协同特点。此外，金融扶贫不只是扶持农业，还涉及生态环境、产业、教育、基础设施等方面，体现了金融扶贫的协同性。

具有大扶贫格局特点。党的十八大以来，我国的扶贫开发工作出现许多新变化、新情况，2015 年国家提出“专项扶贫、行业扶贫、社会扶拼”的大扶贫格局，2017 年深度贫困地区脱贫攻坚座谈会上再次提到要坚持“三位一体”大扶贫格局。为了适应国家大扶贫格局的要求，扎实打赢脱贫攻坚战，金融机构主动参与，银行、证券、保险公司通力合作，大中小微企业主动对接，在一定程度上初步形成了一个金融扶贫框架，但为了继续提高金融精准扶贫的效益与质量，需要构建一个与“大扶贫格局”相适应的“大金融扶贫”，而这个“大金融扶贫”具有形式多样、功能齐全等特点。

二、西方国家对于金融扶贫理论的主要贡献

反贫困理论是西方经典的经济理论，西方学术界开展金融扶贫的理论研究和实践发展要比我国早很多。概括来讲，在 20 世纪 80 年代之前，农村信

贷补贴理论占主导地位，80 年代后农村金融市场论和不完全竞争市场论逐渐占据主导。进入 21 世纪后，平衡增长理论和普惠金融更受到全世界的广泛关注。

农村信贷补贴理论。农村信贷补贴理论是 20 世纪 80 年代前居主导地位的农村金融理论。随着第三次科技革命的深入发展，农村地区尤其是贫困群体资金不足问题凸显，但是农业生产具有风险大、成本高、收入低等特点，很难吸引金融机构，尤其是商业银行融资。长此以往，既减弱了农村信贷机构的积极性和参与性，又降低了农村发展成效的稳定性和持续性。

农村金融市场论。农村金融市场论产生于 20 世纪 80 年代，建立在农村信贷补贴理论基础之上，更加强调市场机制。与农村信贷补贴理论不同，农村金融市场理论的前提是农村居民以及贫困阶层具有储蓄能力，主张依赖市场机制，反对政策性金融对市场的扭曲，强调利率市场化，调动农户积极主动管理自己的资金，以适应市场竞争。但是一味依赖市场容易受到市场自发性、盲目性、滞后性的影响，极易引发经济危机，因而需要进一步深化农村金融改革。

不完全竞争市场论。不完全竞争市场论是建立在欠发达地区市场竞争不足，市场参与者无法充分掌握借贷双方的信息，社会无法建立一个自觉自主的独立金融市场。为了弥补市场失灵，就必须让政府——这一“看得见的手”介入农村市场，破除限制农村金融市场发展的机制弊端。诺贝尔经济学奖金获得者斯蒂格里茨提出的“不完全竞争市场和信息不对称问题”为不完全竞争市场论奠定了理论基础。

平衡增长理论。平衡增长理论以“贫困恶性循环论”为起点，对欠发达地区的脱贫方式进行研究。这一理论认为欠发达地区的市场机制体制不完善，市场有效需求不足问题严重，只有增加生产，才能解决此类问题，而平衡生产单靠市场不能自发实现，只能依靠国家参与。这一理论能促进欠发达地区经济发展，为欠发达地区积累资本，为解决经济发展的恶性循环提供支撑。但这一理论过度依赖国家干预，没有意识到干预失灵的可能性。

普惠金融理论。联合国在宣传 2005 年小额信贷时提出普惠金融，其目的是为包括贫困群众在内的全社会所有阶层提供有效、全面的金融服务，让每个人都有机会平等参与金融竞争与经济发展。这一理论允许多种性质的资本入驻农村，降低了欠发达地区农村融资成本，增强了农村金融市场竞争活力，调动了贫困群众参与金融服务的积极性、主动性，加深了政府、金融机构、农村、贫困群众的内在联系性，对于促进欠发达地区农村地区经济持续健康发展、解决区域性贫困问题意义深远。

三、国内金融扶贫理论研究的主要进展

国内学术界关于金融扶贫理论研究主要有以下三个部分：金融与经济关系机理、金融竞争机理及扶贫性金融机理。

金融与经济关系机理。经济是脱贫的必要条件，只有保持经济增长，才能为减少贫困、摆脱贫困奠定物质基础。而金融与经济紧密联系，密不可分，经济决定金融，金融反作用于经济。我国进入新时代以后，金融在经济、社会、生态的作用日益凸显，金融扶贫成为我国扶贫体系的重要组成部分，是扶贫经济的“核心”，与国家扶贫大格局互为补充。一方面，良好的金融发展能拉动经济发展，提高国民收入水平，增加全体人民的初次分配，使社会发展成果惠及全体，在一定程度上减缓绝对贫困和相对贫困，实现社会福利最大化。另一方面，金融具有货币政策功能，能与国家政策紧密结合，既能在一定程度上减轻市场的自发性，改善宏观经济环境和市场运作，为实现脱贫营造良好的经济和社会环境，又能调节国民经济和人民的收入再分配，实现对贫困户、贫困地区的企业、贫困地区精准帮扶，带动贫困地区产业发展、经济发展、就业率提升，早日实现脱贫攻坚战的目标，摆脱绝对贫困。此外，脱贫攻坚已进入“深水区”，“好吃的肉都被吃掉了，剩下的都是难啃的硬骨头，”而深度贫困地区减贫、扶贫成本高、难度大，就是“最难啃的硬骨头”，更需要金融扶贫体系分散扶贫风险，降低扶贫成本，增强内生动力。

金融竞争机理。随着科学技术的飞快发展，科学技术推动着产业进行技术革新。市场竞争加剧，金融机构为增强自身竞争力，吸引更多投资者，不断压低贷款利率，金融融资成本降低，增加贫困群众享受金融服务的机会。金融竞争的形成，对扶贫事业、促进社会公平也产生了重要影响。首先，市

场竞争加剧，迫使贷款利率降低，存贷利差减小，融资成本减少，贫困群众的收入差距在一定程度上不断缩小。其次，市场竞争加剧，迫使金融机构积极进行各方面革新，如金融创新、经营管理创新、金融技术创新、金融产品创新、政策体系创新等。金融机构是服务人民群众的，在金融扶贫下的金融机构是服务贫困户、贫困地区的，从这个层面上分析，金融竞争能惠及更多贫困群众和边缘人口。

扶贫性金融机理。扶贫性金融是金融扶贫理论存在的根本理论基础，具有公益性、准财政性和特殊性等特点。[①] 金融具有分配和再分配的功能，若运用得当，能在一定程度上弥补市场不足，缩小收入差距，促进社会公平正义。一方面，扶贫性金融不同于以往的金融，它以"弱势群体"为扶助对象，以减贫、脱贫为目标，重点关注、扶助贫困群体的需求，根据不同的空间需求又设置不同的扶贫性金融，如家庭、行业和地区扶贫性金融。另一方面，扶贫性金融需要政府与市场两手抓，财政与金融双配合，金融扶贫供给体系的制度安排最终要取决于金融制度的改革，才能建立真正的政策性银行和社区性金融机构。

第二节　金融扶贫的实践进展及成效

新中国成立以来，我国政府始终关心农村贫困问题。1951 年 1 月中共中央政治局通过《1956 年到 1967 年全国农业发展纲要（草案）》，建立农村"五保"供养制度，对困难群众做到保吃、保穿、保烧、保教、保葬。1994 年 4 月 15 日国务院下达了《国家八七扶贫计划（1994—2000 年）》，提出要用 7 年左右的时间，基本解决农村 8000 万名贫困群众的温饱问题。党的十八大以来，习近平总书记高度重视贫困问题。2013 年，习近平总书记在湖南湘西考察时指出："扶贫要实事求是，因地制宜。要精准扶贫，切忌喊口号，也不要定好高骛远的目标。"将扶贫提升到精准扶贫的高度。2016 年 6 月 17 日，

① 曾康霖．再论扶贫性金融［J］．金融研究，2007（3）：1－9.

在全国金融扶贫工作电视电话会议上，时任国务院副总理、国务院扶贫开发领导小组组长汪洋对金融精准扶贫提出了更高的要求，强调金融扶贫是增加扶贫投入的重要渠道，是脱贫攻坚的关键举措。2018 年 7 月全国金融工作会议上，习近平总书记再次强调要“推进金融精准扶贫”，确保到 2020 年实现全面脱贫目标。为了打赢脱贫攻坚战，“做好金融扶贫这篇文章”，发挥金融扶贫的真正潜力，就要“增加金融资金对扶贫开发的投放，吸引社会资金参与扶贫开发，积极开辟扶贫开发新的资金渠道，多渠道增加扶贫开发资金”，建设“机构、信用、支付、保险、担保、村级服务组织等六大金融服务体系”，加快“农村金融改革创新步伐，提高贫困地区和贫困群众金融服务水平”，发挥好“金融资金的引导的协同作用”。①

一、金融扶贫的主要模式

相对于财政扶贫而言，金融扶贫是对常规贷款扶贫的完善和提升，也是对普惠金融的深化和细化。为进一步推进农村地区金融扶贫工作，我国各级金融机构将国家政策与各地具体实际相结合，开展了丰富多彩的金融扶贫实践活动，形成以下几种模式：

政府主导的金融扶贫模式。以政府为主导的金融扶贫模式主要分为四类，分别是杠杆式金融扶贫、扶贫贴息贷款扶贫、民生金融扶贫和中国人民银行再贷款扶贫。杠杆式金融扶贫是以“金融机构 + 贫困户 + 风险保证金”为主要形式，地方政府建立“风险补偿基金池”，发挥地方政府、金融机构、扶贫办、监管部门的联动效应；扶贫贴息贷款扶贫主要发挥地方政府与金融机构的作用，对贫困地区提供金融贷款和贷款贴息补助；民生金融扶贫是地方政府与中国人民银行分支机构合作的一种模式，二者对满足民生类金融贷款指标的群体提供贷款，帮助因学、创业、实业等特定群体脱贫致富；中国人民银行再贷款扶贫是发挥涉农金融机构与中国人民银行的协作作用的一种扶贫模式，涉农金融机构向贫困户发放贷款后，中国人民银行对涉农金融机构发放再贷款，以推进金融精准扶贫，促进“三农”可持续发展。

---

① 黄承伟．我国新时代脱贫攻坚阶段性成果及其前景展望［J］．江西财经大学学报，2019（1）．

金融机构参与的金融扶贫模式。金融机构参与的金融扶贫模式可以分为成立扶贫互助金、创新抵押贷款产品、创新担保主体三种。扶贫互助金是由村“两委”牵头，以合作社为依托，将贫困户吸纳其中，并由金融机构发放金融贷款的互助金扶贫模式。此模式能充分团结村“两委”、金融机构和贫困群众，极具社会效益。抵押产品创新主要表现为“五权”抵押创新，由于农村地区发展受限，外出人口较多，本地留守人口较少，农村出现了大量土地闲置、房屋闲置、林牧渔资源荒置。中央提出“三权分置”以来，贫困地区结合本区实际情况创新金融抵押产品，实行土地经营权、林权、水域滩涂养殖权、集体建设用地使用权、房屋所有权流转等“五权”抵押。担保主体创新主要表现为由以往的政府、金融机构担保转变为与贫困户有经济往来的对象（如公司、公务员、贫困户、协会等）担保，既降低了金融机构扶贫的风险，又能通过新担保主体增强对贷款人的了解，解决信息不对称问题，还能提高农户参与金融扶贫的积极性，增强农村金融市场活力。

产业化金融扶贫模式。产业化金融扶贫是在政府带动下，以龙头企业为抓手，依靠国家财税政策和金融政策，推进金融扶贫与产业发展深度融合的发展模式。河北省 L 县重点实施“车间进农村、光伏上屋顶、旅游全县域、农业产业化”四大产业扶贫工程，形成了长短结合、多点支撑、多重覆盖的金融产业格局，有效带动 L 县朝着立体化、多元化发展，极大提高了贫困县和贫困群众的收入，带动了本区及周围贫困县的就业，增强了贫困地区的造血、回血能力，提高了脱贫成效，降低返贫风险。

“互联网 +”金融扶贫模式。近年来，随着信息网络化快速发展和中国“新四大发明”的出现，全球进入了“互联网 +”时代，出现了不少“互联网 +”系列模式。农村贫困地区利用农村自然资源的优势和互联网平台的便利，创新摸索出“互联网 +”金融扶贫模式。这一模式需要金融机构、电商平台、政府部门和贫困户互相合作，以实现人流、物流、资金流、信息流的有效结合。贫困户负责生产、销售，电商平台提供流通平台和客户群体，金融机构与电商合作推行网上支付、分期付款，政府部门负责担保、监管、调节。[1] 这一模式既形成了一个完整的新型金融扶贫体系，又能提高贫困地区的发展能力，有效助力脱贫攻坚。

二、金融扶贫对脱贫攻坚的重要作用

金融扶贫作为脱贫攻坚的重要方式，以“精准”为主抓手，注重对农村弱势群体和贫困群众提供金融产品和服务，变“输血”为“造血”，为打赢脱贫攻坚战发挥了巨大作用。主要表现在以下几方面：

第一，通过完善扶贫贷款发放机制体制，增加贫困地区的信贷投入。随着经济社会的快速发展，促使扶贫贷款机制不断完善。2006 年我国实行扶贫贴息贷款市场化，建立起信贷扶贫管理体制和运行机制；2008 年国务院扶贫办对扶贫贷款的管理权限进行改革，扶贫贴息贷款和贴息资金的直接管理权限由中央下放到省，到户贷款和贴息资金管理权限下放到县。2015 年中央扶贫开发工作会议明确提出，要确保到 2020 年所有贫困地区和贫困群众一道迈入全面小康社会。据中国人民银行统计，脱贫攻坚战提出以来，截至 2019 年上半年，我国累计使用扶贫再贷款近 5000 亿元，发放建档立卡贫困户和脱贫户贷款 1.7 万亿元，发放产业精准扶贫贷款 2 万亿元，共有近 5000 万人（次）获得过贷款支持，贷款覆盖率超过 25%。

第二，通过创新金融扶贫方式，形成特色鲜明的金融精准扶贫产品体系。针对贫困地区自然条件恶劣、经济基础薄弱、内生动力不足等多种制约因素，金融系统发挥专业优势，有针对性地创新了一批金融精准扶贫产品，运用市场化的方法帮助贫困地区提升金融承载能力。如中国农业银行、中国邮政邮储银行等推出“龙头企业 + 贫困户”“龙头企业 + 农民专业合作社 + 贫困户”等产业链金融服务产品；中国工商银行推出“融 E 购”平台、中国建设银行创建“善融商务扶贫馆”，依托科技赋能支持贫困地区特色农产品销售。此外，扶贫小额信贷、创业担保贷款、助学贷款、康复扶贫贷款等政策实施力度也在不断加大，逐步形成了对象精准、覆盖广泛、成效显著的金融精准扶贫产品体系，有效满足了贫困地区和贫困群众就业就学、生产生活多样化的

---

[1] 王静．关于金融精准扶贫难点及对策的研究［J］．金融经济，2018（3）．

金融需求。

第三，通过完善金融服务的基础设施，提高金融扶贫的便利程度。一方面，我国不断增加农村金融机构网点和平台，优化农村金融服务流程，创新农村金融服务模式，改进农村金融支付方式，提供金融服务产品，为便利金融服务贫困群众提供了新思路和新途径；另一方面，我国不断加强农村地区征信系统和信用评估系统建设，推进农村地区诚信建档，构建信用“镇+村+户”体系，发挥信用建设的三级联动效应，切实提高全社会尤其是农村地区的信用等级。

第四，通过推动金融扶贫与其他扶贫相融合，提高扶贫工作的长效性。近年来，随着扶贫主体权限与参与标准的不断降低，我国的扶贫工作模式也出现了不少新思路，如金融扶贫+产业扶贫。不少贫困区形成了“政府+龙头企业+金融机构+贫困户”模式，政府作为担保，金融机构提供资金贷款，龙头企业提供生产技术和流通渠道，贫困地区提供自然资源，贫困户提供劳动力，不断延长产业链，提高产品附加值，增强发展的可持续性，最大限度地发挥金融扶贫与产业扶贫结合的优势，提高扶贫工作的长效性，建立起稳定的扶贫长效机制。①

第五，通过搭建政府扶贫融资服务平台，助力脱贫攻坚新发展。部分地方政府根据扶贫项目特点，联合省区县搭建扶贫融资平台，为社会资金进入扶贫开发工作提供便利，拓宽了扶贫项目的融资渠道，激发了地区金融市场的活力，创新了金融扶贫的新模式，发展了特色产业。同时，建立扶贫小额信贷风险担保基金和风险补偿基金，撬动了扶贫小额信贷的增长，推动了脱贫攻坚，防范了贫困地区的金融风险。

第三节　金融扶贫助力脱贫攻坚的深度思考

传统的扶贫工作虽然取得了一定成绩，但是扶贫工作较为粗犷，存在一

① 李梦欢．农村金融扶贫：逻辑、实践与机制创［J］．经济研究导刊，2019（9）．

些盲点，部分真正的贫困户没有得到切实的帮扶，出现“年年扶贫年年穷”、社会资源严重浪费等现象。针对这种情况，党中央提出扶贫就要精准扶贫，变“大水漫灌”为“精准滴灌”。金融扶贫需要立足当下，从精准扶贫发展的新要求出发，深入思考推动金融扶贫持续发力增效的新建议。

一、精准扶贫对金融扶贫提出的新要求

随着“全面建成小康社会”和“两个一百年奋斗目标”的日益临近，我国扶贫情况也变得复杂、多样、难度大，脱贫攻坚决胜期常规的扶贫机制体制已经难以适应国家扶贫大格局的发展要求，精准扶贫改革迫在眉睫，需要攻坚克难，重点处理好以下问题。

一是要处理好当前问题与长远问题。随着实现第一个百年目标时间的临近，“十三五”规划对脱贫攻坚提出了更具体、更清晰的目标，即“农业现代化取得明显进展，人民生活水平和质量普遍提高，我国现行标准下农村贫困群众实现脱贫，贫困县全部摘帽，解决区域性整体贫困”。为实现现阶段金融扶贫的奋斗目标，需要不断完善脱贫攻坚支撑体系，确保农村贫困群众实现脱真贫、真脱贫。全面建成小康社会时，要解决的脱贫目标是最低的贫困目标，消灭的是绝对贫困，对于脱贫人口和边缘人口而言，仍然具有返贫风险，因此，就要采取具有长效性的金融扶贫模式和产业发展模式，既要满足当前金融扶贫现实的需要，又要惠及“后扶贫时代”的后续发展，有效防止因学、因病、因残、因房等返贫，确保高质量脱贫，做到防患于未然。

二是要处理好共性问题与个性问题。任何现存事物的矛盾都是共性与个性的有机统一，金融扶贫创新问题同样是共性问题与个性问题的有机统一。矛盾的共性是无条件的、绝对的，个性是有条件的、相对的。金融扶贫既有基础设施和公共服务落后、参与机构少、力量弱、金融扶贫产品创新能力不足、信息不对称等共性问题，又有因地制宜融资需求不匹配、部分贫困户参与金融扶贫积极性不高、贫困地区“特惠”政策不均衡等个性问题。矛盾的共性寓于个性之中，没有离开个性的共性，也没有离开共性的个性。金融扶贫创新的个性问题与共性问题亦是如此，共性问题通过个性问题表现出来，个性问题又是共性问题恶化的结果。金融扶贫共性问题是无条件的、绝对的，

要正视、承认金融扶贫过程中所存在的共性问题，并采取积极措施解决；金融扶贫过程中的个性问题是有条件的、相对的，各个事物、各个方面、各个阶段都是不同的，要坚持具体问题具体分析，对症下药。

三是要处理好物质脱贫与精神脱贫问题。治贫先治愚，扶贫先扶志。习近平总书记在 2015 年 11 月的中央扶贫开发工作会议上提到要按照贫困地区和贫困群众的具体情况，实施“五个一批”工程，把教育脱贫与生产脱贫、易地搬迁脱贫、生态补偿脱贫、社会保障兜底相并列，突出教育扶贫的重要性。部分贫困地区尤其是深度贫困地区经济发展水平低、自然条件差，尽管国家实施九年义务教育，但是受主客观条件影响，贫困家庭孩子失学、辍学率仍然很高，这在一定程度上使得贫困地区的教育、精神面貌与普通地区的教育、面貌的差距越来越大。物质脱贫是一时的，而教育扶贫才是治本之计，教育对一个人的影响是终生的，不仅能增加人对外界的了解，还能增强人解决实际问题的能力，应该调动群众参与扶贫工作的主动和热情，从扶贫中提升获得感和幸福感。倘若不注重贫困地区的教育、精神脱贫，只是一味注重物质脱贫，即使我国所有贫困区、贫困户都实现了脱贫，在不久的将来，也会出现新的贫困地区与贫困群众。

四是要处理好传统问题与新型问题。扶贫是一个长期的发展过程，20 世纪 80 年代，我国就成立“国务院贫困地区经济开发领导小组”（后改称“国务院扶贫开发领导小组”，现为“国家乡村振兴局”），指导农业农村减贫增收，促进贫困地区开发。2019 年是新中国成立 70 周年，70 年来我国发生了翻天覆地的变化，从一穷二白成为世界上最大的发展中国家。我国的扶贫工作也历经了 30 余年，在不同时期遇到过不同的问题，既有难啃的传统问题，如深度贫困地区脱贫难、农村发展能力弱、贫困户收益低等问题，又有具有时代特色的新问题，如贫困户内生动力不足、部分地区脱贫质量低、扶贫产业发展模式不具有长效性等问题。如何看待扶贫过程中的传统问题与新型问题，如何正确处理二者之间的关系，不仅影响当前扶贫、脱贫工作的进行，更关乎“后扶贫时代”返贫问题的预防和解决。

五是要处理好精准脱贫与防止返贫问题。精准扶贫是为了精准脱贫，早日打赢脱贫攻坚战，但脱贫后并不代表没有或不会出现贫困群众，正如习近平总书记在2015年中央扶贫开发工作会议上所提到的，“农村人口脱贫与农民收入增长直接相关。如果农民收入降低，就可能导致已经脱贫的人口重新返贫，甚至可能造成新的贫困群众”，因此，重视防止返贫问题、构建防止返贫的长效机制势在必行。如何在节约自然资源和社会资源的前提下构建防止返贫长效机制，需要结合现有的精准扶贫体系，在生产发展、易地搬迁、生态补偿、教育医疗、社会保障等方面构建长效机制①，既要保证这些方面的发展体制能实现脱贫，又要保证这些体制在脱贫后能维持良好的运行，实现可持续发展。

二、其他扶贫方式对金融扶贫提出的新要求

（一）产业扶贫对金融扶贫的新要求

产业扶贫是一种对欠发达地区的政策倾斜，以市场为导向，以产业发展为杠杆，以促进贫困个体与贫困区域协同发展为目的的内生发展机制。2016年11月国务院发布的《关于“十三五”脱贫攻坚规划的通知》明确指出“农林产业扶贫、电商扶贫、资产收益扶贫、科技扶贫是产业发展脱贫的重要内容”。

金融扶贫与产业扶贫联系密切，金融扶贫促进产业扶贫由输血模式转为造血模式。金融扶贫是一个完整的体系，需要政府、金融机构、监管部门、企业、贫困户共同参与，在一定程度上可以减轻产业扶贫的自发性和自觉性。金融机构的资金来源广，且资金是贷款性质，到期可收回本金，用于下一轮产业投资，扶贫的持续性较强，有利于带动扶贫产业的可持续性发展。在金融扶贫实施的过程中，对农村地区进行诚信调查，建立诚信档案，贷款者需要在规定期限内偿还贷款，否则就要被记入“黑名单”，在一定程度上激发了贷款者的奋斗意识。贷款者努力经营好自身产业，不仅能促进产业扶贫可持续发展，还实现了贫困群众“扶贫与扶志”相结合。

---

① 王琳，唐子茜．中国特色扶贫开发道路的理论新发展与经验总结［J］．经济问题探索，2017（12）．

（二）普惠金融对金融扶贫的新要求

普惠金融又称包容性金融，2005 年被联合国首次提出。2013 年 11 月 12 日《中共中央关于全面深化改革若干重大问题的决定》指出要“发展普惠金融。鼓励金融创新，丰富金融市场层次和产品”。2015 年 12 月 31 日，国务院印发了《推进普惠金融发展规划（2016—2020 年)》，将普惠金融定义为“要立足机会平等要求和商业可持续发展原则，以可负担的成本为有金融服务需求的社会各阶层和群体提供适当、有效的金融服务”。普惠金融主要包含以下几方面：第一，服务对象涵盖所有家庭和企业，包括贫困人口，都能以合理的成本获取较广泛的金融服务；第二，服务主体包括各类金融机构，金融机构本身内控严密、制度完善、运行稳健；第三，整个金融行业可以健康持续发展，能够长期提供金融服务；第四，金融业务多样，金融服务竞争性强，金融产品不断创新，能够为社会公众提供多样化的选择。①

普惠金融与金融扶贫具有内在耦合性，金融扶贫对象与普惠金融服务对象耦合。金融扶贫明确扶持的对象是“三贫”人群，而普惠金融提倡让农村贫困群众也享受同等的金融服务。金融扶贫主体与普惠金融主体耦合。② 金融扶贫确定扶贫主体——金融机构，全部参与金融扶贫，而普惠金融的主体也包含各种金融机构，为贫困群众及非贫困群众提供各自所需的金融服务。金融扶贫方式与普惠金融服务体系耦合。金融扶贫与不同扶贫模式相结合，产生了多样化扶贫方式，而普惠金融设置多层次的服务体系，为服务群体提供了多样选择。金融扶贫的最终目标与普惠金融的发展目标耦合。金融扶贫的最终目标是使农村地区贫困群众脱贫，提高贫困地区的脱贫质量，而普惠金融的发展目标是让欠发达群体享受及时、合理、便捷的服务，增加欠发达地区和人口的收入，改善民生。

---

① 蔡则祥，杨雯．普惠金融与金融扶贫关系的理论研究［J］．经济问题，2019（9）．

② 冯兴元，孙同全，韦鸿．乡村振兴战略背景下农村金融改革与发展的理论与实践逻辑［J］．社会科学战线，2019（2）．

三、推动金融扶贫进一步发力增效的政策建议

（一）加快金融扶贫创新，增强金融产品供给力

加快金融扶贫产品创新，需要推动以下三个方面发展：一要打造区域特色金融扶贫产品。金融扶贫产品同质化现象严重，究其根本是没有将金融扶贫与贫困地区的区域特色相结合。贫困地区应当充分发掘本地区的资源优势及人民群众的真正需求，与金融机构协商，推出适合本地区发展的、有针对性的金融特色扶贫产品。二要运用好互联网，创新推出“互联网＋金融扶贫”金融产品。互联网方便了人们的生活，也提供了许多发展的新思路。利用好互联网进行金融扶贫产品创新，简化金融产品支付方式和操作流程，势必会极大地提高金融扶贫的效率，加快打赢脱贫攻坚战的进程。同时，利用大数据平台和人工智能，创新互联网扶贫新模式，实行互联网金融扶贫实时动态监控，及时观测贫困群众、边缘人口的情况，能有效预防返贫。三要增强贫困群众创新发展意识。意识对实践具有能动的反作用，贫困群众的意识对其实践活动具有重要影响。积极上进、勇于创新的意识会促进贫困群众积极参与扶贫工作，挑战新事物，并从中获得参与感、获得感，以推动扶贫金融产品的不断创新。

（二）增强金融扶贫的有效性，巩固提升脱贫成效

金融扶贫必须明确扶持谁、谁来扶、怎样扶等问题，提高有效性和针对性。“精准扶贫，关键的关键是把扶贫对象摸清搞准，把家底盘清，这是前提”①，确立金融扶贫的对象也是如此。金融机构应当与扶贫办、地区政府建立长期的合作机制，对于扶贫对象做出具体、清晰的安排与规划，精准定位需要帮扶的群体，以免漏扶、少扶、假扶，把精准扶贫做到心中有数。精准定位到金融扶贫的主体。“推进脱贫攻坚，关键是责任落实到人”，金融扶贫的主体是各金融机构，应当尽快形成央行为引领、四大国有银行带头、证监

① 习近平扶贫论述摘编［M］．北京：中央文献出版社，2018：8.

会和银保监会为补充、其他商业银行和金融机构协同参与的金融扶贫工作机制体制，明确各金融机构的工作内容与职责任务，做到各司其职、协同发力。① 确定金融扶贫的内容。金融扶贫不仅要扶持农村基础设施，更要加大对农村地区产业、教育等方面的投入，确保扶贫资金用到实处，并且有可持续性。② 加强对金融扶贫工作的考核与监管，建立农村金融机构和政府脱贫攻坚报告和检查制度，确保金融机构、地方政府在金融扶贫工作中真正发挥作用，做到领导工作实、任务责任实、资金保障实、督查验收实。

（三）统筹建立新型农村金融体系，提高可持续金融扶贫能力

构建新型农村金融体系，关系到农村经济发展、脱贫攻坚、乡村治理、美丽乡村建设和乡村振兴等诸多方面，需要打造一个由政府领导、金融机构主导、社会各界协同参与的现代化农村金融扶贫体系。第一，建立政府、银行、社会三方合作金融服务平台，实现政策数据信息共享，融合农村政务与金融服务，集中统一向贫困村和贫困农户提供“一站式”综合服务。第二，利用金融综合服务平台，调动多方资本与银行信贷资金协同扶贫。第三，探索实施金融扶贫主办行制度，承担好扶贫主办行在重大扶贫项目、扶贫小额信贷等方面的职责，示范引领各类机构、社会资本进入扶贫领域。第四，强化国家监管政策正向激励作用，调动金融机构扶贫的积极性，坚持以正向激励为主，完善商业银行考核、差别存款准备金率、再贴现、差异化监管等政策措施。[3]

（四）加大政策倾斜力度，增强金融机构参与扶贫的积极性

农村金融扶贫具有高风险、高成本、低回报的特点，贫困群众没有过多的资产抵押贷款，政府虽然一直强调加大扶持金融扶贫的力度，但大多政策向贫困群众倾斜，而针对金融机构的福利政策较少，挫伤了金融机构参与扶贫的积极性。因此，需要制定一些能保障、激发金融机构参与扶贫的政策，

---

① 齐美东，毛秀英．完善中国碳金融机制探讨［J］．科学社会主义，2013（12）．

② 冉昊．政府治理下的精准扶贫：机理、模式与挑战［J］．科学社会主义，2019（4）．

③ 王兆阳．金融精准扶贫：实践基础与制度创新建议［J］．农村金融研究，2019（5）：7－12．

建立扶贫信贷激励机制，向参与农村扶贫的农村金融机构发放补贴或奖励；另一方面，需要发挥货币的政策功能，运用再贷款、再贴现政策，引导信贷资源流入贫困区，激发金融机构参与扶贫的内生动力。

（五）加大贫困地区基础设施建设，改善金融扶贫硬环境

贫困地区基础设施建设分为两部分，即硬件基础设施建设和软件基础设施建设。硬件基础设施建设包含道路、水利、住房等，政府部门需要解决好农村地区设施不健全、基础设施存在安全隐患等问题，为贫困地区的发展打下坚实的物质基础。软件基础设施建设包括网络、教育、思想文化等方面的建设，加强网络建设，把“互联网＋金融”扶贫体系落到实处，同时提高贫困地区的思想道德素质和科学文化素质，落实好贫困地区九年义务教育和贫困生助学贷款政策，引导国家教育经费向贫困地区倾斜，确保贫困地区的孩子有学上、有书读，为实现永久脱贫打下基础。

（六）加强金融扶贫管理，完善金融扶贫组织体系

完善金融扶贫组织体系需要建立集农村金融扶贫、市场主体、金融机构工作服务于一体的多层次的综合统计评价体系。一要建立数据共享平台，实现政府、金融机构、金融扶贫对象的数据实时流转、共享，提高工作效率、降低金融扶贫的风险；[①] 二要建立贫困地区市场主体信用体系，（包含纸质信用档案与电子信用档案，）实现贫困地区市场参与者信用可控化、可视化，降低金融机构贷款的信用风险；三要发挥农村基层党组织在金融扶贫活动中的战斗堡垒作用，健全村级金融服务工作体系，构建“村两委＋合作社＋金融扶贫＋产业扶贫＋贫困户”的扶贫发展模式，进一步发挥基层党组织在基层工作中的引领和指导作用。

---

① 王瑜，殷浩栋，汪三贵．破解农村金融两难困境与二元逻辑——扶贫互助资金“正规金融村社化”机制分析［J］．贵州社会科学，2019（8）．

第八章

低碳扶贫助推脱贫攻坚

党的十九大围绕实现“两个一百年”奋斗目标，对全面深化改革做出重新部署，指出：建设生态文明是中华民族永续发展的千年大计，要认识到现代化是人与自然和谐共生的现代化，既要创造更多物质财富和精神财富以满足人民日益增长的美好生活需要，也要提供更多优质生态产品以满足人民日益增长的优美生态环境需要。贫困地区要实现脱贫发展，决不能再走“先污染、后治理”的老路，而应当在新发展理念的指引下，牢固树立“绿水青山就是金山银山”的理念，充分挖掘本地已有自然禀赋资源走可持续发展道路。低碳扶贫将低碳发展与扶贫开发相结合，是新时代出现的新型扶贫模式，也是中国特色反贫困的新发展。

第一节　低碳扶贫的概念与特点

随着全球经济发展，世界生态环境不断恶化，绿色发展成为可持续发展的战略理念。2017 年 10 月 18 日，习近平总书记在党的十九大报告中指出，坚持人与自然和谐共生，必须树立和践行绿水青山就是金山银山的理念，坚持节约资源和保护环境的基本国策。“两山理论”将低碳发展与脱贫攻坚相结合，旨在构建一个生产发展、生活富裕、生态良好的文明发展与治理道路，为贫困地区发展带来新视角。

一、低碳扶贫的概念

低碳（low carbon），原意是指在生产中尽可能少地排放温室气体（以二氧化碳为主）。通常来说，国家的物质财富表现为拥有庞大的商品生产能力，而物质生产活动的过程，必然伴随着各种“副产品”[①] 的排放。面对资源约束趋紧，世界各国也越来越意识到转变经济发展方式，实现绿色可持续发展的重要性，将低碳发展置于重要地位。我国东部地区凭借经济的长期增长，顺利地实现了产业转型升级，而广大中西部地区尤其是农村贫困地区多数地理位置偏僻，自然生态环境恶劣，缺乏工业发展基础，经济相对落后，面临着经济发展与环境保护之间的矛盾，对扶贫工作的开展形成一定挑战。

低碳产业具有消耗低、污染低、效益高的特点，契合了我国中西部贫困地区发展的要求，使得低碳扶贫应运而生。综合现有研究成果，普遍认为低碳扶贫是根据贫困地区的“碳资源”禀赋情况，运用低碳经济的方法和手段开发“碳汇资源”，形成碳交易产品，在碳交易市场中换取资金，发展低碳经济产业，为全社会提供各类生态产品，最终实现低碳经济和扶贫开发的有机统一。

低碳扶贫主要针对我国贫困地区的基本情况，结合其碳汇资源能量大、碳减排减少的优势，发展低碳产业。低碳扶贫政策的实施，不仅使低碳发展与扶贫开发相结合，改变了贫困地区脆弱的生态环境，更重要的是改善了贫困地区经济发展缓慢的情况，提高了贫困地区人民的生活质量，改善了贫困人口的生活条件，为打赢脱贫攻坚战和全面建成小康社会做出了实质性贡献。碳汇资源的开发应用是低碳扶贫的核心因素。碳汇资源量指碳源可减量和碳汇可增量，碳汇资源量等于二者的总和。碳源是人们生活、生产活动及其他经济活动形成的温室气体排放；碳汇是生态系统中生命活动对温室气体的吸储，其主要内容包括森林固碳（森林碳汇）、草原固碳（草原碳汇）、农田固碳（农田碳汇：农田既可以成为碳汇也可以成为碳源，因农作物方式的不同而产生差异）。开发碳汇资源就是运用一定的手段使碳源减少、碳汇增加。

---

① 多指温室气体。

扶贫开发中运用低碳经济的方法和手段，把贫困地区作为“自然—社会—经济”复合的系统，分析系统内物质循环、能量流动和信息传递过程，提出节能减排、减源增汇的目标、方法和措施，并将减少的碳源量和增加的碳汇量通过各种可行的方式换成发展资金。贫困地区发展低碳经济，获得的不仅是可换取发展资金的碳交易产品，还包括产生各种生态产品。低碳发展的手段和结果都是对当地生态环境的恢复和保护，良好的生态环境本身是体现主体功能定位的生态产品。减少碳排放的关键是倡导低碳生活，发展低碳产业，如旅游业、有机农业等，可以获得旅游产品和有机农产品。增加碳汇的手段主要是恢复、保护、增加森林或草原的植被量，增强固碳能力，以促进以森林和草原为基础的产业链的发展，提供更多的产品。

将低碳经济和扶贫开发有机结合起来，是针对我国贫困地区生活状况，有效解决扶贫路径的新方法。这种结合颠覆了之前以工业为核心构建区域产业链的做法，针对贫困地区的特殊条件，构建以低碳经济为核心的区域产业链条，形成新的发展机制，以达到生态、经济、社会共赢的局面。贫困地区发展低碳扶贫，在碳汇造林种草、恢复和保护生态环境的同时帮助贫困人口摆脱贫困，形成“保护环境—低碳发展—脱贫—保护环境—致富”的低碳扶贫模式，是一种良性循环、生态、可持续的扶贫模式，更是一种理想的扶贫模式。

二、低碳扶贫的理论基础

发展低碳经济是应对气候变化的最终选择，为此，各国经济增长模式也在不断实现低碳转型，部分发达国家纷纷制定推进低碳发展的战略和措施，以适应工业化深入发展的需要。我国作为世界第二大经济体、第一大工业国，要想适应全球经济发展需要，促进经济发展，就必须顺应世界潮流，走低碳经济发展道路。因此，发展低碳经济是我国面对资源、环境、气候挑战的必然选择。但是发展低碳经济并不是一味地追求低碳化发展，还应实现低碳和低成本相统一。贫困地区和非贫困地区在产业结构、技术水平、资源禀赋、减排成本等方面存在一定差别，贫困地区碳排放水平低、碳减排和碳增汇成本较低，更易于发展低碳经济。在贫困地区发展低碳经济以谋求自身发展，所形成的理论术语和措施成为低碳扶贫的理论基础，为其他可实施低碳扶贫的地区提供理论依据。

（一）碳排放库兹涅茨曲线

库兹涅茨“倒U”型曲线是美国经济学家库兹涅茨于1955年提出的，20世纪90年代以后，这一曲线被用来描述经济增长和环境污染的关系。研究发现经济增长水平和碳排放水平呈现一定的内在联系，且二者的关系类似库兹涅茨“倒U”型曲线所揭示的经济增长与收入分配的关系。薛进军、林子琪（2011）运用世界能源研究所数据库中人均二氧化碳排放数据和WDI数据库中人均GDP数据，研究了高收入国家和中低收入国家的碳排放与经济发展水平的关系，发现高收入国家的人均二氧化碳排放和人均GDP呈倒U型曲线关系，中低收入国家呈向右上方上升的曲线；朱晓东（2011）证明了江苏省碳排放强度与人均地区生产总值呈倒U型曲线关系，拐点在人均地区生产总值2.5万元左右。孙辉煌（2012）利用2000—2010年的省级面板数据，证实我国经济发展水平同碳排放之间存在倒U型曲线关系。

贫困地区的经济发展与碳排量同样适合库兹涅茨曲线所揭示的关系。贫困地区大多集中分布在自然条件恶劣的生态脆弱区，不适合走传统工业化经济发展道路，且原有的模式已经导致部分地区生态遭到破坏，产生了恶劣的经济开发后遗症。因此，高碳排放或者环境污染对于贫困地区经济发展是不可逆的，且经济发展具有不可持续性，即贫困地区的生态一旦遭到破坏就很难恢复，而不可逆的生态破坏也意味着经济发展不可持续，甚至将陷入贫困恶性循环。我国贫困区域如西北的荒漠化、西南的石漠化、黄土高原的水土流失，都在一定程度上造成了“扶贫陷阱”。而当前的贫困区域限制和禁止开发区域的重合，说明未来的扶贫开发模式只有向低碳模式转向才更有出路。

（二）碳减排成本的差异性

碳减排成本有微观和宏观两个层面。从微观上讲，碳减排成本是指一个国家或地区为实现碳减排投入的资金和技术；从宏观上讲，碳减排成本是指采取低碳措施对宏观经济的影响，成为实现低碳目标而付出的经济代价，一般用边际减排成本[①]表示。

碳减排成本和一个国家的经济发展水平成正比。一般而言，发达国家碳减排成本要高于发展中国家。茅阳一（2011）指出，日本2020年将实现25%的减排目标，边际成本在每吨4万~9万日元，而在欧洲碳交易市场上每吨碳排放权的交易价格仅0.2万~0.3万日元；范英（2011）研究了中国和美国碳减排边际成本，发现在等量减排条件下，美国的边际减排成本是中国的4~5倍；娄伟（2011）在分析欧盟碳交易市场价格行情时指出，每吨二氧化碳减排量在发展中国家和发达国家的价差达到20欧元。由于发达国家碳减排成本普遍高于发展中国家，发达国家可以购买发展中国家的碳排放权，投资发展中国家的清洁能源建设或者其他减源增汇项目，以降低碳减排成本；发展中国家则获得了发达国家的资金、技术等，是一种双赢的选择。这种机制便是清洁发展机制（CDM）。

经济发展水平与技术水平是影响碳减排成本的重要因素，其中经济发展水平越高碳减排成本越高，技术水平越高碳减排成本越低。因此，发达国家碳减排成本远远高于发展中国家，技术水平也远远高于发展中国家。发达国家在高技术水平下碳排放减源增汇的空间已接近临界点，边际成本增加；而发展中国家虽然技术相对落后，但其产业结构变动空间大，减源增汇也有很大的发展空间，因此减排成本较低。发展中国家的碳减排技术水平提高，其减排的成本将会更低。因此，为降低碳减排成本，共同构建和谐美丽的全球命运共同体，发达国家除了购买发展中国家的碳排放权以外，还应向发展中国家转移先进的减排技术。同理，贫困地区发展低碳经济的成本较经济发达地区低，经济发达地区可以通过碳交易和技术援助的形式帮助贫困地区发展低碳经济，以降低发展成本，即经济发达地区要想实现碳减排低成本化，可以通过购买欠发达地区的碳排放指标，让碳减排成本低的区域发展低碳甚至碳汇经济，以降低经济发达地区的经济成本；贫困地区则可以获得发达地区的资金、技术支持，实现双赢。

---

① 边际减排成本，指减少一个单位二氧化碳排放量引起的经济总量的减少量。不同区域因为经济发展水平、技术水平不同，碳减排成本也存在一定差异性。

三、低碳扶贫的主要特点

低碳扶贫是结合我国社会发展出现的新的扶贫开发模式，顺应了新形势下“既要绿水青山，又要金山银山”的可持续发展理念，巧妙地将扶贫开发、经济发展、生态保护三者相统一，适应了经济与社会发展的需要。

（一）低碳扶贫更加突出生态效益优先

改革开放以来，我国维持了经济快速发展与社会长期稳定，综合国力稳步上升。但是，过去依靠大量资源能源投入、以破坏环境为代价的粗放式发展具有不可持续性，需要转变发展理念，形成新的发展模式。因此，更加注重生态环境保护实现绿色发展成为当前我国可持续发展的题中应有之义。将国家的整体发展与生态环境保护相结合，成为低碳扶贫的主要特点之一。大多数贫困地区生态环境脆弱，脱贫攻坚中除了要实现地区经济的快速发展，还需要兼顾水源涵养、水土保持、民族团结、边疆稳定等方面。以脱贫攻坚统揽经济社会发展全局，更要注重贫困地区的生态环境保护。

（二）低碳扶贫更加注重政府力与市场力的双重作用

促进市场作用的发挥，已经不单纯是一个经济问题，而成为政府职责的一部分。贫困部分将政府的宏观调控与市场自发性的资源配置相结合，形成发展合力，对于促进贫困地区经济发展至关重要。同时，上层建筑通过对社会生活的控制为经济基础服务，在发展经济基础的同时，积极发挥政府的意识形态引导作用，运用低碳扶贫优势，发挥好政府主导和市场机制的双重作用，推动贫困地区经济又快又好发展。

（三）低碳扶贫更加强调整体福利增大效应

低碳扶贫在强调贫困地区生态效应的同时，兼顾居民收入水平的提高和生活条件的改善，以促进区域整体发展。扶贫的主体是贫困地区，但是低碳扶贫的主体却不仅限于贫困地区，而是扩大到整体范围。一方面，生态环境的保护，是全球义不容辞的责任。在全球气候变暖的前提下，发展低碳产业，保护生态环境是每个国家义不容辞的责任。贫困地区发展面临自然资源禀赋不足，经济基础薄弱等劣势，因此，低碳扶贫是实现其可持续发展的最好选择。另一方面，可缩小区域差距，促进整体福利增大。贫困地区大多位于交通不发达地区，较非贫困地区发展较为缓慢，低碳扶贫可以将碳值在区域之间进行交易，将贫困地区碳汇资源丰富的碳值卖到碳值缺少的非贫困地区，既能使非贫困地区碳值不足的情况得以改善，又能加快贫困地区的经济发展，提高人民生活水平，更能缩小区域之间的差距。

第二节　低碳扶贫发展的基本情况

我国低碳扶贫地区多位于贫困山区，自然条件、生态环境、基础设施较为薄弱，区域工业化、城镇化、现代化发展水平较低，同时具有丰富的碳汇资源，自然资源丰富，低碳经济发展潜力巨大。

一、我国贫困地区的碳汇资源

碳汇资源分为碳源可减量和碳汇可增量两个方面。一个地区碳汇资源的禀赋情况，需要从碳源和碳汇两个方面来综合考虑。我国贫困地区的低碳扶贫发展应当以开发碳汇可增量资源为主。

碳汇即从空气中清除二氧化碳及其他温室气体的过程、活动或机制，主要是指生态系统吸收并储存二氧化碳的能力。目前存在的碳汇形式有森林碳汇、草地碳汇、农田碳汇和海洋碳汇，前三者是指地上动植物和土地微生物组成的生态系统对二氧化碳的吸储，海洋碳汇则是海洋生物活动对二氧化碳的吸储。我国贫困地区大多位于内陆地区或四面环山的山区，碳汇多以森林碳汇、草地碳汇、农田碳汇为主。

森林碳汇是指森林生态系统将大气中的二氧化碳固定在植被和土壤中，进而减少二氧化碳浓度的过程。森林生态系统中的生命活动主要是指植物光合作用和土壤微生物活动。基于森林碳汇发展起来的林业碳汇，通过植树造林、集约管理、恢复森林植被等，增强吸储二氧化碳能力，并按照相关规则进行碳交易的机制。森林碳汇是我国最主要的碳汇资源，大多数覆盖在低碳扶贫的重点区域，对碳汇资源的存储起着重要的作用。

草地碳汇是指草原生态系统对二氧化碳的吸储过程，其固碳机制本质上和森林是一样的，但由于草地植被量不如森林，固碳能力不强，且草地固碳能力具有不持久性，容易泄露，因此草地碳汇仅作为以草地为主区域的碳汇资源。

农田碳汇是指农田生态系统对二氧化碳的吸储能力。农田生态系统以人类的农业生产活动为主，既可以成为碳源，也可以成为碳汇，取决于其农作方式。研究表明，农业生产活动是巨大的碳源，碳排放量占总量的17%，这是由于生产活动中大量使用农药、化肥、机械等高碳生产方法和秸秆焚烧、粗放经营破坏农田生态系统的行为造成的。而另一种生产方式即保护性耕作、秸秆耕作，以减少化肥使用，旨在恢复农田生态系统的手段，则可以使农田产生碳汇。有机农业是这种模式的典型形式（发育成熟），且固碳能力最强。而经人类生产活动干扰后的现有自然—人类系统的固碳能力和自然生态系统固碳能力之差就是碳汇可增量水平。

其次是碳源可减量资源。从碳源方面来看，碳源排放水平取决于经济发展水平和产业结构状况。我国人均碳排放强度与经济发展水平呈倒“U”型曲线关系，即碳排放库兹涅茨曲线，但是国内的经济发展水平还远未达到拐点水平，随着GDP的不断提高，人均碳排放量将会不断增加。这是在非低碳技术约束下，传统经济发展的内在规律，贫困地区的经济发展必然会遵循着此内在规律演进。薛进军（2016）指出，在低碳技术约束下，可以找到一种途径越过倒“U”型曲线的谷峰，直接到达低污染、低排放、稳增长的第三阶段。这就类似一个打通了“U”型曲线谷峰的隧道，这种模式称作“隧道效应”。这种效应主要是由外部投资和低碳技术应用引起的，是“雁阵模式”和库兹涅茨曲线的结合体，是一种新型的赶超发展模式。

碳排放是一种权利，理论上认为每个人的碳排放权是等量的，这就是为什么发展中国家和发达国家在碳减排上承担“共同但有差别”的责任。在没有外部投资和低碳技术的支持下，落后地区将沿着原有的碳排放库兹涅茨曲线发展，形成一种高碳发展模式（HKC）。走HKC路径是落后地区的权力。在外部投资和低碳技术支持下，“隧道效应”使落后地区走了一条独特的低碳发展模式，这是一条被迫但有正外部性的发展路径。因此，高碳之路和低碳之路之间的碳排放量的差别可以被看成外部投资开发产生的碳源可减量资源。

李健（2016）认为单位GDP碳排放强度与产业结构密切相关，虽然各省域经济发展基础和产业结构不同，产业结构和碳排放的关系不一样，但总体趋势是第二产业影响最大，第一、第三产业影响较弱。已有研究结果表明，第一产业即农林产业方面，可以发展成碳汇产业，降低碳排放强度；第三产业中的低碳产业，也可以降低排放强度。各地产业结构取决于当地的区位条件、资源禀赋等，而贫困地区产业结构大都是以低水平的第一产业和第三产业为主，第二产业发展严重滞后，为我国贫困地区开发碳汇资源可减量资源带来很大的不确定性。这就决定了贫困地区的低碳扶贫之路应当以开发碳汇可增量资源为主。

二、我国贫困地区发展低碳扶贫的可行性

发展低碳扶贫需要有两个前提：一是适合在区位不具有优势的地区发展，该区域工业化、城镇化、现代化发展成果难以惠及，经济发展水平较为落后；二是拥有碳汇资源（主要是碳汇）开发的自然条件，即自然资源丰富，自然植被覆盖率高。根据以上两个条件，可以对2018年全国592个国家级贫困县进行划分。

平原面积比重、降水量两个标准，用于划分工业化发展路径贫困县和不能工业化发展路径的贫困县。按照这个标准筛选出40个贫困县（见表8－1）。

表8－1　工业化发展路径贫困县名单（2017）

县名	省名	县名	省名	县名	省名	县名	省名
海兴县	河北省	平乡县	河北省	兰考县	河南省	淮阳县	河南省
盐山县	河北省	威县	河北省	滑县	河南省	上蔡县	河南省
南皮县	河北省	魏县	河北省	封丘县	河南省	平舆县	河南省
武强县	河北省	大名县	河北省	范县	河南省	泗县	安徽省
武邑县	河北省	颍东区	安徽省	台前县	河南省	灵璧县	安徽省

续表

县名	省名	县名	省名	县名	省名	县名	省名
饶阳县	河北省	临泉县	安徽省	睢县	河南省	社旗县	河南省
阜城县	河北省	阜南县	安徽省	宁陵县	河南省	新蔡县	河南省
广宗县	河北省	颍上县	安徽省	虞城县	河南省	萧县	安徽省
巨鹿县	河北省	砀山县	安徽省	淮滨县	河南省	寿县	安徽省
新河县	河北省	利辛县	安徽省	沈丘县	河南省	广灵县	山西省

这40个贫困地区中，地势平坦、气候适宜、人口集中，区位上比较靠近经济发达地区，可以作为承接发达地区产业转移的区域，比较适合工业化、城镇化建设。但是，这些县的资源也适合发展低碳经济，这些地区的地面特征或是山丘、丘陵，或是草原、荒漠，长期的工业化发展路径带来了土地沙化、水土流失、石漠化、荒漠化等问题。因此，这些区域要实现脱贫致富只能走生态保护和资源开发相结合的低碳扶贫开发之路。碳汇资源开发作为低碳扶贫的基础，有森林碳汇、草原碳汇、绿洲碳汇、农田碳汇等四种模式。其中，农田碳汇适用于所有农作物。表8－1所示的40个工业化发展路径贫困县，是我国重要的农产品供应区，其引进的低碳扶贫项目以农田碳汇形式为主。剩下的552个国家级贫困县显然不适合工业化发展路径，可以尝试低碳扶贫发展，需要进行细致划分碳汇模式。本书以年降水量 P 为标准，将碳汇路径划分为森林碳汇模式（$P \geqslant 800mm$）、林草复合碳汇模式（$400mm \leqslant P < 800mm$）、草地碳汇模式（$200mm \leqslant P < 400mm$）和绿洲碳汇模式（$P < 200$mm）。其中，发挥森林碳汇资源进行扶贫开发的国家贫困地区有292个，发挥林草复合资源进行扶贫开发的贫困县有191个，发挥草地资源进行扶贫开发的国家贫困县有46个，发挥绿洲碳汇资源进行扶贫开发的国家贫困地区有23个。

以青藏高原的低碳扶贫路径可行性为例，截至2012年年底，西藏农牧区贫困群众有58.3万人，贫困发生率高达24.1%，是我国贫困集中度较高的地区。受制于西藏地区特殊的自然区位条件，其扶贫工作面临巨大挑战。自然条件恶劣阻碍了西藏农牧区的发展，全藏五分之四的地区位于海拔4500米以上，气候寒冷，无霜期短，积温不足，不适合集约化农牧业发展。高寒气候使得西藏地区生态极度脆弱，经济承载容量小。西藏虽有 12.3 亿亩天然草场，但现有农牧业发展水平使得该地一半以上的草场严重退化，鲜草产量大不如前，产量上难以再有突破。因此，西藏地区虽地域广大，但其可利用的耕地并不多，只有 330 万亩左右，人均耕地 1.1 亩，低于全国平均水平，且多数为低产田，干旱、霜冻、雪灾、冰雹等自然灾害频发，严重威胁农牧民增产增收，因灾致贫的现象较为普遍。西藏地区特殊的地理位置条件对该区域的发展产生了深远影响，地理位置的不便使得交通运输困难，难以与内地形成顺畅便捷的货物运输通道，物流成本较高进一步制约了农牧产品的销售收益，不利于西藏贫困人口实现脱贫致富。正是受限于以上这些难以克服的障碍，西藏地区一直以来以“输血”式扶贫为主，不具有可持续性。然而，低碳扶贫的探索改变了这一切。

案例：

西藏拥有丰富的碳汇资源，低碳经济发展潜力巨大。就碳汇而言，西藏地区森林面积达 1462.65 万公顷，活立木总蓄积量占全国的 15.24%，居全国第一位，但由于矿山开发、过渡伐木和开垦耕地，25% 的林地处于急需保护的境地。西藏天然草地有 12.3 亿亩，占全国天然草地面积的 20%，但由于超载放牧、粗放管理，许多草场出现不同程度退化。从碳源增加的角度来看，可以通过技术手段将已经退化的草场和被破坏的森林进行恢复，对不再适宜耕种的土地退耕为草地；从减少碳源消耗的角度来看，可以通过开发西藏地区丰富的地热能、太阳能、风能等逐步替代生产生活中所使用的大量化石能源和植物燃料；通过发展有机农牧业，减少化肥等高碳排放生产资料的使用；西藏重工业比重小，第三产业和农牧业比重大，在这种经济结构下低碳经济的技术要求低，成本也较小。通过专业机构将增加的碳汇量和减少的碳排放量进行计量，通过碳交易市场，换取资金，或直接引进低碳发展项目，成为典型的低碳扶贫路径。

低碳扶贫通过碳交易置换发展所需的资金，通过相关政策进行生态环境保护，为农牧业、服务旅游业发展创造良好生态环境，实现一举多得。这个过程中森林和草原得以保护，农牧业健康持续发展，既实现了经济发展，也做到了维持好的生态环境，还能促进农牧业相关产业和农牧区旅游业、文化产业的持续发展，形成一个生态效益、社会效益、经济效益并举的良性循环机制。一方面，发展特色农牧业及其延伸产业链。西藏以其独特的自然地理环境形成了以青稞、牦牛、藏系绵羊、藏鸡、藏猪和藏药材等为特色的农牧业资源，这些具有独特价值的农牧产业仍有进一步发展空间。此外，西藏还拥有特色农畜产品加工业，主要包括高原特色绿色食品、饮品、保健品产业，制革、纺织工业，乳制品、肉制品加工业，以虫草、红景天等为典型代表的高原生物系列产品开发等。这些产业可以面对区外市场，市场容量大，不仅能够带动农牧业发展，而且就业吸纳能力强，为促进藏区农牧民增收发挥关键作用。另一方面，发展旅游服务业。西藏旅游产业发展得益于奇特的自然地理环境，西藏的雪山、湖泊，古老的村寨，神秘的寺庙，在国内甚至世界上都是独一无二的，西藏的旅游服务业是一个大有可为的产业。近年来，西藏旅游业发展迅速，总收入由15.32亿元增加到97.06亿元。截至2015年西藏旅游人数达2000万人次，收入达280亿元。乡村旅游可以吸纳大量的农牧区劳动力就业，带动生活消费品、餐饮住宿等产业的发展。西藏是藏传佛教和藏族文化的中心，文化资源独特而丰富，文化产业发展潜力巨大。文化产业和旅游业发展的相关性很大，两者相互促进、良性互动。农牧民可以参与到文化旅游、民族工艺品制作、演艺娱乐等具体产业中，获得增收机会。

草地碳汇和林业碳汇延伸成碳汇产业链，可以将生物资源开发和生态保护结合，为农牧民开拓增收新途径。此外，还要依托丰富的地热、风能、太阳能等发展清洁能源产业，利用易于“碳减排”的经济结构发展低碳经济，实现西藏经济的低碳可持续发展。可见，低碳扶贫带动了农牧业、旅游业以及其他产业的可持续发展。

三、我国贫困地区发展低碳扶贫的意义

进入新时代，我国社会的主要矛盾转变为人民日益增长的美好生活需要和不平衡不充分的发展之间的矛盾。解决好发展不平衡不充分的问题，需要解决好地区差距、城乡差距、收入差距的问题，才能真正实现高质量发展。

而贫困地区和贫困人口的存在，必然影响社会主要矛盾的解决。完成脱贫攻坚任务，需要按照新发展理念不断创新扶贫方式，提高发展质量，以适应经济健康发展的要求。

（一）低碳扶贫适应了新发展理念的要求

发展理念是发展行动的先导，树立先进的、符合实际的发展理念，才能让政策得到更好的落实，全面建成小康社会背景下必须深入贯彻落实好新发展理念。

创新是引领发展的动力，是实现高质量发展、缓解供需矛盾的突破口。进入21世纪以来，传统扶贫模式的边际效益日益递减，辐射带动作用越来越弱，为解决生态环境脆弱地区的贫困问题，实现“绿水青山”与“金山银山”和谐发展，需要不断创新扶贫方式。低碳扶贫作为一种对生产要素的重新组合，是中国特色反贫困实践在新时期的重要创新，发挥了贫困地区碳资源优势，利用了国际碳交易市场进行销售，推动了贫困地区高质量发展。

协调发展是中国特色反贫困实践追求和实现的目标，实现城乡之间，经济发展与环境保护之间，新型工业化、信息化、城市化与农业现代化之间的协调发展，是经济社会发展的必然趋势。低碳扶贫需要协调好贫困地区与中东部地区的经济发展，发挥贫困地区资源优势，售卖碳值来促进、增强碳汇资源的流通，解决原有扶贫方式无法解决的问题，增强了贫困地区的可持续发展能力。脱贫攻坚是一项持久战，而低碳扶贫保证了这项持久战最艰难的部分，对于协调西部贫困山区和中东部区域的经济起了重要作用。

绿色发展理念是实现生产发展、生活富裕和生态良好的文明发展道路，实现人与自然和谐共生的重要指导。扶贫开发必须坚持绿色发展理念，建立基于自然环境和合理利用自然环境的发展理念，建立城市化和农业现代化进程相协调的发展格局。坚持保护自然环境的基本思想，加强山区、河流、森林、田野、湖泊和农田的环境保护和恢复项目。通过保护和有效利用资源来提高资源利用效率，建立森林生态环境补偿机制、污水处理和二氧化碳排放的初始分配系统以及绿色、低碳、循环、清洁和可持续的能源系统来促进绿色工业经济发展。支持绿色经济发展，建设绿色公园，发展绿色产业，建立低碳绿色发展扶贫体系和产业结构，努力让绿色发展理念深入人心。

开放发展要解决的是发展中的内外联动问题，在强调独立性的同时更加注重合作。避免出现单打独斗、闭门造车的情况，以全面辩证的方法专注于提高发展效率和水平。脱贫攻坚应着眼于通过开放更好地促进内部和外部联系，在区域发展之间取得平衡。因此，需要全面整合国家发展的战略需要，特别是“一带一路”和“长江经济带”建设，发挥各自比较优势，深化地区之间经济互补，实现国家战略导向与区域发展实际需求相对接。

低碳扶贫作为扶贫开发新模式，契合了开放发展理念。当前，国际社会对减少二氧化碳的排放基本达成共识，每个国家都有自己的二氧化碳排放配额，但是部分国家的实际碳排放量低于自身的配额，可以将其未使用的碳排放量出售给碳排放量较高的发达国家，碳排放量较多的地区和行业可以通过碳交易市场购买贫困地区的碳排放量配额。例如欧盟排放交易计划（EUETS）于 2005 年 4 月推出了交易二氧化碳排放的期货和期权。2008 年 2 月，第一个全球二氧化碳排放交易平台 BLUENEXT 投入运营。该平台随后启动了期货市场。随着经济全球化的深入发展，包括英国排放交易计划（UKETS）、澳大利亚国家信托（NSW）和美国芝加哥气候交易所（CCX）在内的主要碳交易市场快速发展，在加拿大、新加坡和日本也先后建立了二氧化碳排放权交易机制。总之，实现低碳发展需要国际各国通力合作，没有任何国家可以独善其身。

（二）低碳扶贫适应了社会主义生态文明建设要求

建设生态文明是中华民族永续发展的千年大计。党的十八大以来，以习近平同志为核心的党中央在深刻总结人类文明发展规律和我国生态文明实践经验的基础上，创新性地提出了“两山理论”，在社会治理的实践中逐步形成了人与自然和谐共生的生态文明思想，发展了马克思主义生态文明理论，为推进新时代生态文明建设提供了方向指引和根本遵循。

“两山理论”的提出，是习近平生态文明思想一以贯之的重要内容，为实现人与自然的和谐发展指明了方向。自然地理环境是人类生产与生活的基础，没有良好的环境，就不可能有高质量的发展，就不会有人民的美好生活。绿水青山讲的是自然资源与自然禀赋的问题，金山银山讲的是生产发展与经济价值的问题，二者统一创造性地回答了环境与发展、生态化与现代化的关系问题，是对过去只注重经济发展而忽视环境保护的改进，也是新时代实现人与自然和谐相处的不二法宝，真正使绿水青山充分发挥了经济社会效益，实现了百姓富、生态美。

低碳扶贫产业顺应了生态文明发展的要求，实现了环境与经济的双重发展。习近平总书记强调，要实现脱贫致富，产业扶贫至关重要。长期以来我国城乡二元的经济结构，使得农村长期依附于城市，农村各种生产要素单向流向城市，要真正实现脱贫，就必须重建乡村产业。广西在脱贫攻坚实践中，将低碳生态产业作为脱贫攻坚的生力军，注重增强"造血"功能，为脱贫致富注入新生动力。一要发挥生态优势，开辟绿色产业发展之路。通过开展"十大行动"，打造规模化、标准化、市场化、品牌化的绿色生态农业模式，同时，大力发展林下经济，以脱贫攻坚统揽经济社会发展全局，实现生态环境与经济增收的良性互动，巩固集体林权制度改革成果。二要依托当地自然资源开展旅游扶贫产业。利用当地的绿色、红色和古色旅游资源，大力发展"乡村旅游 + 精准扶贫"和"红色旅游 + 精准扶贫"，基本形成了生态旅游助推脱贫致富和共建共享生态福祉的总体局面。

（三）低碳扶贫适应了后扶贫时代的发展要求

脱贫攻坚是一项持久战，在积极响应国家脱贫攻坚号召的过程中，要明确实践中的困难和后扶贫时代的发展要求。低碳扶贫适应了后扶贫时代的发展要求，主要体现在以下三方面：首先，低碳扶贫具有长效性。在脱贫攻坚中最重要的就是政府资金的流动不确定性，低碳扶贫是一个新兴的扶贫路径，现阶段，政府每年在低碳扶贫中投入的资金可观。但是从长久来看，全面建成小康社会之后，政府会相应缩减对于扶贫领域的支持，在资金缩减的情况下，部分贫困地区的发展放缓，做好脱贫攻坚与乡村振兴的有效衔接，需要大力发展低碳扶贫产业，让贫困地区群众认识到低碳扶贫的发展优势，有效地售卖碳值，带动自身经济的发展，变"输血"为"造血"，降低贫困地区返贫的可能性。其次，低碳扶贫可以减少政府投入。低碳脱贫政策的实施，不仅可以减少财政资金的使用，对推动贫困地区的可持续发展尤为重要。贫困地区本就是各种原因造成资源利用的不便利、不充分，使得其经济发展滞缓。碳汇作为隐性概念，不需要一定的实体，碳汇交易不受地理区域等硬性条件的影响，且能更好地提升经济水平，对于偏远贫困山区意义尤为重大。最后，低碳扶贫易于民众掌握。低碳扶贫是一个以销售碳值为主的隐形实施方式，不需要实体的流动，便于贫困地区群众快速掌握相关既能，维护好自身利益。

第三节　低碳扶贫的实现路径

生态文明建设是关系中华民族永续发展的千年大计。低碳扶贫既适应了新发展理念和社会主义生态文明建设的要求，又适应了后扶贫时代的发展要求，是实现绿色可持续发展的必然选择。

一、低碳扶贫的运行机制

低碳扶贫作为实现脱贫攻坚任务的创新方式，对打赢脱贫攻坚战起了重要作用。了解低碳扶贫的运行机制，有利于进一步发挥其重要作用。根据低碳扶贫的内涵和构成要素，可以将低碳扶贫的运行机制分为搭建低碳扶贫的动力运行机制和优化低碳扶贫的资源配置机制两种。

（一）搭建低碳扶贫的动力运行机制

低碳扶贫由目标各异的多主体推动，共同形成低碳扶贫的合力，在与扶贫资源相作用的过程中形成新的扶贫动力，推动低碳扶贫持续运行。搭建低碳扶贫的动力机制需要三方面共同努力：一是各级政府主导推动。政府将低碳理念融入扶贫开发工作中，通过制定低碳扶贫战略、规划出台相关政策，组织运行实施项目推动工作。2017 年广东省、福建省、四川省、甘肃省等陆续建设低碳扶贫产业体系，促进贫困地区产业结构调整，推动低碳扶贫模式的有效运行。二是低碳产业转移与合作。在市场机制下，以低碳企业的市场需求为基准，打破行政界限，加强区域合作，统筹规划贫困连片地区低碳产业大体系，形成贫困地区低碳产业聚集之势。三是社会力量广泛参与。充分发挥民间组织和国际社会扶持生态环境建设的力量，尤其是积极争取国际社会组织在减排、碳汇等活动中所提供的全球性公共产品，发挥民间组织灵活、高效的特点参与到扶贫开发中，实施社会救助，凝聚各方合力。增强低碳扶贫的外部支持。政府、市场、社会多元主体的参与，为贫困地区提供更多的物质和人才供给，推动农村贫困地区经济更好、更快发展和贫困人口高质量脱贫，夯实新时期脱贫攻坚的基础。

我国贫困地区引进低碳发展项目，特别是国外的 CDM 项目，面临许多技术性障碍，可以成立一个专门指导低碳扶贫的机构。该机构既需要集合中央政府、科研机构、贫困地区政府的力量，在必要时还能纳入国际相关组织，开展多项工作，一是研究如何搭建“低碳扶贫”政策平台，包括政府财政支持机制、碳交易市场体系、碳金融体系、区域间碳融资机制等；二是准确计量贫困地区的碳汇资源容量，深挖具有发展潜力的低碳扶贫项目，寻找国内外合作方；三是建立低碳扶贫项目支持和管理机制，如针对项目进行分类，实现运行模式和审批过程的标准化，进行项目益贫效应评估，负责项目申报的技术攻关等；四是建立“低碳扶贫”示范区，做好相关宣传和培训工作，促进经验分享和交流；五是总结经验、教训，形成制度机制，包括技术标准、操作规程和政策框架等。

（二）优化低碳扶贫的资源配置机制

一般而言，深度贫困地区的资源、资金、人才等条件都弱于全国平均水平，而这些条件是做好扶贫开发的基础，因此，在发展低碳扶贫时应当将优化低碳扶贫模式的资源配置机制摆在重要位置，通过加大低碳扶贫资金配置力度，以区域“大产业体系”聚集优势要素资源，加强贫困地区与民间组织和国际社会的交流合作，积极吸纳社会帮扶资源，形成政府、市场、社会扶贫合力，进一步提高贫困地区的发展能力。

低碳扶贫必须依托国内力量，借助国内区域之间的碳交易，支持贫困地区发展。可成立“低碳扶贫”专项资金，资助那些无法或者难以进行“双边模式”或“多边模式”注册的碳交易项目。具体操作中，可以用财政专项资金购买贫困地区的CERs[①]，建立CERs账户或者库存，再由某些机构进入碳交易市场进行交易或者由国内企业认购，获得收益继续作为专项基金转移给贫困地区，或者用“以工代赈”形式分配给贫困地区的居民。此外，财政专项资金的另一项功能是引导金融机构参与，为贫困地区低碳扶贫开发融资。在实践中，可借鉴“赤道原则”[②]的经验，建立低碳扶贫融资平台，引导国内金融机构参与；同时，制定优惠政策，引导大型商业银行为贫困地区低碳开发融资，所获CERs由金融机构或者项目开发者储存起来进行市场交易；引导金融机构开展低碳扶贫信贷，在强化自身社会责任的同时，积极为低碳扶贫融资。

在优化资源配置的模式中，碳减排机制较为突出。碳减排机制主要分为强制减排机制和资源减排机制。虽然我国尚未承担“强制减排”义务，但减少二氧化碳排放已成各国扩展工业化发展空间的重要战略手段，而且有必要提早建立强制减排机制。只有依托于强制减排机制，才可以形成碳减排配额、碳排放许可证等可交易的碳产品。这些碳产品通过国内CDM项目流向贫困地区，将形成经济发达地区政府和企业支持贫困落后地区发展的良性机制。一方面，政府可以基于社会责任和“碳中和”的基本要求，开发自愿减排机制，建立自愿碳交易市场，积极引导企业、个人、NGO等社会多方力量参与低碳扶贫。建立与国情相符并兼容国际规则的自愿碳交易市场的项目核证体系、注册体系、定价体系；在国内碳交易市场成熟时，和国际对接，充分利用外资资源。另一方面，开通和增设“低碳扶贫”慈善融资渠道，引导碳资金向贫困地区的减排项目流动。企业是参与低碳扶贫不可或缺的力量，鼓励大型企业资助成立低碳扶贫基金。一些大中型企业在低碳扶贫的宣传方面也颇为重视，中国海洋石油集团有限公司、大唐集团等都广泛开展了低碳宣传活动。2011年12月

---

① CERs（Certified Emission Reduction）是CDM项目下允许发达国家与发展中国家联合开展的二氧化碳等温室气体核证减排量。这些项目产生的减排数额可以被发达国家作为履行他们所承诺的限排或减排量。

② 赤道原则（Equator Principles，EPs），财务金融术语，是一套非强制的自愿性准则，用以决定、衡量和管理社会及环境风险，以进行专案融资或信用紧缩的管理。

26 日，知名环保投资机构 Ausante 公司与国龙（天津）股权投资基金公司在北京联合宣布正式启动"低碳减排共成长　传递关爱创和谐——低碳扶贫 2012 中国行动计划"，该计划由 Ausante 公司发起在全国范围内无偿捐助栽种 450 万棵树苗等多项低碳扶贫行动，以实际行动参与应对气候变化，通过金融产品和服务创新促进社会扶贫助贫事业的可持续发展。

二、我国发展低碳扶贫的对策建议

低碳扶贫产业政策主体单一化和补偿方式单一化是普遍存在的问题，因而实现低碳扶贫补偿主体多元化，完善补偿方式的多元化，是推进低碳扶贫发展的有效措施。

（一）实现低碳扶贫补偿主体的多元化

低碳扶贫的补偿主体多为政府，通过财政性转移支付、区域性差异化补偿措施，建立生态补偿基金，进行整体性投入。这种政府主导型的生态补偿机制虽然能发挥政府集中力量办大事、统一调配扶贫资源的优势，但过度"包办"在一定程度上削弱了全民参与碳汇扶贫补偿的积极性。而实现低碳扶贫补偿主体的多元化，逐步引入市场机制，使更多的社会力量成为低碳扶贫中的补偿主体，既能更大限度地调动社会力量参与扶贫的积极性，又能实现低碳扶贫的高效可持续发展。同时，市场主体具有数量多、辐射面广的特点，且主要包括社会公众、市场企业、金融机构、国际组织等主体。因此，充分吸收公众、企业等社会力量成为低碳扶贫的补偿主体，能够拓宽补偿资金的来源，实现低碳扶贫补偿的长期化和最大化，进而实现低碳扶贫的高效可持续发展。

（二）推进低碳扶贫补偿方式的多元化

实践表明，多元主体参与扶贫有利于调动扶贫积极性，一定程度上弥补政府主导扶贫的弊端。因此，需要不断探讨低碳扶贫补偿方式的多元化。一要构建市场补偿方式。一方面，吸收国际补偿新近经验，发达地区通过 CDM 林业项目向欠发达地区提供资金和技术，抵减其减排指标，对欠发达地区的森林碳汇给予补偿；另一方面，借鉴国内发达地区的低碳扶贫经验，企业通过收购森林碳汇指标等方式对森林碳汇经营者给予补偿，为其对大气环境造成的污染付出代价，进而履行其减排义务，承担社会责任以实现森林碳汇的市场化。二要构建社会补偿方式。根据本国国情与当地的资源情况，建立绿色碳公益基金，倡导社会公众为绿色低碳做出贡献；创新森林碳汇抵押贷款方式，发行绿色债券和绿色票据，拓宽森林碳汇集资融资渠道，拓宽居民投资理财方式。

（三）明确生物质能产业的优势

生物质能是自然界中有生命的植物提供的能量，植物以生物质作为媒介储存太阳能，属可再生能源。人类历史上最早使用的能源就是生物质能。据统计，生物质储存的能量为270亿千瓦，比目前世界能源消费总量还多2倍。

生物质能产业对于推进低碳扶贫发展具有重要作用，既能变废为宝，产生一定的经济效益，提高农业资源利用率，又能净化空气、美化环境，推进生态文明建设，助力建设美丽中国。我国是一个农业大国，农业生物质资源丰富，具有开发生物质能产业的潜力，可以借鉴国际发达地区发展生物质能的成功经验，因地制宜，合理开发生物质能产业。一是结合自身特点与资源禀赋情况，适当发展生物液体燃料。因山、因坡、因谷种植树木、木薯、甜高粱等作物，在保护生态环境的前提下，适度开发生物液体燃料种植。二是建设生物液体燃料基地。在不影响环境、土壤、水源等因素的条件下，适度利用生物进行秸秆发电、生物质能成型燃料、生物质能发电。三是开发沼气项目。回收农村废弃农作物，利用现代化生物气化技术，建设沼气池，实现农作物的可回收循环利用，进而提高农业资源利用率，增加村民的持续性收入。

第四节　低碳扶贫的主要模式

在全球倡导走低碳发展道路的背景下，我国贫困地区的脱贫致富不能延续传统的发展模式，应当适应低碳扶贫发展新模式，进一步思考如何促进贫困地区脱贫致富和可持续发展。我国在适应低碳扶贫发展的过程中，应充分引导贫困地区发挥自主创新精神，将精准扶贫与低碳理念相结合，总结出适合本地发展的低碳扶贫模式。低碳扶贫的主要模式包括森林草原碳汇扶贫模式、特色生态农业扶贫模式和低碳旅游扶贫模式。

一、森林草原碳汇扶贫模式

进入21世纪以来全球气候变暖加剧，极端气候发生频率有所增加，各国对于生态建设的重视日益增强，降低空气中的二氧化碳浓度成为各国发展的重点。森林是陆地上面积最大的生态系统，具有吸收二氧化碳释放氧气的功能，因此，森林的碳汇功能受到了前所未有的重视。

（一）森林草原碳汇扶贫的基本概念

森林草原碳汇扶贫模式将森林碳汇①、草原碳汇②与碳汇交易相结合，通过低碳经济的发展推进脱贫攻坚，既能最大限度地保护生态环境，又能有效帮助贫困地区实现脱贫。森林碳汇和工业减排是应对气候变化的最主要、最有效手段。与工业减排相比，森林固碳所花费的成本较低、生态环境效应突出。全世界陆地生态系统中的碳总存储量约为2.48万亿吨，森林储碳量占46.37%。在植物生长旺季，1公顷阔叶林每天吸收的二氧化碳量高达1吨，而在森林中，每生长出1立方米的树木，可吸收二氧化碳1.85吨，释放氧气1.65吨。因此，森林在减排过程中起了至关重要的作用。森林固碳通过借助植物的光合作用得以进行，通过吸收空气中的二氧化碳，并将其转变成有机碳，最后固定在土壤或植物中。树木在被砍伐后，以木材的方式被长期有效利用，以建筑材料为例，正常可储存碳40~50年，也能在一定程度上起到固碳作用。一般而言，森林固碳的作用主要表现为木材对其他建筑材料进行替代，以减少生产中二氧化碳的排放量，以及木材对石化能源进行替代，以减

① 森林碳汇，即森林系统在发展中通过森林管理、森林经营、森林再造等活动吸收空气中的二氧化碳，并将其固定在土壤或者植被中，从而降低空气中的二氧化碳浓度。

② 草原碳汇，即草原植物通过光合作用将大气中的二氧化碳吸收并固定在植被与土壤当中，从而降低大气中的二氧化碳浓度过程。

少二氧化碳排放。由此可见，森林碳汇在固碳和碳排放上具有重要的作用，对于生态环境的保护和发展也具有深刻的影响，因此，森林碳汇扶贫是低碳扶贫产业的重要模式之一。草原碳汇利用草原植被的储碳功能，通过退耕还草、加强草原经营管理、适当减少放牧、加强草地植被保护等活动进行，按照相关规则与碳汇交易相结合的过程、活动或机制。草原碳汇具有经济作用与生态作用双重效益，既能通过合理的定价和核算机制进行碳汇交易，又能平衡生态、调节气候、净化水源与空气，是碳汇交易的重要模式之一。

森林草原碳汇扶贫是以欠发达地区的宜林地等资源开发为基础，以市场机制为主导，以贫困群众受益和发展机会创造为宗旨，通过实施森林碳汇项目，不断提高贫困群众收入，改善贫困群众生活条件，在促进森林草原碳汇产业发展的过程中实现减贫脱贫的新兴扶贫模式。① 我国在多个地区都开展了森林草原碳汇试点项目，为以森林草原碳汇为依托进行低碳扶贫提供现实基础。

（二）河南新县森林碳汇扶贫的基本情况

河南省新县森林碳汇扶贫取得了一定成效，以河南省新县森林碳汇扶贫模式为案例进行分析，有利于摸清森林碳汇扶贫的自身特点与规律，为其他地区因地制宜地推进森林碳汇扶贫提供经验支撑。

1. 新县自身区位优势

新县发展森林碳汇扶贫自身的区位优势非常明显。新县位于河南省信阳市东南部、大别山腹地、鄂豫两省交接地带，地处北亚热带向北暖温带过渡地带，属大陆性湿润季风气候，四季分明，雨量充沛，光照充足，是一个以林业为主的山区县，被形容为“七山一水一分田，一分道路和庄园”。全县植被覆盖率达93%，森林覆盖率达71.2%，空气中每立方米负氧离子含量1.4万个以上。新县耕地面积为19.8万亩，占全县总面积的8.2%；山场面积188万亩，占77.8%；水域面积6.73万亩，占2.78%；林业用地162万亩，占

① 曾维忠，张建羽，杨帆．森林碳汇扶贫：理论探讨与现实思考［J］．农村经济，2016（5）：17－22.

67%，人均 5.86 亩。全县有林地 159 万亩，占林业用地的 98%，其中用材林 79 万亩，经济林 45 万亩，薪炭林 11 万亩，防护林 21 万亩，活立木蓄积量 181 万立方米。全县拥有国营林场 22 个，村组办林场 700 多个，户或联户办林场 1000 多个。2018 年 9 月 26 日新县被授予“中国天然氧吧”称号，2018 年 12 月 27 日新县荣获第二批国家生态文明建设示范县。总体而言，新县的自身区位优势明显，森林资源丰富，拥有良好的空气质量，造就优越的森林固碳能力。该地区巨大的碳汇储存量为其发展森林碳汇经济提供了坚实的基础，为开展森林碳汇扶贫提供了良好的条件。

2. 政府支持力度不断加大

新县政府高度重视发展森林碳汇扶贫，通过全面激活市场、激活要素、激活主体，不断解决制约农村发展森林碳汇扶贫的深层次矛盾和问题。一是持续推进农村改革，充分发挥美丽乡村、森林碳汇、脱贫攻坚三大平台作用，进一步充实完善涉农资金整合项目库。加快集体林权制度改革，推进“三权分置”，扩大林权抵押贷款规模，增加碳汇交易试点，探索公益林分级管理机制，逐步解决商品林划入公益林等问题，守住“绿水青山”，创造“金山银山”。不折不扣落实林业补贴办法要求，实施林业保护补贴，保护森林面积以及健康发展。二是稳妥推进农村产权制度改革，探索集体经济股份制改革试点。启动树木、森林碳汇产品等保险试点改革，进一步盘活农村资产，基本建成归属清晰、权责明确、保护严格、流转顺畅的现代农村产权制度，激活农村发展集体经济。深化供销社综合改革，完成国有林场改革，推进小型水利工程管理体制改革，构筑更加稳固的农村改革四梁八柱。三是不断完善农村基础设施建设，对农村交通道路和网络设施进行大规模建设与完善，实现农村焕然一新，为农村与外界联系进行森林碳汇提供方便的信息资讯与交通条件。随着新县政府对森林碳汇扶贫支持力度的不断加大，以及其他扶贫措施的不断推进，2018 年 8 月，河南省新县率先通过国家级贫困县退出评估，顺利摘帽，为下一步乡村振兴战略的实施奠定了基础。

3. 森林碳汇扶贫的效果

河南省新县开展森林碳汇扶贫，对贫困地区脱贫致富、全面建成小康社会产生了建设性效果。从森林碳汇驱动区域经济发展的效果来看，森林碳汇扶贫具有低成本、多劳动力优势，能够利用扶贫开发资源，改善区域交通条件、提高林业管理技术、增加就业机会、加强基础设施建设、修复生态环境，进而推动贫困地区的经济发展；从森林碳汇帮助农户增收脱贫的效果来看，贫困农户既能以土地流转、出租和入股的方式参与森林碳汇，获得财产性收入，又能参与森林管理与维护工作获得劳务性收入，还可以获得出售后的红利，通过与市场的相互交流增加自身的社会资本，提高自身的可持续发展能力；从扶贫的内容来看，森林碳汇经济发展既能够提高贫困群众的经济总收入，又能够提高其对森林的管理与抚育能力，不断增强其自主脱贫的内生动力。以新县沙窝镇为例，2017 年新县承办河南省森林碳汇交易项目——新县沙窝镇碳汇造林富农项目，该项目共涉及林地 5430 亩，年均碳减排量 6600 余吨，年可实现收入 20 多万元，200 余名贫困群众从中受益。

（三）河南新县森林碳汇扶贫中存在的问题

河南省新县实施森林碳汇扶贫为当地脱贫攻坚工作带来一定成效，逐步探索出适合本地发展的低碳扶贫道路。虽然河南省新县森林碳汇扶贫开展得相对顺利，且取得了良好效果，但是依然存在一定问题。

1. 森林碳汇与精准扶贫对接机制有待完善

河南省新县发展森林碳汇经济的初衷在于探索一条行之有效的“绿水青山就是金山银山”的绿色发展方式，平衡经济、社会、环境之间的利益。但由于森林碳汇经济具有前期投资大、实施程序复杂等特点，该地区森林碳汇扶贫过程中出现了贫困群众参与度低、部分乡镇群众接受困难等问题，影响了森林碳汇扶贫模式的有效开展，更无法实现碳汇产业发展红利共享。因此，逐步完善森林碳汇与精准扶贫有效对接机制，充分发挥森林碳汇扶贫的作用势在必行。

2. 森林碳汇资源比较优势逐渐降低

随着国内碳汇市场的不断成熟，碳汇市场的产品日益丰富，森林碳汇资源带动扶贫的边际效益与比较优势逐渐降低。主要表现为：一方面，草地碳汇、农田碳汇等新碳汇形式的出现会对河南省的森林碳汇产生冲击；另一方面，各地森林资源丰富地区开始重视森林碳汇的经济效益，不断提供更多的森林碳汇市场供给份额，而森林碳汇市场供给份额的增加势必会在一定程度上拉低森林碳汇的市场价格。长此以往，在现有碳汇市场体制机制尚未完善的情况下，森林碳汇资源的比较优势会日益消散，会在一定程度上影响甚至造成原有森林碳汇市场的动荡。

3. 贫困户参与森林碳汇的积极性不高

贫困户参与森林碳汇经济的意愿相对较低，影响了森林碳汇扶贫工作的开展。贫困户对于一种新生事物的接受需要一个过程，个别人对实施森林碳汇仍持怀疑或者不相信态度；而已经熟悉种植农业的贫困户，大部分学习新知识的意愿与接受度较低。然而，森林碳汇扶贫作为新出现的扶贫模式，需要贫困户不断掌握技巧并按要求实施，其参与意愿的强烈程度直接影响森林碳汇扶贫的推广，影响森林碳汇的扶贫效果。

4. 森林碳汇后备人才资源短缺

森林碳汇后备人才是指对森林碳汇知识充分了解、明确掌握如何进行碳汇交易的后备人员。森林碳汇经济的发展具有多学科交叉性，森林碳汇量的测定、碳汇能力的提升、碳汇市场交易等各环节均需要不同类型的前沿性人才作为支撑，而人才资源短缺构成制约河南省新县经济社会发展的巨大瓶颈。在森林碳汇扶贫中，缺少强劲有力的人才保障影响了河南省新县森林碳汇扶贫的推广与普及，使得新县森林碳汇经济发展难以适应森林碳汇经济的发展形势，无法深度参与国际和国内的森林碳汇经济的市场竞争。

5. 破坏森林资源现象依然存在

当地政府虽然将生态建设作为重中之重，开展了诸如严厉打击破坏森林资源的违法行为的“绿剑行动”，使得盗伐林木、挖山毁林等违法现象得到有效遏制，但是破坏森林资源的行为依然存在。受市场经济影响，部分人为了赚钱，对森林、树木下手，出现了偷盗树木的现象；同时，在部分地区由于冬季缺少集中供暖，也存在为了供暖生火而乱砍滥伐森林的情况。

（四）河南新县发展森林碳汇扶贫的主要应对措施

河南省新县人民政府为解决森林碳汇扶贫中存在的各类问题，采取了积极的应对措施，为更好地实施森林碳汇扶贫工作起了积极的作用。

1. 培育碳汇经济人才，实现与贫困群众知识对接

培育碳汇人才，解决碳汇人才储备不足问题，成为实现森林碳汇可持续发展的基础。通过加大人才培训力度，吸引和培养更多的技术人才参与，为河南省新县培育人才提供支撑；加大人才引进力度，提供优越的政策条件，吸引外地碳汇人才为本地森林碳汇扶贫服务；加强国内外科研领域交流与合作，吸引更多的国内外专家关注森林碳汇经济的发展。同时，需要提高贫困群众对森林碳汇知识的认识，通过激发贫困群众学习热情，鼓励其参与碳汇知识的学习，解决贫困地区人口参与意愿低的问题。增加对贫困群众碳汇知识的培训，定期举行森林碳汇知识培训课程，利用互联网随时分享碳汇知识的相关视频、语音、文字材料等资料，丰富学习内容，增强碳汇学习的趣味性。将理论与实践相结合。碳汇学习中应当增强贫困群众的动手操作能力，让贫困群众在实践中理解理论、牢记理论。运用案例教学，解决碳汇学习中的“拦路虎”，增强群众对碳汇学习与实践的理解能力，提高人民参与碳汇扶贫的积极性。

2. 完善低碳发展制度，为森林碳汇扶贫提供政策保障

要在经济增长与环境保护矛盾日益突出的今天，把握好发展低成本和多效益的森林碳汇经济的机会，做好欠发达地区的经济开发与环境保护，需要不断完善各类低碳发展制度，为森林碳汇扶贫提供政策保障。新县人民政府不断完善森林碳汇扶贫相关制度：通过探索林权“三权分置”，建立“林权抵押贷款 + 森林保险 + 担保”机制，制定《新县林权流转登记管理办法》《新县林权流转证发证管理办法》，新增林地流转面积约 1.5 万亩、林权抵押贷款 9525 万元；通过加大生态功能区项目资金投入和转移支付争取力度，加快碳排放权交易试点工作，探索多元化生态补偿机制；积极推进国有林场改革，出台《新县国有林场改革方案》，按照“改革保稳定，转制促发展，定编不定人，分流不下岗”的原则。

3. 加大宏观调控力度，为森林碳汇扶贫提供发展前景

新县人民政府加大宏观调控力度，积极改善森林碳汇扶贫发展条件，为森林碳汇扶贫发展奠定基础。通过树立抓基层的鲜明导向，加大基层基础建设力度。先后投入 105 万元，新建和完善了便民服务平台建设，利于村民获

取外界信息，为实施森林碳汇提供基础保障。推进“金桥工程”。通过引回外出成功人士，发展全省首家“碳汇林”项目5430亩，年增收20多万元，带动209名贫困群众脱贫增收，为森林碳汇扶贫打造光明前景。不断壮大集体经济。依托国家扶贫政策，围绕农民致富，找准发展的短板，着力增强村级组织服务脱贫攻坚“造血”功能，先后争取扶贫资金100万元，发展壮大集体经济，为发展森林碳汇提供集体资金保障。探索开展碳汇交易形式。由政府牵头，新县林业局与新县兴盛新能源科技有限公司签署了《新县林业CCER项目合作开发框架协议》，为推动森林碳汇扶贫做出了巨大的贡献。通过建设大别山（新县）国家公园，并编制生态文明示范县规划纲要，巩固提升国家生态县创建成果，为发展森林碳汇扶贫提供强有力支持。

4. 加大森林保护力度，构建森林碳汇储存库

新县人民政府不断加大森林保护力度，积极构建森林碳汇储存库。一方面，加强森林管理。相关部门通过设立“林长制”，严厉打击盗挖、交易古树名木等违法行为，对相关审批事项进行公示，并公布监督电话，严把程序关、审批关，实现林政资源管理工作常态化、长效化；同时，充分发挥国家生态县资源，将林业资源优势上升为碳汇交易优势，建立利益机制，尊重贫困户主体地位，保护贫困户利益，促进林政资源得到更好的保护。另一方面，改善森林规模与质量。扩大森林面积，提高森林质量，提高森林固碳能力，森林覆盖率达到78%，构建碳汇储存库。首先，加快县域内林业建设，扩大森林面积。按照《河南林业生态省建设提升工程规划》，在继续组织实施好天然林保护工程、退耕还林工程等国家级林业重点工程的同时，搞好生态道路网络、城镇社区绿化美化、农田防护林、山区营造林四大省级重点生态工程，不断扩大县域森林面积。不断调整林业工程项目的区域布局，按照河南省新县主体功能区规划和林业发展区划，调整林业工程项目的区域布局，在全县范围内规划启动林业碳汇项目，并尽量选择固碳能力强的树种，比如栎类、杨树等。提高森林质量，认真搞好抚育采伐，在有条件的地方通过进行林地施肥、灌溉以及林地保护等手段增加高效林面积；对于低效林，除条件恶劣、不能改造的林地，其余的都改造为高产高效的森林成分，并参照《中国森林可持续经营指南》，分区编制森林经营方案，积极推广和普及先进、成熟、适

用的森林经营新技术成果，科学经营管理森林，优化林种、树种结构，以进一步提高森林资源规模和固碳能力，形成碳汇存储库。

（五）新县森林碳汇扶贫的主要经验

新县在开展森林碳汇扶贫工作时，一直以扶贫为导向，依赖于碳汇产业，保障贫困群众参与，最终帮助贫困地区人口实现脱贫，这是一种新兴的脱贫模式。河南省新县这一新兴扶贫模式与传统“输血式”扶贫模式不同，它以增强贫困地区人口自身造血能力为主，充分挖掘贫困地区经济自身发展潜力，进而实现贫困地区经济发展与贫困地区人口脱贫，并在防止返贫方面发挥着极大作用。因此，对河南省新县森林碳汇扶贫的主要经验进行总结，对其他地区发展森林碳汇扶贫具有一定借鉴意义。

1. 以政府为先导

森林碳汇扶贫属于新生事物，在实施森林碳汇扶贫时政府要做好引导作用。新县政府在开展碳汇扶贫过程中，注重政府先行，不断运用宏观调控为森林碳汇扶贫营造良好环境。一是完善贫困地区基础设施，建立便民服务平台。一方面，加大森林碳汇扶贫信息宣传，鼓励贫困地区人口参与到森林碳汇经济项目交易中；另一方面，方便贫困群众获取森林碳汇交易信息，谨防上当受骗，为后续开展森林碳汇扶贫奠定基础。二是坚持“绿水青山就是金山银山”的生态保护观念，把森林碳汇扶贫与当前生态文明建设、全域旅游发展、实施乡村振兴战略等紧密结合。新县积极带头种植“碳汇林”与建立大别山（新县）国家公园，为拉动所在区域的经济发展，为守护绿水青山、建设美丽中国做出了应有贡献。三是积极探索碳汇交易形式。新县政府以林业碳汇为切入点，以增加林业生态效益价值与提高贫困户收入为基础，把探索开展碳汇交易作为新县国家农村改革试验建设的重点任务，充分发挥政府的权威作用，成功带头与新能源公司签订协议。四是提供充足的资金保障。一方面，政府加大研究资金投入力度，尤其在低碳扶贫人才培养、推广、培训等方面的投入，规避低碳扶贫人才资源匮乏局面发生；另一方面，政府为科研和实践项目的实施提供资金与场地支持，加强与国际国内相关领域合作，共同发展低碳经济，不仅加速与国际、国内低碳市场接轨，还为低碳项目在本地的实施提供保障。

2. 以贫困群众为核心

新县开展森林碳汇扶贫始终以贫困群众为核心，促进当地贫困群众脱贫致富。新县森林碳汇扶贫以贫困人口脱贫为核心内容和中心任务，以提高贫困人口的生活质量、精神质量为落脚点，真正将群众观点、群众路线贯彻到底，切实增强贫困群众的可持续发展能力。充分发挥贫困群众的主体作用，精确瞄准扶贫对象和扶贫主力，真正动手发动贫困群众，保障其在脱贫攻坚中的知情权、参与权、选择权和监督权，充分调动其脱贫攻坚的积极性与创造性，创造了属于本县的脱贫攻坚历史。

3. 以规范制度为保障

完善的制度能够最大化保障森林碳汇扶贫的效益，不仅能够使贫困地区人口与企业的利益得以保障，还能规范森林碳汇交易，使其及时止损，充分发挥市场对资源配置的决定性作用。不断完善保护和发展森林资源的规章制度。通过保护森林资源，逐步改善林业结构，提高林地质量，为构建碳汇储存库提供条件。健全督导检查机制。严格落实“林长制”等领导负责制，采取定期与不定期检查、明察与暗访、抽查与全面检查相结合的方式，及时掌握工作动态，及早发现问题，迅速督促整改。完善林权分置制度，消除不利于碳汇扶贫的障碍，使得贫困群众企业与贫困地区人口更方便开展森林碳汇交易。构建森林碳汇扶贫制度，为开展森林碳汇扶贫提供优越的区位优势。不断探索贫困群众参与森林碳汇扶贫的方式，以林地入股、林权转让等方式保障贫困群众积极参与，完善碳汇经济交易红利分享制度，保障贫困地区人人参与、人人享有。完善森林碳汇补偿机制。一方面拓宽补偿资金来源，实现政府专项资金、社会行业基金等多方面补偿；另一方面完善森林碳汇保险制度，降低交易双方的风险，使得在发生意外的情况下，交易双方的利益损失能够降到最低。

二、特色生态农业扶贫模式

低碳发展在社会发展中越来越引起重视。一方面高农药、高化肥的传统农业模式与当今倡导绿色低碳的发展观念相冲突，不利于构建与发展特色生态农业；另一方面将精准扶贫与生态农业相结合顺应了低碳经济发展要求，既有利于贫困地区人口脱贫致富，也有利于当地生态环境的保护，最终实现经济发展与生态环境保护的双赢。因此，建立特色生态农业，在发展特色生态农业扶贫的过程中，实现低碳经济的可持续发展，成为带领贫困群众脱贫致富的可行性方案。

（一）特色生态农业扶贫的基本概念

生态农业扶贫模式是在我国脱贫攻坚实践中开创的一种新模式，这一模式既满足了贫困地区消除贫困的迫切要求，又在绿色发展中实现了保障生态安全的重要目标。生态农业扶贫主要是秉承低污染、低排放、低能耗的“三低”理念，引入创新机制，为传统农业注入先进生产要素，推动农业生产方式的转变、促进市场需求与农业生产对接，走“生产发展、生活富裕、生态良好”的可持续发展道路，集经济、社会、生态效益于一体的低碳循环、高效生态的扶贫模式。如近年来陕西省汉中市大力推进低碳生态农业扶贫，截至2016年年底，汉中市发展市级以上现代农业园区154个，其中省级园区37个、市级园区127个。园区始终坚持低碳发展理念，积极创新产业发展模式，推行“园区+企业+合作社+农户”的组织形式，“猪—沼—菜—加工—休闲观光”一体化发展，拓展了农业产业功能，提升了农业综合效益，提高了脱贫攻坚成效。

特色生态农业是在绿水青山发展理念下，适应低碳发展需要产生的，发展特色农业资源，促进经济发展的新型农业模式。特色生态农业扶贫适应了发展特色生态农业的需要，将特色生态农业发展与扶贫相结合，成为带动贫困群众脱贫的新型扶贫模式。我国土地辽阔，每个区域发展都有自身的特点，广西壮族自治区那坡县（以下简称广西那坡县）发展特色生态农业扶贫，走出了一条适合本地发展的新型低碳扶贫道路，值得推广与借鉴。广西那坡县在这一背景下，充分整合社会、生态、政府资源，依托当地区位优势，创新了特色生态农业扶贫模式，取得了良好的脱贫效果。

（二）广西那坡县特色生态农业发展的基本情况

广西那坡县立足本地实际，依托特色地形优势发展生态农业，形成产业，带动了经济发展。那坡县基本情况、特色生态农业发展现状、特色生态农业模式发展状况，都对当地实施特色生态农业扶贫产生重要影响。

1. 广西那坡县基本情况

那坡县位于广西壮族自治区西南角，在百色市最西边，东临广西壮族自治区靖西县，西接云南省富宁县，南与越南接壤，是典型的山地形区，山地总面积占全县总面积的9%。全县总共占地面积为22.34万公顷，可用耕地的总面积为12.6万亩，人均占有可用耕地面积为不足0.6亩，下辖9个乡。长期以来，那坡县是国家重点开发的贫困山区县城，是典型的“老、少、边、山、穷”的地区。少数民族人口在当地占比较大，除汉族、壮族外，还居住着苗族、瑶族，少数民族人口占全县人口总数的95.5%，属于一个多民族化的少数民族山区县城。

2. 广西那坡县特色生态农业发展情况

近年来，随着国家对边境少数民族地区的扶贫开发政策增多，那坡县依托特有自然资源，合理调整农业生产结构，科学布局，统筹发展桑蚕业、特色水果、牲畜养殖、中药材、油茶等特色生态农业。

（1）桑蚕业产值不断扩大

那坡县桑园面积不断扩大，2017年在计划新种桑园13817亩的基础上，追加发展1500亩，新老桑园面积达8.07万亩。桑蚕产值逐年增加，2017年鲜茧产量达465.5千克，产值达2.32亿元。随着脱贫力度增大，该地区的人民收入增加迅速。那坡县的桑产脱贫贡献显著，相关数据表明，2015—2017年养蚕脱贫达8600人，人均年增收2500元以上，桑蚕脱贫贡献率由2015的12%上升到2017的41%。

（2）中药材产业成为重点

那坡县地形以山地丘陵为主，且夏季光热水资源充足，适宜中药材种植。由于中药材种植的含金量较高，成本相对较低，该县大力发展中医药，并成为广西中药材生产的重点基地之一。全县中草药种植面积达8643.8亩，覆盖贫困户 1947 户 7009 人，占种植户总数的 56.2%，其中紫背板蓝根种植 7517.8 亩，山豆根种植 876 亩，田七种植 250 亩。

（3）油茶业发展良好

那坡县的油茶种植历史悠久，是广西油茶的重要产地之一，主要分布于城厢镇、百都乡、德隆乡等乡镇。那坡县人民政府将扶持油茶产业的发展摆在突出位置，将油茶种植作为本县的重点产业之一，不断提高该产业的种植面积与年产值。截至 2017 年，那坡县累计发展油茶 15 万亩，年产值 18.1 亿元，大大增加了区域内的群众收入，为脱贫攻坚做出了突出贡献。

3. 广西那坡县特色生态农业模式发展情况

那坡县政府不断树立绿色发展理念，不断创新生态农业发展模式，形成“公司 + 基地 + 合作社（农户）”的经营模式，促进内源脱贫与外源扶贫相统一，增加贫困群众的经济来源，提高贫困群众的脱贫致富能力。通过吸引企业投资，充分发挥生态农业龙头企业的带动作用；建设种植基地，与贫困村建立结对帮扶关系，带领贫困户发展高产生态农作物种植；与贫困村农户签订生态农产品收购协议，将村民种植生态农产品统一收购、加工处理，在降低农户生产风险的基础上，引领其创造经济价值。以城厢镇口角村油茶新造林示范区为例，充分发挥了当地的龙头企业——翠珠园林业科技有限公司、口角村油茶专业合作社、农户、示范区的多方协同作用。公司负责出资购买苗本、农料、私药等物资，合作社的社员在自家林地造林并抚育管理，公司按市场价格优先收购，招揽农户配送油茶成品，形成了“电商 + 网购 + 配送”模式，不仅拓宽了油茶销路，还起了宣传示范区的作用，让更多人了解到当地的优质油茶。这种“公司 + 基地 + 合作社（农户）”的经营模式与“电商 + 网购 + 配送”的电商销售模式相结合，使得当地的产业发展渐成体系，产业链日趋规模，不仅为村内提供了众多就业岗位，提高了群众的收入，还增强了村民自主致富的积极性，提高了贫困群众的脱贫内生动力。

（三）广西那坡县特色生态农业扶贫中存在的主要问题

广西那坡县依托当地的有利地形和特色生态资源开辟了特色生态农业扶贫道路，取得了一定成效，但也暴露出部分问题。

1. 基础设施相对落后

基础设施是带动贫困地区特色生态农业发展的硬件基础。那坡县的部分乡镇受区域限制，交通设施、公共服务等基础设施相对落后，制约了当地特色生态农业发展。那坡县部分基础设施都相对落后，低于全国平均水平，急需重建。如贫困村的道路以土路为主，晴天尘土飞扬，雨天泥泞不堪，交通极不方便，急需硬化道路、改善交通；住房以砖房、瓦房、土方为主，危房、废房较多，急需翻修住房；水电网等基础设施不完善，亟待建立健全。

2. 特色生态农业链不长

近几年，那坡县特色生态农业有了一定发展，但并未形成农产品深加工、市场营销和售后服务一条龙产业链。那坡县的特色产业链不长主要受制于以下因素：一是农产品深加工企业未形成。虽然部分特色生态农业已经初具规模，但受当地经济、技术水平的制约，大部分产业仍以初级生产阶段为主，农产品深加工企业十分鲜有。二是市场营销跟进不足。由于当地特色农业产业不多，特色生态农产品销售没有通过契约来形成稳定的协作关系，多数特色农产品营销基本来源于零散客源，而且那坡县形成的特色种养基地规模不足，培育的扶贫龙头企业不多，品牌效应不足。三是特色生态农业售后服务无法满足需要。由于当地种植以“油茶、草药”等为主，在运输过程中可能会出现产品受损，进而影响产品质量，而那坡县尚未建立统一的售后服务中心来解决这一类问题，使得当地的特色生态农业售后服务跟不上。

3. 破坏生态特色农业行为仍然存在

贫困地区大多交通闭塞、与外界长期脱节，加之贫困户并没有树立低碳绿色环保的意识，对于如何种植采取的依然是传统的种植技术。同时，受市场经济的影响，贫困户大多使用化学肥料和农药以保证农产品产量，使得土壤生产力受到破坏，碳排放量增加，不仅不利于生态环境的保护，而且不利于当地经济的可持续发展。绝大多数农村地区的村委会也没有树立生态农业的发展意识，未采取有效的预防和组织措施。

（四）广西那坡县发展特色生态农业扶贫的主要应对措施

当地政府在充分认清自身问题的基础上采取有力措施，发展特色生态农业，提出夯实农村基础设施建设、加大生态科技投入、继续发展绿色生态农业等举措解决问题，为更好地发展特色生态农业提供了有利条件，营造了发展特色生态农业的整体环境。

1. 加强农村基础设施建设

加强农村地区基础设施建设能为那坡县特色生态农业的发展提供重要的前提基础。农业基础设施建设是一个复杂的工作，需要自上而下统筹发展。那坡县委、县政府将基础设施建设与政绩考核挂钩，实行领导班子责任制，明确农村基础设施规划、建设责任与监督考查机制，将各项工作落到实处。因地制宜建设农村基础设施。从当地的特色生态农业桑蚕、油茶、中药材等产业出发，围绕农业示范基地发展所需的基础设施分类施策，如农田排灌、用水不便等，因地制宜完善农村基础设施。发展蓄水工程。在当地较为干旱的山区，建设蓄水工程，并加强对水库和蓄水工程的修整，确保储备水源充分。调动农民的积极性和参与性。在推进农村基础设施建设的计划中，充分让农民群众参与到基础设施建设当中，增强其主人翁意识，使广大农民认识到推进农村基础设施的重要作用。

2. 加大生态科技投入力度

那坡县特色生态农业扶贫，高度重视科技是第一生产力的作用，在农业发展中引入现代化农业科技，从科技角度助力打赢脱贫攻坚战。一要加强基层农技服务体系建设。培养一支具有懂农业、爱农村、爱农民情怀的农技服务和指导工作队伍，进村入户、深入田间地头，在“田间课堂”面对面、点对点开展生产农技服务指导，真正提高农户的增收、创收能力。二要强化科技对特色生态农业建设的支撑作用。以科技创新示范和带动贫困户参与生产活动，集成推广适宜的新品种、新技术，培育和发展家庭农场和专业大户，提升产业的规模和效益。三要大力开展针对贫困群众的技能培训。充分发挥科技是第一生产力的作用，因人、因户开展针对性的技能培训，真正做到“培训一人，就业一个，脱贫一户”。四要推进贫困户转型为新型职业农民。以科技创新为切入点，创新职业农民培养模式，加快培育一批“有文化、爱农业性技术、会管理、善经营”的新型职业农民。

3. 继续发展绿色生态农业

那坡县始终以绿色发展理念为指引，不断探索特色生态农业发展模式。引进了电动刮粪机自动清粪技术，实现养殖污水单独回收。利用电动刮粪机集中收集粪便，并将其干湿分离脱水，进行厌氧发酵，发酵产生的气体能进行发电，固体沼渣能充当有机肥料，真正实现畜禽粪污“变废为宝”。通过发展畜牧业绿色生产方式，积极打造生态循环模式。沼渣沼液是绿色蔬菜生产的重要肥料，该县将生产的有机肥料投入到农业绿色无公害蔬菜生产中，构建起现代农牧结合、产加销全产业链融合的生态发展新业态。引导村民树立绿水青山就是金山银山的理念，减少农药化肥的使用，加大宣传力度，建立奖惩机制，完善村民村规，向村民宣传使用对生态有益的有机化肥，不乱倒生活污水等，对按村规执行的应该给予奖励或者生态补贴，对违反规定的要进行罚款。

（五）广西那坡县发展特色生态农业扶贫的主要经验

广西那坡县根据自身区位现状，开拓创新走特色生态农业扶贫道路，以提升脱贫内生动力发展生态特色农业、以生态科技推动生态农业扶贫升级、以生态资源整合拓宽生态农业扶贫途径，为其他地区发展特色生态农业提供了大量的宝贵经验。

1. 发展生态特色农业，激发贫困群众内生动力

那坡县根据本地区的农业情况，正确处理扶贫与提供高质量农产品的关系，走生态特色农业发展道路，发展特色生态农业。一是推行高效生态农业。在生态承载能力的基础上，以市场需求为导向，以绿色发展为原则，推广和发展生态农业，充分利用贫困群众的人力优势，在生态建设工程输出劳动力，让贫困群众直接参与到绿色产业发展全过程。二是基于特色农产品，培育绿色生态产业。鼓励策划“企业＋基地＋农户”“电商＋网购＋配送”等运作模式，在完善产业链流程的过程中，尽可能地为农村劳动力提供更多的就业机会，提升贫困群众参与生态特色农业运作的机会与能力，增强扶贫产业的稳定性。三是打造绿色农产品品牌。依托本地区特色产品，因地制宜地开发区域特色产品，打造“一村一品”“一县一品”，并做好品牌市场营销，增强

产品竞争力。

2. 加强生态科技创新，推动生态农业产业升级

为增强脱贫的可持续性，那坡县将生态科技创新摆在重要战略地位，处理好生态保护与经济发展之间的关系、当前利益与长远利益的关系，实施正确的发展战略。科学规划生态农业。那坡县依据自身丘陵、山地情况，因地制宜、合理布局农作物，将科技运用到油茶、中草药的种植与加工中，提高生态作物的产量与产品附加值，实现了生态保护与绿色农业、产业开发同步进行。以绿色技术推进地区经济发展。那坡县将对环境友好程度作为科技引进与否的依据，坚持环保低碳、低污染、低资源消耗的原则，不断引进自动清粪等绿色清洁技术，构建起现代农牧结合型循环经济，推动贫困地区发展。加快贫困户转型。那坡县政府通过引进生态农业技术和专门人才，创新培训模式，将理论知识传授给贫困户，并结合实际操作，推动贫困户转型为掌握新式技术的农户，从而使贫困户受益，既有利于保护生态环境，又有利于该地区脱贫致富。

3. 加强生态资源整合，拓宽生态农业扶贫路径

那坡县立足县情，一切从实际出发，以习近平生态文明理念为指导，深入贯彻"两山理论"，统筹人文、自然、资源、政策等因素，整合生态资源，开拓生态农业发展新路径。加大资金资源整合。自上而下整合当地的扶贫资金和生态保护资金，坚持抓"牛鼻子"，集中资金重点攻克当地的生态问题与基础设施不足问题，补齐民生短板。充分利用部门资源整合。推动市、县、乡、村纵向协调，职能部门横向合作，以形成部门联动、协同工作的工作模式，提高生态扶贫的效率。完善社会资源整合。在挖掘资源特色的基础上，政府充当生态农业扶贫模式的牵头者，积极引入企业、机构、农户广泛参与，形成"合作社＋农户""农企＋基地＋农户""公司＋农民合作组织＋基地＋农户""公司＋农业示范园区＋农户"等生态农业经营模式，构建全县参与的多元化生态农业大扶贫格局。

三、低碳旅游扶贫模式

低碳旅游扶贫是一种新型的扶贫模式，在坚持低碳发展过程中不仅保护

了生态环境，还带动了经济发展，帮助大多数贫困群众实现了脱贫致富。

（一）低碳旅游扶贫的基本概念

低碳旅游扶贫是以贫困地区丰富的旅游资源开发为基础，通过发展低碳旅游经济，促进当地经济发展，带动贫困群众脱贫致富的新兴扶贫模式。低碳旅游扶贫模式以尊重自然、保护自然为前提，以满足人们的精神文化需求为出发点，依托丰富的自然人文景观，通过现代科学技术的呈现，提供多样化的生态旅游产品，实现人与自然的和谐共生。低碳旅游扶贫能够使生态环境保护与扶贫开发相结合，是我国实施扶贫开发和乡村振兴战略的重要手段。吉林莫莫格结合自身丰富的旅游资源发展低碳旅游扶贫，取得了较快发展。了解莫莫格低碳旅游的现状、扶贫过程中存在的问题和解决措施，总结莫莫格低碳旅游扶贫的主要经验，为其他地区开展低碳旅游扶贫提供了一定借鉴。

（二）吉林莫莫格低碳旅游扶贫的基本情况

随着吉林省人民政府对低碳旅游越发重视，莫莫格依据自身条件，立足自身特色资源和得天独厚的优势开辟了低碳旅游扶贫模式，带动了当地经济发展。莫莫格发展低碳旅游的区位优势、政府支持力度和当地的特有资源，都对莫莫格自然保护区实施低碳旅游扶贫产生影响。

1. 吉林莫莫格发展低碳旅游的区位优势

吉林省莫莫格国家级自然保护区（以下简称莫莫格保护区），位于吉林省镇赉县境内。莫莫格保护区地处吉林、内蒙古、黑龙江三省区交界处，面积有 14.4 万公顷，是吉林省西部最大的湿地保留地。嫩江与洮儿河在保护区境内相汇形成了 8 万多公顷的适宜鹤鹳等水鸟栖息的沼泽湿地。其中嫩江沿岸 3 万余公顷苔草小叶章湿地和纵横交错的江湾支叉，为东方白鹳提供了理想的春秋集群及繁殖地；洮儿河、二龙涛河水文过程末端形成 5 万余公顷藨草、芦苇沼泽，是世界范围内白鹤东部种群迁徙路线上的重要停歇地。

在吉林省西部干旱地区生态环境极其脆弱的情况下，莫莫格湿地作为该地区生态保护屏障，具有得天独厚的资源宝库，孕育和储藏着丰富多样的生物，成为当地社会经济可持续发展的物质基础和环境资本。莫莫格湿地对调节区域气候，增加当地降雨量，减少减弱风沙天气，提高农作物产量，提供淡水资源和水产品，防洪减灾，特别是保护珍稀濒危鸟类，维护区域生态平衡等方面发挥着重要作用。

2. 政府对发展低碳旅游扶贫的大力支持

低碳经济是推动可持续发展，打造美丽中国的重要途径。吉林省政府牢固树立“创新、协调、绿色、开放、共享”的发展理念，紧紧围绕建设“绿美吉林”总目标开展各项工作。以生态保护为核心，认真抓好综合整治专项行动，努力提升科研监测能力，积极开拓湿地旅游市场，促进保护、科研、宣教旅游三大功能同步发展，使得区内各项工作再上新台阶，为吉林省西部生态建设做出更大贡献。吉林省政府明确表示 2011 年至 2020 年，吉林省大力发展低碳经济示范区、发展新能源行业为主，推动吉林省全面发展低碳经济，争当全国范围内发展低碳经济的领头羊，为莫莫格自然保护区以低碳经济为背景发展低碳生态旅游和低碳农业等提供了政策支持。

3. 吉林莫莫格发展低碳旅游扶贫的特有资源优势

莫莫格自然保护区具有特殊的资源优势，保护区内动植物资源较为丰富。该区内拥有 6 种鹤，占世界鹤类种类的 40%。同时，它还是东方白鹤唯一的秋季集群地，近 10 年来，东方白鹤的集群数量一直稳定在 500 ~ 800 只，占世界东方白鹤种群数量的 12%。丰富的鹤类资源与独特的琥珀沼泽引起了大量的游客蜂拥而至，带动了该地区旅游业的发展。保护区内农产品资源丰富。莫莫格自然保护区拥有非常丰富的农产品资源，无核黄仁西瓜、小黄米、花生、早熟薄皮核桃等农副产品，苣荬菜、蕨菜、刺龙芽等山珍都是该区的主要农产品，使得农业成为该保护区的支柱产业。保护区内的石油、天然气、风能等资源丰富，成为莫莫格自然保护区发展的重要支撑。保护区内拥有丰富的人文资源，文化遗产独特，以猛犸象遗址、旧石器遗址等为特色；文化资源形式多样，以蒙古族、满族、达斡尔族、回族等少数民族的差异性文化为主要特点。

（三）吉林莫莫格低碳旅游扶贫中存在的主要问题

莫莫格得天独厚的区位优势为大力发展低碳旅游扶贫，提供了丰厚的自然生态资源，促进了低碳旅游经济的快速发展，为当地经济发展带来极大的经济效应，但该地区在开发过程中仍然存在一定问题。具体表现为以下几方面：

1. 保护区环境污染日趋严重

莫莫格保护区开发并没有完全贯彻保护性开发原则，使得破坏莫莫格生态环境的开发行为日益出现，环境污染日趋严重。本地群众排放的生活污水、固体废弃物日益增多，这些生活污水并未经过处理而直接流入莫莫格保护区，导致当地水源、湿地受到污染。随着旅游业的发展，车辆和人员日益增多，在一定程度上加大了生活垃圾的产生量，也加剧了二氧化碳的排放。农业生产中化肥、农药的使用以及焚烧秸秆的行为使得农业生产废弃物增多，对生态环境造成了严重污染。工业废水直接排放入河，导致碱性物质增加，湿地水质日趋恶化，普遍处于富营养化状态，造成该地区得地区性疾病的患者不断增多。以目前当地工业污染最严重的英台为例，其排出的大量含硫碱性废水流入大屯镇和莫莫格乡的土壤里，降低了土壤的肥力，造成了环境污染，使得当地得肾结石病的妇女人数增多，进一步加深了该地区的贫困程度。

2. 旅游资源保护力度不足

莫莫格自然保护区旅游资源保护力度不足，旅游资源被破坏，部分地区仍然存在偷猎野生动物等行为。本地人口和外地游客对保护区的动物保护意识不足，甚至存在偷窃动物幼崽蛋、违法买卖等行为，这些都极大地威胁着当地野生保护动物的生存与发展。湿地资源也破坏严重，非法采砂、取土、采挖泥炭等现象长期存在，围垦、填埋、占用湿地、改变湿地用途等行为屡禁不止。

3. 低碳旅游扶贫效果不明显

莫莫格自然保护区面临着低碳旅游扶贫效果不明显的情况。莫莫格旅游新型业态少，产品大多与其他地区同质化严重，致使游客对产品兴趣较低，游客人均消费低，导致整体旅游收入较低，在带动当地贫困户脱贫致富方面效果不显著；同时，每年客流量较少，不足以推动当地经济发展，加之当地经济本就不发达，资源利用率低，扶贫效果不明显。虽然莫莫格自然保护区所辖各乡镇都拥有自己的特色资源条件，可是未能“留得住客”，使得游客来到保护区的滞留时间较短，阻碍了莫莫格自然保护区旅游的区域一体化发展。

（四）吉林莫莫格低碳旅游扶贫的主要措施

针对各类问题，吉林莫莫格自然保护区将低碳理念贯穿于旅游扶贫工作全过程，以完善低碳旅游基础设施建设、营造碳汇旅游体验环境、构建低碳旅游扶贫的法律保障体系三项措施为基础，创造性地解决了保护区环境污染严重、旅游资源破坏严重和低碳旅游扶贫效果不明显的问题。

1. 完善低碳旅游基础设施建设

随着吉林省生态低碳县的建设与低碳经济的发展，当地政府本着“让我们的城市更美丽，让蓝天白云永驻”的原则，着力推进低碳旅游基础设施建设，贯彻落实环保督查相关要求，解决莫莫格国家自然保护区内环境污染问题，不断改善保护区和非保护区的交通工具。一方面禁止碳排放量高的交通工具进入莫莫格自然保护区，另一方面在保护区内设置公共低碳交通工具，比如共享单车、电瓶车或者新型能源车之类，作为游客的代步工具。二是发展低碳旅游社区环境卫生设施。当地政府按照《吉林省农村人居环境整治三年行动方案》工作安排，到2020年末，要完成相应的生活污水处理设施项目建设任务，应具备相应的污水处理能力并达到国家和省验收标准，使用污水循环处理系统，发展低碳旅游社区环境卫生设施。以卧卜村为例，该村将当地室外厕所建设成生态厕所，截至2018年年底已建立180个生态厕所，极大改善了该村的人居环境，提高了当地村民和游客的生活品质。三是因地制宜，逐步更新能源系统。政府利用莫莫格自然保护区拥有丰富的天然气等清洁能源，逐步更新能源系统，启动“气化镇赉”等项目，总投资5.5亿元，建设从五棵树镇至县城内共计75千米长的天然气管线铺设工程，有效地促使莫莫格保护区低碳旅游设施的发展。四是立足当地文化资源，打造特色低碳建筑。将低碳建筑应用于旅游饭店、娱乐设施等建设，还与少数民族文化相结合，增强核心区以莫莫格乡为主的居民住宅特色，提升核心区居民的生活品质。

2. 营造舒适的低碳旅游体验环境

碳汇旅游体验环境是基于自然碳汇机理而形成的一种和谐、高质的旅游体验环境。营造碳汇旅游体验环境需要多方共同发力。政府积极推行保护区旅游碳汇机制，制定碳汇评估指标，使游客和居民明确自身是碳排放体的概念，不断减少碳排放量。莫莫格自然保护区管委会加大对周边旅游企业的管理力度，签订引入碳汇机制理念的合同，帮助周边企业打造真正的低碳旅游企业。旅游者要树立"低碳"的消费理念。游客到保护区旅游时，减少对资源、环境的影响，时刻树立低碳理念，保护好当地环境。当地居民要具备主人翁意识，协助管委会加强对自身区域内湿地的保护，留好低碳发展的"根"，争取获得更大的碳汇收入。

3. 逐步延长低碳旅游产业链

莫莫格自然保护区着重延长产业链，拓展附加价值，以发展低碳旅游为主，促进一二三产业相融合，从而增加低碳旅游扶贫效果。实施"政府＋企业＋合作社＋贫困户"模式，引入租赁企业——吉林天然农业科技发展有限公司，由政府投资1亿元，建设覆盖59个非贫困村、13186名贫困群众的10万头肉牛养殖农业产业示范基地，一方面用于销售给保护区内酒店、农家乐，满足保护区发展与生活内需，另一方面远销省外，让品牌走出去，大大提高贫困户的经营性收入。实施"车间＋炕头＋贫困户"的经营模式，镇赉县博艺柳编工艺制品有限责任公司利用当地柳条资源，深入发展柳编产业，该公司"车间＋炕头＋贫困户"的经营模式，实现了农户分散加工和企业规模生产的有效对接，柳编产品不仅用于供应给保护区内做特色旅游产品，而且远销到美国、日本、意大利、加拿大等16个国家和地区，成为当地特有的地方工艺品和最大的出口企业，使柳编产业成为当地举足轻重的"富民产业"。实施"政府支持＋企业订购＋贫困户生产"的模式，利用当地猛犸文化和历史遗产，以政府支持、企业订购、贫困户生产为模式，批量生产特色文化纪念物用于供应特色旅游产品，带动当地致富。因此，在发展旅游业时，应当充分发挥政府、企业、群众三方面的作用，各主体各司其职，共同促进一二三产业融合发展，形成一条龙产业链，大大延长低碳旅游扶贫的产业链，增加产品附加值。

4. 加大区域生态资源保护力度

为防止当地区域生态资源被过度破坏，当地政府不断加大区域内生态资源保护的力度。一是保护好生态环境。莫莫格自然保护区作为白鹤南北迁徙的重要栖息地，切实保护好、建设好、维护好当地的自然保护区，对于改善生态环境，为本地动植物营造良好的栖息地意义非凡。二是坚持问题导向，加大环境保护力度。生态环境的好坏很大程度上是以水的指标来衡量的，水清则秀美。要加大对生态环境的保护力度，在避免新污染产生的同时坚决防止问题反弹。三是完善相关法律，加大监督力度。良好的生态环境就是金山银山。要把生态环境建设好、利用好，既要发挥生态效应，又要发挥经济效应，不断完善各项法律法规；各级领导干部也要加大对环保整改情况的督查力度，做到核实到位、监督到位、落实到位，确保层层传导压力，保证达到整改效果。

（五）吉林莫莫格低碳旅游扶贫的主要经验

莫莫格自然保护区低碳旅游扶贫坚持将低碳旅游与精准扶贫相结合，提供了一种新型扶贫模式，构建了适合本地发展的低碳旅游扶贫模式，解决了传统旅游创意不足、产业链不长的问题，建立起低碳旅游扶贫基础设施，内部约束力与外部刚性力“两手抓”，打造更好的低碳旅游产业，为其他地区低碳旅游扶贫提供了优质的可供参考经验。

1. 坚持低碳旅游与精准扶贫相结合

莫莫格自然保护区旅游扶贫将低碳旅游和精准扶贫相结合，创新了保护区的保护与发展模式，实现了低碳效益、经济效益、社会效益三者统一。莫莫格自然保护区实行保护优先，将低碳旅游的保护生态思想与贫困户精准脱贫、精准脱贫相融合，构建起新的自然保护区低碳扶贫模式，有别于盲目开发、破坏环境的传统扶贫模式。莫莫格自然保护区注重战略性与协同性，区内的措施协同了人与自然、现在与未来、发展与保护等方面的关系，既注重环境保护，又助力区内群众脱贫致富。莫莫格自然保护区旅游扶贫实行有差别的管理模式。各地依据富有特色的自然资源、基础设施，打造特色旅游服务及产品，注重“一村一品”“一县一品”的发展，提高区内产品与服务的竞争力。这种差别化管理，既能让各地区因地制宜地发挥各自优势，又能在旅游扶贫过程中形成差异化的旅游产品，保障了旅游扶贫的有效开展。

2. 构建适合低碳旅游发展的扶贫模式

保护区结合各乡镇的资源特色、经济基础、生态环境条件和内部居民的意愿和共识，以低碳旅游业联动第一、二、三产业的发展。首先，低碳农业与低碳旅游业联动发展。依托特色低碳旅游餐饮服务联动，发展利用低碳技术的农产品种养业，促进特色产业联动发展。其次，低碳加工业与低碳旅游业联动发展。在工业中加入低碳技术，带动当地农业、工业、商贸业的共同发展，形成“种＋养＋销售”一条龙的产业体系，节省产品外包的材料和运费，使得产业更加低碳环保。最后，文化产业与低碳旅游产业联动发展。良好的文化资源是自然保护区的无形资产，莫莫格自然保护区可以充分利用当地猛犸文化，延长文化附加值，增强致富能力，出具有竞争力的“低碳旅游文化”“少数民族低碳社区旅游”等品牌，以特色文化作为吸引，在弘扬民族文化的同时带动当地文化产业、旅游产业的发展，打造有文化深度的区域。

3. 完善低碳旅游扶贫各项措施

莫莫格自然保护区通过逐步建立并完善保护区低碳旅游扶贫的各项措施，树立起自身品牌形象，提高了群众的低碳发展意识，完善了地方性法律法规，顺畅了低碳旅游扶贫的发展。莫莫格自然保护区管委会高度重视基础设施与专用设施的建设，尤其是基于低碳技术改造而直接使用低碳技术产品所涉及的基础设施，包括道路交通设施、低碳环境卫生设施、低碳能源供应设施、低碳建筑等，不断建立健全基础设施与专用设施，为区内低碳旅游扶贫的有效开展夯实了硬件设施。构建保护区内法律保障体系，让低碳旅游扶贫有法可依。积极出台并严格执行适合本区发展的地方性规章制度，加强对低碳旅游扶贫的保护，进一步提升保护区的旅游形象。加大对低碳旅游的宣传力度。普及低碳旅游知识，倡导使用公共交通工具、避免使用一次性筷子、循环使用水资源等，增加游客与当地群众的低碳旅游知识。

第九章

缩小城乡居民收入差距　统筹城乡协调发展

——以北京市为例

中国城乡居民收入差距问题一定程度上来源于城乡二元制度，表现为农村地区经济、社会多方面发展水平落后于城市地区。打破城乡二元制度是解决城乡居民收入差距问题的首要任务，解决城乡居民收入差距需要解决城乡之间的制度差别和水平差距，大致分为两步走：第一步是解决制度问题，即消除城乡不平等的各项制度，形成城乡经济社会一体化发展格局；第二步是解决水平问题，即在消除制度制约的基础上，进一步实现城乡均等化，加速实现城乡一体化。本章以北京市城乡居民收入差距的基本情况为切入点，结合原因分析与发达国家的具体做法和经验，探索我国缩小城乡收入差距、统筹城乡协调发展的有力举措。

第一节　北京市城乡居民收入差距的基本情况

改革开放后，北京市城乡经济发展基本处于一种非均衡的发展状态。事实表明，以城市为中心的发展模式为提升北京经济实力、打造国际化大都市奠定了坚实的基础。2017 年北京市人均 GDP 达到 128994 元，首次在全国登顶，达到中等发达国家水平；城镇化率为 86.5%，城镇化发展水平步入高级阶段。但是，1978 年到 2017 年，北京市城乡居民收入比由 1.62∶1 扩大到 2.57∶1，城镇居民人均可支配收入增加了 170 倍，农村居民人均纯收入却只增加了近

107 倍。因此，在全面建成小康社会的背景下，日益突出的城乡居民差距问题，已经成为北京市需要解决的重要问题。

一、北京市城乡居民收入差距

收入是民生之基，收入差距是衡量收入差距最直观的表现形式，也是衡量社会群体分化和社会异质性的重要指标。改革开放以来，北京市城乡居民收入快速增长，城镇与农村居民生活均达到最富裕水平，但是城乡居民收入差距却呈现持续扩大趋势，影响社会和谐稳定，主要表现在以下五个方面。

（一）从总量来看，城镇居民收入水平明显高于农村居民水平

1978 年到 2017 年，北京市城镇居民人均可支配收入从 365 元增加到 62406 元[①]，增加了 170 倍，农村居民人均纯收入从 225 元增加到 24240 元，增加了近 107 倍（见图 9－1）。

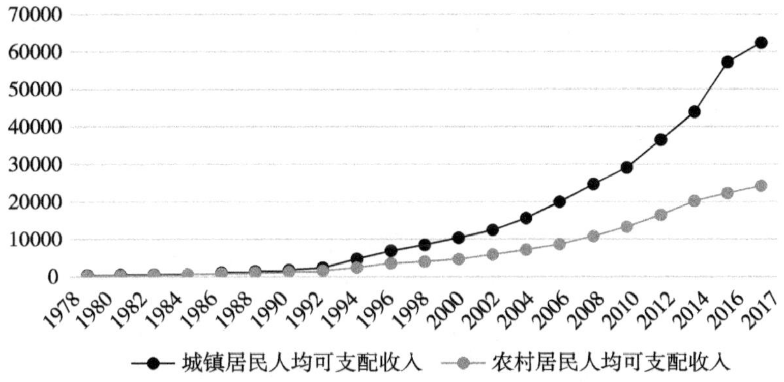

图 9－1　1978—2017 年北京市城乡居民收入状况

（二）从增幅来看，城镇居民收入增长快于农村居民

2000 年至 2017 年，北京市城镇居民、农村居民人均可支配收入分别年均增长 11.26% 与 10.07%（见图 9－2），城镇居民收入增长快于农村居民收入。尤其是 2015 年，城镇居民与农村居民的人均可支配收入增长的差距呈现最高

① 数据来源：《北京统计年鉴 2017》。

峰，分别为 20.3% 与 1.69%，城镇居民收入增长是农村的 12 倍。

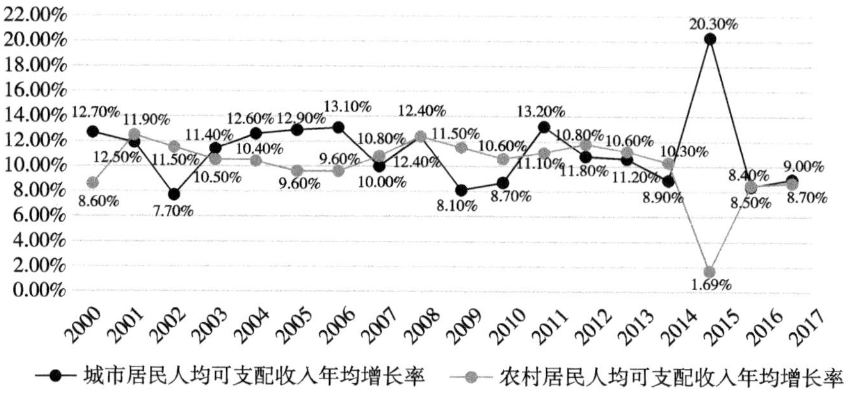

图 9－2　2000—2017 年北京市城镇与农村居民人均收入年增长率变化图

（三）从收入比来看，城乡居民收入比呈现上升趋势

2000 年至 2017 年，北京市城镇居民人均可支配收入和农村居民人均可支配收入之比从 2.21∶1 上升到 2.57∶1（见图 9－3），与目前世界上大多数发达国家城乡居民收入比为 1.5∶1 左右相比，明显偏大。

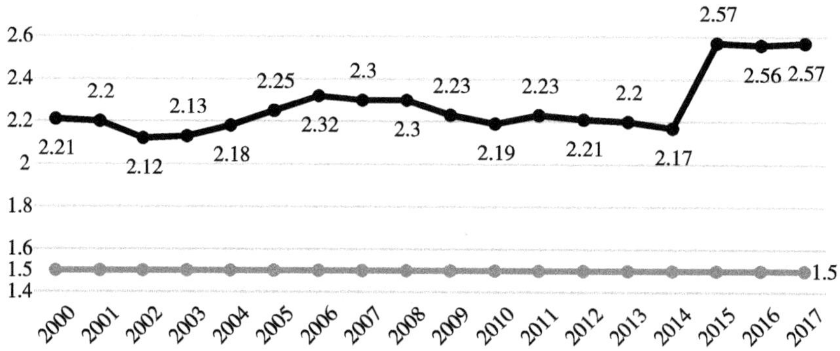

图 9－3　2000—2017 年北京市城乡居民收入差距变动趋势及与世界经验值比较图

（四）从收入差距绝对值来看，城乡居民收入差距绝对值呈现持续性扩大趋势

2000 年至 2017 年，城乡居民收入差距绝对值从 5663 元扩大到 38166 元。

由图 9－4 可看出，2000 年，北京市城乡居民人均可支配收入分别为 10350 元、4687 元，城乡居民收入差距绝对值为 5663 元；2017 年，北京市城乡居民人均可支配收入分别为 62406 元、24240 元，城乡居民收入差距绝对值达 38166 元。不难看出，随着城乡居民收入不断提高，北京市城乡居民的收入差距绝对值也不断呈现持续性扩大趋势。

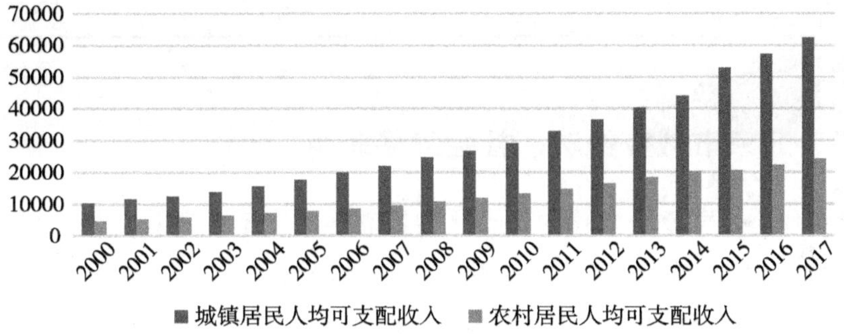

图 9－4　2000—2017 年北京市城乡居民收入差距绝对值

（五）从恩格尔系数[①]来看，城乡居民生活均达到最富裕水平

1978 年至 2017 年，北京市城乡居民恩格尔系数呈现迅速降低趋势，城镇居民家庭恩格尔系数从 1978 年的 58.7% 下降到 2017 年的 19.8%，农村居民家庭恩格尔系数从 63.2% 下降到 24.7%，均达到最富裕水平。

表 9－1　北京市城乡居民家庭恩格尔系数变化（1978—2017）

年份	城镇人口（万人）	恩格尔系数（%）	类型	农村人口（万人）	恩格尔系数（%）	类型
1978	479	58.7	温饱	392.5	63.2	绝对贫困
1990	798	54.2	温饱	288.0	50.7	温饱
2000	1057.4	36.3	富裕	306.2	36.7	富裕
2005	1286.1	31.8	富裕	251.9	32.8	富裕

① 恩格尔系数，指食品支出占个人消费品支出总额的比重。按照联合国粮农组织恩格尔系数的划分标准：59% 以上为绝对贫困，50%～59% 为温饱，40%～49% 为小康，30%～39% 为富裕，30% 以下为最富裕。

续表

年份	城镇人口（万人）	恩格尔系数（%）	类型	农村人口（万人）	恩格尔系数（%）	类型
2010	1686.4	32.1	富裕	275.5	30.9	富裕
2015	1877.7	22.1	最富裕	292.8	27.7	最富裕
2016	1879.6	21.1	最富裕	293.3	26.9	最富裕
2017	1876.6	19.8	最富裕	294.1	24.7	最富裕

二、北京市城乡经济、社会发展差距

北京作为全国政治文化中心，是世界著名的古都和现代化国际城市，被世界权威机构 GaWC 评为世界一线城市。2019 年，北京市地区生产总值达35371.3 亿元，社会消费品零售总额达 12270.1 亿元，按可比价格计算，地区生产总值比上年增长 6.1%。然而，经济、社会、文化等多重指标发展程度较高的北京，也存在社会发展差距问题。

（一）城乡人口分布差距大

北京市行政区划面积 1.64 万平方千米，人口密度 1323 人/平方千米。但是人口分布过于集中在城区，城乡人口分布差距很大。按常住人口密度计算，2017 年位于主城区的首都功能核心区①和城市功能拓展区 8.3% 的土地面积上居住了 57% 的常住人口，人口密度高达 8880 人/平方千米，其中首都功能核心区 0.56% 的土地面积上容纳了 9.5% 的常住人口，人口密度高达 22550 人/平方千米；位于郊区的城市发展新区和远郊区的生态涵养发展区拥有全市 91.7% 的土地面积，却只居住了 43% 的人口，人口密度仅为 640 人/平方千米。主城区的人口密度是郊区和远郊区的 14 倍，首都功能核心区的人口密度是生态涵养区人口密度的 98 倍。

---

① 根据北京市出台的《北京城市总体规划（2016—2035 年）》，北京各区县划分成四大功能区，即首都功能核心区（现东城区、西城区）、城市功能拓展区（朝阳区、丰台区、石景山区、海淀区）、城市发展新区（房山区、通州区、顺义区、昌平区、大兴区、亦庄区）和生态涵养发展区（门头沟区、怀柔区、平谷区、密云区、延庆区）。

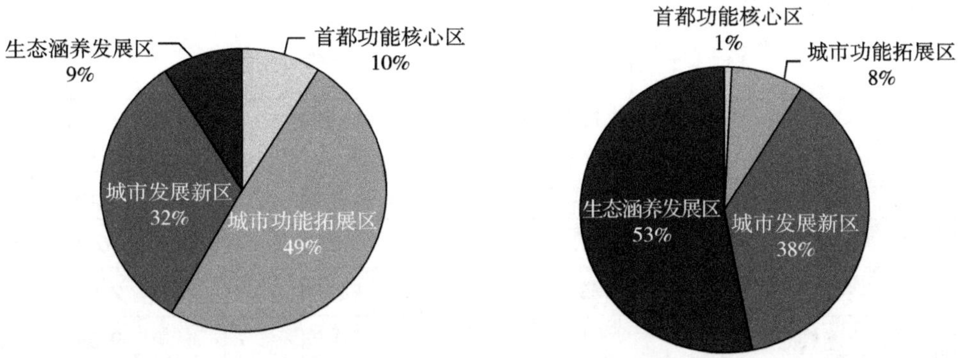

图9-5　北京市四大功能区人口和面积对比图

（二）农村经济增长慢于城市

从经济发展进程来看，农村经济增长长期落后于城市。1990年至1995年，北京市地区生产总值年均增长率为22.7%，农村为21.2%；1996年至2000年，北京市经济增长速度为12.2%，农村仅为5.5%；2001年至2014年，全市经济增长速度为33.9%，农村为8.3%。1990年全市人均地区生产总值是农村的1.63倍，1995年扩大为1.5倍，2000年为2倍，2015年全市人均地区生产总值城市是农村的4.8倍。农村经济占全市经济总量份额呈下降趋势。1990年农村地区生产总值占全市的比重为23.4%，1995年为22%，2015年下降为1.96%。①

（三）城乡社会事业发展存在明显差距

北京城乡在医疗资源的获得上存在较大差异。以2014年为例，平均每千人拥有医院床位数，城镇为7.89张，农村为3.96张；平均每千人拥有医生数，城镇为6.4人，农村为2.95人；平均每千人拥有护士数，城镇为7.31人，农村为2.85人②（见表9-2）；文化设施方面，城镇平均每万人拥有公共图书馆、阅览室藏书3.8万册，农村只有0.8万册；2014年，文教娱乐用品和服务家庭人均支出中，城镇居民为4170元，农村居民为1454元，城镇居民是农村居民的2.9倍；食品支出在消费性支出中的比重，城镇居民为

① 数据来源：《北京统计年鉴2015》。

② 数据来源：《北京区域统计年鉴2015》。

30.8%，农村居民为34.7%。

表9-2　北京市卫生机构人员及卫生条件人均统计

	每千人拥有医院床位数（张）	每千人拥有护士数（人）	每千人拥有医生数（人）
全市	4.78	4.93	4.16
城镇	7.89	7.31	6.4
农村	3.96	2.85	2.95
首都功能核心区	11.78	10.74	9.38
城市功能拓展区	4.00	3.88	3.42
城市发展新区	3.94	2.69	2.51
生态涵养发展区	3.98	3.01	3.39

三、北京市城乡区域发展差距

城乡区域发展不均衡是工业化、城市化过程中的普遍现象。自1978年我国实行改革开放政策以来，北京市的工业化、城市化进程迅速推进，地区生产总值不断提高，但该区域内的各项经济指标、不同区域人均收入差距却也日趋明显。

（一）各区域主要经济指标差距明显

2017年，首都功能核心区与城市功能拓展区以占全市8.28%的土地面积和59.2%的人口，创造了全市70%的经济总量（见表9-3）。首都功能核心区人口密度高达22550人/平方千米，是生态涵养区人口密度的98倍，但是，十年间人口从首都功能核心区向其他三个区域疏解具有一定成效，首都功能核心区常住人口占比由13.3%下降至9.5%。2017年，地区生产总值最高的区域为城市功能拓展区中的海淀区，为5942.8亿元，地区生产总值最低的区域为生态涵养发展区中的延庆区，为136.2亿元；其中，首都功能核心区人均地区生产总值达到44451美元，是生态涵养区的5.4倍。首都功能核心区的全社会固定资产投资额正在逐步弱化，由2005年的12%下降至2017年的6.5%，正向其他三个区尤其是城市发展新区倾斜。

表 9－3　北京市四大功能区主要经济指标及占全市比重

指标	全市		首都功能核心区				城市功能拓展区				城市发展新区				生态涵养发展区			
	2005	2017	2005		2017		2005		2017		2005		2017		2005		2017	
			总量	占比	总量	占比	总量	占比	总量	占比	总量	占比	总量	占比	总量	占比	总量	占比
土地面积(平方千米)	1640	16410	92.4%	0.50%	16140	0.50%	1275.9	7.78%	1275.9	7.78%	6295.6	38.40%	6295.6	38.40%	8746.7	53.30%	8746.9	53.30%
常住人口(万人)	1538	2170.7	205.2	13.30%	207.1	9.50%	748	48.60%	1001.7	46.10%	411.6	26.70%	761.4	35.08%	173.2	11.20%	200.5	9.20%
常住人口密度(人/平方千米)	937	1323	22208	—	22550	—	5862	—	7851	—	654	—	1209	—	198	—	229	—
地区生产总值(亿元)	7141.4	28015	1735.6	24.30%	6167.9	22.02%	3398.8	47.59%	13541.2	48.34%	1237.4	17.33%	6006.4	21.44%	308.9	4.32%	1108.2	4.00%
人均地区生产总值(美元)	5903	19263	7549	—	44451	—	6560	—	20176	—	4034	—	11774	—	1899	—	8250	—
全社会固定资产投资额(亿元)	2827.2	8948.1	522.4	18.5%	581.5	6.50%	1466.5	51.87%	3616.3	40.41%	665.5	23.54%	3842.1	42.94%	172.7	6.10%	1266.7	14.16%

（二）各区域城乡居民人均收入差距扩大明显

2005 年至 2017 年，北京市四大功能区城乡居民人均收入均有所提高，但是城乡居民收入绝对值逐渐拉大（见图 9－6）。2017 年，城镇居民人均可支配收入最高的区域为城市功能拓展区中的朝阳区，高达 76511 元，农村人均可支配收入最低的区域为生态涵养发展区中的延庆区，为 21248 元，最高区域城镇居民人均可支配收入是最低区域农村居民人均可支配收入的 3.6 倍，绝对值相差 55263 元。

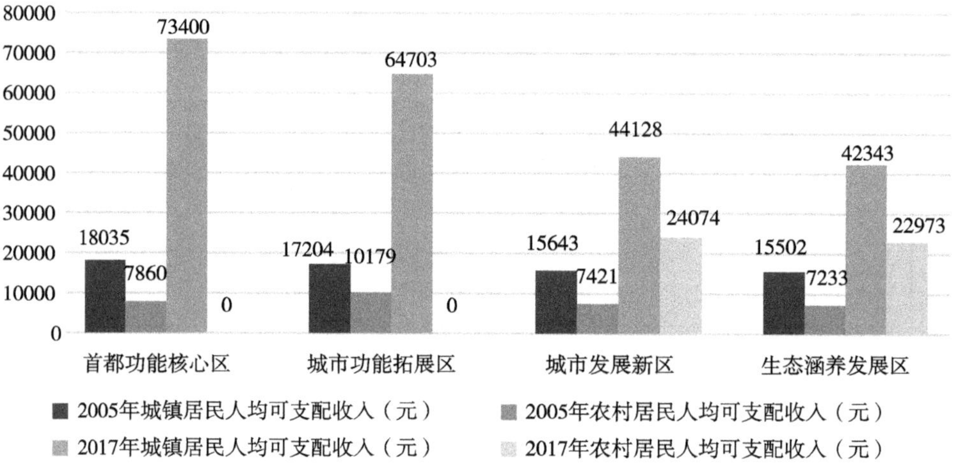

图 9－6　北京市四大功能区城乡收入对比图

（三）平原与山区城乡居民收入差距明显

北京市平原与山区、近郊与远郊的城乡居民收入差距较明显（见表 9－4）。山区受自身地域限制发展缓慢，在公共财政预算收入与支出、企业个数、企业总收入上都远远落后于平原地区。具体到全市，2014 年平原和山区农民人均纯收入总体差距为 2421 元，农村居民人均生活消费支出差距为 2028 元。部分山区的经济支柱产业为特色民俗旅游业，2014 年民俗旅游业从业人员达到 1.99 万人，接待人数达到 179 万人次，民俗旅游总收入高达 10.6 亿元，远远高于平原地区。

表 9－4 2014 年北京市平原与山区各项指标对比图

	山区	平原
总面积（公顷）	1048545	481281
总人口（人）	1588804	7204979
农业人口（人）	955166	1479799
从业人员（人）	864442	4120607
享受低保人数（人）	31292	19153
公共财政预算收入（万元）	630710	2212566
公共财政预算支出（万元）	816536	1977590
企业个数（个）	12021	85021
企业总收入（万元）	7701259	85075099
民俗旅游接待人数（人次）	17927032	1215134
民俗旅游从业人员（人）	19913	1580
民俗旅游总收入（万元）	106057	6486
农村居民人均纯收入（元）	18431	20858
农村居民人均生活消费支出（元）	13041	15069

2014 年，北京市山区农村居民工资性收入、财产性收入和转移性收入比重大幅增加，分别增长 20.4%、21.6%、16.7%（见表 9－5），家庭经营性收入大幅降低，降幅为 28.2%，其中工资性收入占比由 64.07% 上升到 68.53%，上升明显；平原地区农村居民收入增长较山区缓慢，工资性收入、家庭经营性收入、财产性收入和转移性收入分别增长 7.9%、11.3%、14.5%、9.8%，其中平原和山区工资性收入差距缩小，由 2013 年的 1854 元缩小到 2014 年的 693 元。

表 9－5　北京市山区与平原农村居民年均纯收入结构

项目		2014 年		2013 年		增长速度
		总量（元）	占比	总量（元）	占比	
平原	工资性收入	13325	63.90%	12348	64.66%	7.90%
	家庭经营性收入	649	3.11%	583	3.05%	11.30%
	财产性收入	2799	13.41%	2445	12.80%	14.50%
	转移性收入	4085	19.58%	3722	19.49%	9.80%
山区	工资性收入	12632	68.53%	10494	64.07%	20.40%
	家庭经营性收入	1784	9.68%	2484	15.17%	－28.20%
	财产性收入	1126	6.11%	926	5.65%	21.60%
	转移性收入	2889	15.68%	2475	15.11%	16.70%

第二节　北京市城乡居民收入差距的原因

北京市城乡居民收入差距既包括城乡居民收入水平的高低、财产拥有的多寡、生活质量的优劣等显性方面的差距，也包括城乡居民在基本公共服务领域，如教育、医疗、住房、社会保障、土地、基础设施等隐性方面的差距。如果城乡居民收入差距过大，势必会带来政治、经济、社会等多方面的矛盾，影响社会稳定与发展。北京市城乡居民收入差距产生的原因多种多样，既有初始原因，又有直接原因，还有最根本的原因与深层次的原因。具体表现如下。

一、自然条件和个人禀赋的差异——发展起点不平等

自然条件和个人禀赋的差异是影响城乡居民发展的重要条件，这两个因素的不同意味着城乡居民发展的起点不同，而起点往往影响着过程、重点和终点。北京市城乡居民发展的起点不同，使得该区域内不同地区之间的居民收入也呈现明显差距。

（一）收入差距的初始原因：不同地域区位、资源等自然条件差异

由于地理位置、政治因素、交通状况等因素不同，北京市各地域之间的区域发展与城乡居民教育水平等呈现明显差异，进而影响该区域内不同地区的收入水平差异。

1. 区域差距

改革开放以来，首都功能核心区和城市功能拓展区位于主城区，获得大量外来资金与技术，带动了本区域快速发展，本区居民的收入水平也大幅度提高。而城市发展新区和生态涵养发展区受地域限制，离市区太远，且部分地区山区面积过大，导致发展滞后，影响了当地居民的收入水平的提高。

2. 政治因素

北京作为首都，是我国的政治文化中心，而位于首都功能核心区的东城区和西城区有着得天独厚的政治优势，为若干年来国家和北京市优先发展的地区之一。首都功能核心区的教育、医疗、保障水平稳居全市榜首，2017 年全市每千人拥有医院床位数为 5.23 个，而首都功能核心区高达 13.12 个，其他三个区域分别为 5.1 个、4.27 个、4.68 个①。这与东西两城区的经济发展较早有关，更与其无与伦比的政治区位有关。

（二）收入差距的初始原因：城乡居民在教育等方面的个人禀赋差异

由于个人在受教育程度、劳动技能、经营方法等方面存在差异，其向社会提供的劳动量、创造的劳动价值也各不相同。根据马克思按劳分配原则，多劳动的人必然会成为“先富”的群体，个人能力主要受教育程度所决定。受教育程度较低者在就业市场中处于劣势，只能从事简单劳动，收入较低，而教育程度较高者，能从事一些复杂劳动，就业选择与就业机会也更多，收入较高。如北京各个高校留京工作人员，受教育程度多为硕士及以上，自身素质相对较高，或从事金融、互联网等技术含量高的工作，收入较高，无形

① 数据来源：《北京区域统计年鉴 2018》。

中拉大了城乡居民收入差距。

二、城乡发展水平的差异——发展机会不平等

经济社会发展差距、产业水平差距、城乡二元结构等因素，导致城乡发展过程中的机会和权利一定程度上的不平等，促使北京市城乡居民收入差距进一步拉大。

（一）城乡居民收入差距的直接原因：经济水平差距导致城乡收入水平悬殊

2017 年，首都功能核心区和城市功能发展区的地区生产总值为 19709.1 亿元，占到全市地区生产总值的 70%，是城市发展新区和生态涵养发展区地区生产总值总量之和的 2.8 倍；首都功能核心区人均地区生产总值为 44451 美元，是生态涵养发展区人均地区生产总值的 5.4 倍，且差距呈扩大趋势。经济发展水平对居民收入水平的影响非常明显，首都功能核心区和城市功能核心区位于城区，经济发展水平高，当地财政收入相对较高，政府向本地居民提供的基本公共服务水平也比较高。同时，经济发展为本区域带来的就业岗位也比较多，当地居民增加收入的机会就越多，促使城乡居民收入差距绝对值越来越大。

（二）城乡居民收入差距的直接原因：产业水平差距影响城乡经营性收入和工资性收入

城乡居民收入差距与城乡产业发展水平有重要关系。2017 年，北京市地区生产总值为 28014.9 亿元，其中三大产业比重分别为 0.4%、19%、80.6%①，第二、三产业显著推动了全市经济的快速发展。根据美国经济学家钱纳里的“多国模型”（见表 9－6），北京市产业结构与人均地区生产总值水平，处于发达经济高级阶段。但是，受地域等因素制约，北京市农村地区第二、三产业发展相对缓慢，农业和第二、三产业劳动生产率与城乡居民收入

① 数据来源：《北京统计年鉴 2018》。

差距直接相关，前者差距的日益扩大是拉大后者差距的经济原因。农业是第二、三产业发展的物质基础，受地域等因素影响，农业增长过于缓慢会使得农业与该地区的第二、三产业发展有一定差距。长此以往，三大产业的劳动生产率差距就会日益拉大，城乡居民收入差距也不断拉大。从第二、三产业经济总量来看，以首都功能核心区和城市功能拓展区第二、第三产业的经济总量明显高于其他两个区。第二、三产业发展水平的差异，拉大了城乡居民收入差距。相比于农业，第二、三产业更具有扩张性，发展速度较快，尤其是第三产业附加值高，劳动生产率高，能为生产者带来较高收入，主要包含工资性收入与部分财产性收入。不过，近年来北京市政策向城市发展新区和生态涵养发展区倾斜，尤其是山区农村第三产业发展迅猛，2014 年工资性收入增幅高达 20.4%，体现了政府产业结构调整的信心。

表 9－6 钱纳里多国模型对工业经济发展阶段的划分示意图 单位：美元

时期	人均 GDP 的变动范围			发展阶段	
	1964 年	1970 年	2008 年		
1	100～200	140～280	819～1638	初级产品生产阶段	准工业化阶段
2	200～400	280～560	1638～3277	工业化初级阶段	工业化阶段
3	400～800	560～1120	3277～6553	工业化中级阶段	
4	800～1500	1120～2100	6553～12287	工业化高级阶段	
5	1500～2400	2100～3360	12287～19660	发达经济初级阶段	后工业化阶段
6	2400～3600	3360～5040	19660～29490	发达经济高级阶段	

三、城乡二元结构——城乡居民收入差距最根本原因

长期存在的城乡二元结构是城乡居民收入差距产生的最根本原因。新中国成立以来，国内就存在城乡二元结构，并受当时政策影响而逐步被强化；改革开放后，城乡发展差距日益显现，二元结构问题日趋明显，国家开始关注并采取多项措施缓解矛盾。新时代以来，随着城乡收入差距的扩大，城乡二元结构问题越来越引起重视，并正在得到妥善解决。

（一）城乡金融制度制约了农民收入的提高

改革开放以后，城乡“剪刀差”政策被逐渐淡化，但城乡经济体制在财政、金融等方面还有一些不同。以金融政策为例，一方面，农村金融机构侧重于服务城市，为农村自身和农业发展提供的贷款相对较少。2017 年，全市中资银行人民币贷款余额为 55673 亿元，但是城市发展新区和生态涵养发展区的贷款余额仅占 10%，其中位于远郊的生态涵养发展区金融贷款余额仅占 1.7%，而位于城市中心区的首都功能核心区贷款余额占比高达 50.1%；另一方面，全市农村金融机构存贷差不断增加，贷存比远远低于国内其他发达地区和城市（见图 9－7）。2017 年，全市存贷差余额为 78842 亿元，金融机构贷存比仅为 45.95%，远远低于天津的 101%、上海的 59.2%、广州的 67.4% 和深圳的 63.6%①。

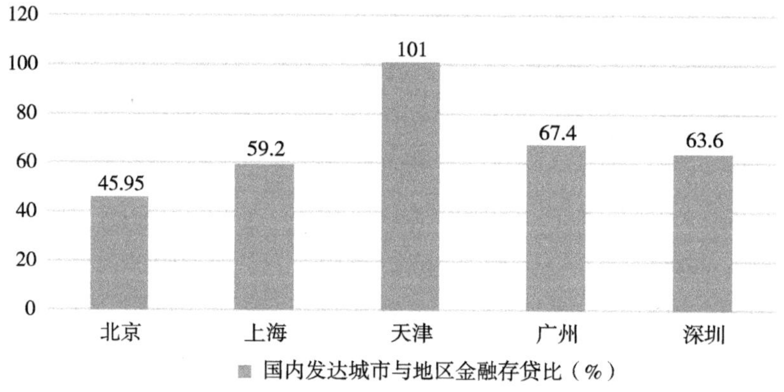

图 9－7　国内发达地区和城市金融存贷比示意图（2017 年）

以上分析表明，北京市农村金融发展与城市发展差距较大，与国内主要发达城市差异较大，需要进一步完善与发展。资金是经济发展的重要动力，农村金融的落后会使得农村经济由于缺少资金而发展缓慢，进而影响农民收入提高。因此，城乡金融差距是影响城乡居民收入差距的重要因素之一。

① 数据来源：《北京区域统计年鉴 2018》。

（二）城乡二元土地制度制约了农村财产性收入的提高

我国是社会主义国家，现阶段施行的是以社会主义土地公有制为基础和核心的土地制度，社会主义公有制即全民所有制和劳动群众集体所有制。其中，城市土地归国家所有，农村土地归农村集体所有，城乡土地制度呈现一定差异性，农村土地因区域发展程度较低、流动能力弱等因素限制，财产性收入明显不如城市，在一定程度上诱发了城乡收入差距的扩大。

1. 农村土地承包流转能力弱制约了农民财富增加

改革开放以来，我国农村地区实行家庭联产承包责任制，提高了农民的生产积极性，减少了贫困人口。但随着国内城市化和工业化发展，人们或主动或被动地日益聚集于大城市，农村地区逐渐产生一些新问题，如土地利用率不高、规模化经营程度低、机械化程度低，甚至出现进城务工人员闲置土地等问题。习近平总书记认为："土地流转和多种形式规模经营，是发展现代农业的必由之路。"北京市农村土地流转的现状是城市早于农村、城市多于农村，以朝阳区南磨房乡为例，1992 年南磨房乡打破了乡—村—队"三级所有"的农村集体经济管理体制，实现乡级专业化管理和乡一级核算，实现了人才、资金、土地及集体发展的统一调配管理，通过将土地互换、出租、农民入股、合作等形式，建立了乡属七大集体经济企业和一家合资公司，实现了经济又好又快发展。2015 年全乡实现农民人均纯收入 52876.7 元，同比增长 9.5%，位居北京市 195 个乡镇榜首。

2. 现行土地征收制度很大程度上限制了农民土地权益

根据规定，农村集体所有的土地必须经过国家征收才能进行统一出让，使得部分地方政府投机取巧、倒卖土地，即利用政策低价征收、高价出让土地，而农户所得补偿远远低于政府"倒卖"土地利润，不仅使得农民当前售卖土地的利益遭到损失，还使得大量由土地产生的财富流入城市，使农民无法享受到土地增值带来的持续性收益。同时，随着地价的提高，大量拆迁农民获得巨大收益，而远郊区农民由于地域限制，政府不予征收土地，无法将自身土地进行流转而用于拆迁，进一步加大了城乡农民的收入差距。因此，为缩小城乡收入差距，必须改革现有土地征收制度，限制农村财富大量流向城市。

四、城乡公共服务水平的差异——结果不平等

随着城镇化进程加快，城市与农村在公共服务与基础设施方面的差距日益拉大，加剧了城乡居民收入差距。

（一）严格的户籍制度使城乡基本公共服务不均等化加剧

基本公共服务不均等与严格的户籍制度密不可分。基本公共服务享有的前提是以户籍为依据，城乡分割的户籍制度不但使农村居民无法享受到城市居民的基本公共服务，部分未取得户籍的常住人口也无法享受到城市的基本公共服务。2017 年，北京全市常住人口达 2170.7 万人，户籍人口达 1359.2 万人，常住外来人口达 794.3 万人[①]，数量庞大的常住外来人口在教育、医疗、住房、入学、社会保障、购车等领域享受的公共服务与城市户籍人口有较大差距，导致种种社会矛盾的出现，也制约了人们收入的提高。虽然已经开始实施居住证制度，但成效不太明显。积分落户制度的实施只有真正解决落户难问题，才能从根本上去破除当前户籍制度的弊端，缩小城乡居民收入差距。

（二）教育、医疗、社会保障等方面的基本公共服务不均等导致城乡居民收入差距逐渐扩大

1. 教育不均等

教育不均等带来发展机会的最大不平等。同一起跑线上竞争，是保持社会公平、缩小收入差距的最重要途径。北京市的教育不均等主要体现在教育质量上，2015 年，全市高考理科前十名学生所在的学校中，西城区有七个，海淀区有三个，其中前五名西城区有四个，海淀区有一个；全市高考文科前十名学生所在的学校中，西城区有七个，海淀区有三个。可以说，受历史条件影响，全市优质教育资源基本存在于西城区、东城区、海淀区，因此民间

① 数据来源：《北京统计年鉴 2018》。

在教育资源分配中有西城区为“高原”、东城区为“平原”、海淀区为“丘陵”、朝阳区为“洼地”、石景山区和丰台区为“深渊”的说法，至于近郊区和远郊区，肯定差别更大。同时，教育不均等使社会各阶层和农村地区子女失去了通过受教育进行阶层流动的机会，形成“家庭收入低——没钱投资子女教育——子女教育水平低——子女就业机会少——子女收入低——新一代低收入产生”的怪圈，导致城乡居民收入差距逐步拉大。

2. 医疗不均等

医疗不均等现象在全市甚至全国表现得较为突出。各地政府对卫生医疗投入的差别，以及人才因素，造成优质医疗资源多存在于城市当中，而医疗需求较大的农村地区却由于投入少、制度欠缺、人才流失、保障水平不高、部分资金沉淀较多等因素而医疗资源相对落后。2014 年，平均每千人拥有医院床位数，城镇为 7.89 张，农村为 3.96 张；平均每千人拥有医生数，城镇为 6.4 人，农村为 2.95 人；平均每千人拥有护士数，城镇为 7.31 人，农村为 2.85 人，使得医疗资源城乡居民收入差距明显。另外，农村中的贫困群众很多是因为疾病得不到适当治疗而丧失劳动力，或者治疗花费大量积蓄而出现“因病致贫”或“因病返贫”现象，这使城乡居民收入差距逐渐拉大。

3. 社会保障不均等

社会保障的实施本应当缓解城乡居民收入差距，但是城乡居民社会保障不均等却使得城乡居民收入差距逐渐拉大。一般而言，城市居民社会保障制度比较完善，从日常到大病都有所保障，这使得城镇居民“因病致贫”的问题得到缓解。但是，农村地区社会保障制度相对欠缺，保障力度远远不够，社会保障对于农民的作用相对小很多，这使得远郊区尤其山区农村保障能力较弱，贫困问题无法因社会保障得到很好改善，导致城乡居民的收入差距扩大。

总之，在收入分配问题上，起点的不公平和发展机会、发展过程的不公平，必然会造成结果的不公平。政府在初次分配的基础上，通过对税收、转移支付、社会保障等二次分配手段，对社会财富进行再分配，尽量控制结果不公平。这是实现社会公平的重要方式。但是，税收、转移支付、社会保障等二次分配和社会财富共享机制的不完善，使其无法发挥真实作用，导致城乡收入分配结果不平等未能得到有效控制，使得城乡居民收入差距逐渐扩大。

第三节　发达国家缩小城乡收入差距的具体做法

城乡收入差距是世界各国工业化进程中普遍存在的问题，已经实现工业化的发达国家为确保农民增收、缩小城乡居民收入分配差距都做出过必要的努力，主要经验包括以下几方面。

一、保障农民基本收入

20世纪有许多国家通过价格手段的方式来提高农民的收入。以美国为例，曾经出台过许多以保障农民利益为主的法案，包括《农业调整法》等。这一法案针对当时美国许多地区出现的城乡差异过大问题提出具有建设性以及可行性的措施和建议，并且一经实行就收到了极大的反响。除此之外，也有部分亚洲地区的国家效仿发达国家的措施，通过降低农民的投入成本、降低农民因市场的恶性竞争而导致的伤害，给予最低的价格保障，除了以上的措施，还提出了给予农民各项补贴，例如价格差额补贴等。通过这些方式，美国城乡收入差距问题在一定程度上得到了缓解，农民对于政府的怨言日益减少，代替的是赞美和荣誉。

二、保障农民利益不受损害

城乡差距过大的问题多发生在工业化进程发展较快的发达国家，提出了许多措施，其中保障农民的利益不受损害就是非常重要的一条。以美国为例，农民的支付政策中最多的一项是休耕补贴，这是为了减少农民因不能耕种而导致的收入降低的损失以及安抚他们的情绪。就欧盟成员国来讲，为了解决农民因市场竞争、天气环境等因素导致的价格下降的问题，也效仿了美国政府的做法。

三、逐年增加农民收入

以发达国家美国、欧盟的部分成员国和亚洲地区的日本为例，缩小城乡差距的措施的共同之处在于通过对农业产业的一般服务方面的建设来全面提高和改善农民的工作环境。一般服务方面的建设多存在于政府每年划分的农业专用资金，这些资金大都用来改善农业方面的基础设施，投入农业科学研究教育事业、农业信息的宣传事业等，这一系列的资金投入可以促进农业环境改善，为农民创造更加有利的发展环境。在很多国家，这一事业发展得已经较为成熟，例如美国，他们甚至会免费为农民提供相应的技术教育和农业信息。

四、在财政方面加大对农业的投资

发达国家重视农业环境的改善，通过增大财政支出在农业方面的比重来改善农业环境，将农民的生活质量和工作质量提高不止一个档次。曾经在挪威发生过因工业化进程过快而导致的城乡差距过大问题，为了解决这一问题，挪威不断加大农业财政支出比例，在很长一段时间内都保持着在农业方面的高支出比例。这一政策经过几年的检验最终发挥出了应有的效果，到 21 世纪挪威基本上已经不存在城乡差距问题。亚洲地区的韩国政府在解决城乡差距过大的问题上则是侧重鼓励农民通过自己的努力来改善自己的生活。在韩国的历史上曾经爆发过一些以此为主题的运动，其中比较有名的是新村运动。这一运动号召韩国的农民站起来进行合作和动手，通过自己的努力来改善现有的生活状态。但是从另外一个方面来讲，政府也为这一运动投入了很多的资金用于农业的基础设施建设，保障农民有一个较好的工作环境。

以上政策是世界上较为成功地解决城乡收入差距的部分经验。除此之外，部分国家提出在农民和农业的贷款税收等方面给予福利政策，政府给予各项农业补贴等，也成为缩小城乡收入差距非常有效的措施。

第四节　缩小北京城乡居民收入差距的对策建议

我国经济发展进入新常态，经济增长速度、结构和发展动力等方面呈现出新的特征。成为重要问题。导致城乡居民收入差距的最根本原因在于城乡二元结构，因此，缩小北京市城乡居民收入差距的关键就在于加快城乡一体化建设，破除城乡二元结构。同时，收入分配领域的不平等，导致了城乡公共服务水平的差异，所以，加快推进收入分配制度改革也是缩小城乡居民收入差距、促进共同富裕的必要保证。

一、加快城乡一体化建设是缩小城乡居民收入差距的根本措施

治标先治本，城乡居民收入差距扩大的根本原因在于城乡二元结构。因此，加快城乡一体化建设、破除长期存在的城乡二元结构、走中国特色新型城市发展道路是缩小北京市城乡居民收入差距的治本之策。

（一）坚持城乡共享发展理念，建立以工促农、以城带乡的长效机制

坚持共享发展理念，走新型城镇化道路，加快构建新型城乡关系，实现城乡共同繁荣、协调发展。以改善民生为最大目标，提高公共服务共建能力和共享水平，才能提升城乡人民群众的幸福指数。实现缩小城乡居民收入差距的目标，必须通过实行工业反哺农业、城市支持农村和“多予少取放活”的方针，打破城乡分割的体制障碍，建立有利于促进城乡统筹发展的工作机制，加快推进城乡一体化进程，实现要素投入向农业、农村、农民倾斜，扩大公共财政覆盖农村的范围。改善农村金融服务，完善农村金融服务的组织体系和农村金融服务环境，积极引导社会资金投向农村，逐步形成新农村建设稳定的资金来源，进一步缩小城乡之间的要素分布差距。

（二）加快城市化进程，走中国特色的城镇化道路

2015 年，北京市城镇化率为 86.5%，达到发达国家水平。可以说，北京

市城镇化快速推进时期也是经济快速增长时期。但是，受农民工进城等因素影响，大城市在薪资方面具有强烈的吸引作用，使得许多农村劳动力进入城市，农村劳动力匮乏，农村“空心化”现象严重，影响了农村城镇化进程，使得城乡发展差距进一步拉大。因此，要加快中国新型城镇化发展进程，必须不断扩大就业面，发展壮大第三产业，在农村扩大经济增长点，带动农村劳动力向非农产业转移，从实际解决农民增收难和就业难问题，进而提高国内的城镇化率。

（三）调整空间布局，科学功能定位

应针对我国农村青年劳动力现有状况和城市对于劳动力的需求进行布局调整，解决农村劳动力流失严重和城市对劳动力需求较大之间的矛盾，在改进的过程中逐步形成城市发展带动乡村进步、城乡二者的发展层次逐步提高的良好局面。针对城镇化过程中所出现的城市交通逐渐拥挤的问题提出相应的布局策略，将城市范围逐步扩展到周围的乡村中，以减少城市中心地带的交通压力，扩大城市范围，逐步形成乡村协调发展的局面和目标。

（四）变差距为动力，统筹城乡基础设施建设

农村的落后既是差距，更是发展动力。党的十八大提出“全面建成小康社会”的伟大目标，这个小康是全国人民一个都不能少的小康，是致力于全面、公平并向着高水平发展的小康，但现实中的城乡基础设施的差距就限制了小康目标的实现。城乡之间的差距很大一部分是由于农村基础设施过于落后，政府应当针对农村生活和工作环境较差的问题，投入大量的资金建设农村的道路、水电网、厕所等基础设施，帮助农民建立更美好、更现代化的家园，改变农村、农民的贫穷落后面貌，缩小因基础设施不平等而带来的城乡居民发展差距。

二、推进收入分配制度改革是缩小城乡居民收入差距的关键举措

分配制度是居民收入的直接影响因素。我国实行的是初次分配与再分配

相结合的社会主义分配制度，兼顾收入分配的效益与公平，但在实施中仍存在“金字塔”般的收入现象。因此，为缩小日益扩大的北京市城乡居民收入差距，构建“橄榄型”的居民收入模型，急需以收入分配制度为抓手，深化改革。

（一）完善工资正常增长机制，健全初次分配制度

生产要素收益与劳动报酬支付的关系，是最基本的初次分配关系。初次分配阶段是收入差距产生的源头。从初次分配制度对经济发展方式制约和影响意义来看，健全初次分配制度是转变经济发展方式的重要切入点，有利于缩小收入差距，充分发挥收入差距对经济主体的激励作用，改善民生，促进经济增长，降低再分配手段的调控压力，为再分配政策创造更大的操作空间。

经济新常态下，规范初次分配是调整国民收入分配格局的首要环节，有利于激励人民通过劳动创造美好生活，弘扬劳动致富的精神。因此，在初次分配中，一要加强政府对工资增长的宏观调控，推进工资制度改革，缩小收入差距，形成中低收入职工的工资合理增长机制，使劳动报酬增长和劳动生产率提高相同步，逐步提高各类人员的最低工资标准，扭转劳动者报酬偏低、初次分配比重失衡的格局，提高劳动报酬在初次分配中的比重，保护全体职工劳动所得；二要充分发挥市场机制作用，使市场在资源配置中起决定作用，发挥市场自身调节作用，由市场依据自身供求变化决定生产要素价格，在社会内形成公平合理的竞争氛围，促进劳动力市场完善发展，杜绝各种非市场因素对劳动力配置的影响，使劳动力在初次分配中公平、有序、合理地竞争；三要完善机关企事业单位工资制度，推进事业单位改革，实行事业单位聘用制，完善同工同酬制度，有效缓解工资结构不合理、工资调整机制不健全、基层人员待遇偏低等问题，使劳动能力与劳动报酬相挂钩，促进形成公正合理的收入分配格局；四要建立和完善工资集体协商制度，建立职工最低工资指导线制度，充分发挥各级工会主导作用，形成合理有序的收入分配格局，完善收入分配调控机制和政策体系，规范收入分配秩序；五要提高居民收入在收入分配中的比重，实现城

乡居民收入的合理均衡增长，有利于扩大内需，提高人民生活水平，保证生产要素在市场中自由流动，创造平等竞争的就业环境，激发人民群众投资创业热情。

（二）强化价格、税收、社保调节，完善国民收入再分配机制

价格改革、税收政策、社会保障作为国民收入再分配的重要组成部分，对收入分配制度改革具有重要的调节作用。一要加快税收制度改革。税收是收入再分配的重要手段，通过优化税制结构和加强税收征管完善收入再分配机制，逐步提高直接税的比重，继续提高个人所得税免征额度，使个税收入增长与经济增长相对称。建立规范公平的税收征管体系，强化税收征管力度，充分发挥税收对收入分配的调节作用。二要完善价格变动机制，继续完善由市场决定价格的体制机制，破除垄断壁垒，改变政府主导价格的模式，形成真正由市场决定的价格体系；建立公平协调市场主体利益的价格机制，完善市场监管机制；进一步完善社会救助和保障标准与物价上涨挂钩联动机制，切实保障困难群众的生活。三要推进社会保障制度改革，实现公共服务均等化。通过增加财政投入，加大社会保障力度，继续扩大社会保障覆盖面，降低社会保障总费率，减轻地方和企业负担，提高社会保障水平。将社会保障的重点放在中低收入群体，提高最低生活保障标准，加大扶贫救助力度，增强社会保障实现公平分配的物质基础。

（三）加大改革力度，为规范收入分配秩序创造体制机制保障

全市继续深化收入分配制度改革，完善市场评价要素按贡献分配的机制。垄断行业大都涉及关系国计民生的重点领域和重要技术，收入过高不仅会造成收入分配不公问题，更会导致人们的心理失衡，导致城乡居民收入差距过大，影响社会和谐稳定。因此，推进垄断行业收入分配制度改革，是解决收入分配不公的重要环节。一要引入竞争机制，鼓励非公有制经济共同发展。通过引入非国有资本参与国有企业改革，激发非公有制经济活力，打破国有企业在市场的垄断地位，消除隐性壁垒，营造公平竞争、健

康发展的政策和制度环境，形成良性竞争机制，更好地激发非公有制经济活力和创造力。二要加大垄断行业向政府财政分红的比重。提高垄断行业利润和税收上缴额度，限制高管的过高收入，使全体人民共享垄断行业发展利润，缩小行业收入差距，保证收入分配的公平、公正。三要合理规范垄断行业职工薪酬水平。在垄断行业内部进行职工工资总额与工资水平的双效调控，既要保持工资的合理增长，又要限制工资以外不合理的福利待遇；深化国企高管薪酬制度改革，建立高管年薪与企业经营业绩相挂钩机制，限制过高收入，将其年薪控制在合理区间。四要取缔非法收入，规范收入分配秩序。加强惩治和预防腐败体系建设，完善制度建设，科学有效地预防腐败，杜绝非法牟利行为，规范收入分配秩序，为健全税收调节等收入再分配机制提供必要前提，用公平的收入分配制度和分配结构来促进社会公平正义的实现。

（四）优化统计设计，加强收入分配监测体系建设

建立健全收入分配监测系统（见图9－8），完善信息披露机制迫在眉睫。一要完善收入差距预警体系。分析居民收入分配差异变化规律，建立预警机制，对收入差距扩大的总体态势进行监测并做出准确判断，防止因收入差距过大引发重大问题而提前发出预警，设立收入差距警戒线，使政府在制定相关政策时能够获得更加科学的决策依据。二要构建收入监测系统的警情分工体系。针对警情信号，在统计部门主导下，确定警情的属性和根源，联合协调税务、金融、纪委、公安、海关等部门，多管齐下，共同采取措施应对警情，统计部门对相关数据进行统计分析和预测，再报送其他相关部门进行跟踪监测。三要落实收入监测的警情应对。作为居民收入分配监测系统的重点和落脚点，需要加快个人征信体系建设、加强税源跟踪监控、密切监测非法收入、完善财产申报、强化社会舆论监督等方面共同完成，妥善应对出现的警情。

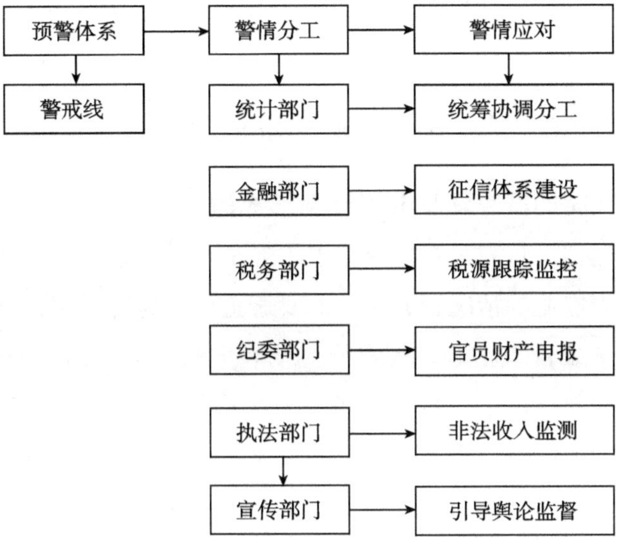

图9－8　居民收入监测系统结构图

三、构建提高农民增收的长效机制

实现农民增收，政策和制度设计具有很重要的作用。先行国家发展的历史过程已经昭示一个事实：解决城乡差距和城乡关系问题，仅靠乡村内部发展产业是不够的，必须实行城市和工业积极支持乡村和农业的政策导向，支持的程度或力度应随着社会发达程度的不断提升而不断加强。城市和工业支持农村和农业表现在以下几方面。

（一）实现吸纳农村劳动力向非业产业转移就业

实现农村劳动力向非农产业转移，并跟进解决转移后农民的居住、教育、医疗、保障等多方面社会服务问题；在我国存在两种公有制的特殊条件下，还包含解决不同性质公有财产的合理处置问题，避免因城市化而剥夺农民的财产权益。

（二）政府投入向加强乡村物质文明建设方向倾斜

改善乡村生活条件，使乡村居民能够享受到与城市居民同等水平的基本公共服务，实现生活方式的城市化，按照世界城市郊区的面貌和标准，高水平地建设农村地区。

（三）采取有力措施保护农业、保护乡村

在后工业化时期城乡新型分工逐渐形成的条件下，一方面应避免乡村地区因寻求自我增长、自我富裕而单纯追求经济收益，造成城市景观无限蔓延、侵蚀农地、消灭农业的情况；另一方面要避免由于这样的限制而导致另一极，即农业经营者失去营农信心，高素质劳动者大量外流，出现农业萎缩、乡村凋敝的景象。因此，对于在乡村从事农业生产的劳动者应给予必要的保护确保农产品能够卖得出去，有基本稳定的农业收入，提高经营农业的信心。

（四）帮助乡村居民能够获得更多的农业外收入

除了外出务工的收入以外，更重要的是增加就地经营休闲产业、经营不动产租赁等收入，这些支撑内容都与现行政策和制度的改革紧密相关。北京市已经取得了显著成就，但还需要围绕实现上述目标来聚集力量，组合政策，通过政策和制度设计来加强支撑。

第十章
建立防止返贫长效机制　逐步实现共同富裕

消除贫困、改善民生，逐步实现共同富裕，是社会主义的本质要求。党的十八大以来，我国实现了世界上最大规模的减贫，在中华民族历史上第一次全面消除绝对贫困。脱贫攻坚战取得伟大胜利，并不意味着中国已经一劳永逸地解决了贫困问题，从机制设计上巩固脱贫成果、防止贫困复归，是今后我国反贫困工作长期面临的重要任务。

第一节　脱贫攻坚的实践效果

新中国成立之初，以毛泽东同志为核心的党的第一代中央领导集体将消除贫困作为奋斗目标，指出：新成立的中央政府必须“进行大规模的经济建设和文化建设，扫除旧中国所留下来的贫困和愚昧”①，确立了中国共产党是消除贫困的坚定领导力量，农民是反贫困的主导力量，工业化和现代化是反贫困目标的前提和基础，合作化是反贫困的基本战略，长期主张兴农反贫，高度重视粮食生产，提倡厉行节约，反对铺张浪费。以邓小平同志为核心的党的第二代中央领导集体提出“贫穷不是社会主义，社会主义要消灭贫穷”，揭示了生产力落后是导致贫穷的重要根源，必须从解放生产力、发展生产力入手，探寻摆脱贫困的道路，将坚持社会主义政治制度作为我国反贫困的基本前提，实现共同富裕作为反贫困的总目标。江泽民同志首次系统阐述了中

① 毛泽东. 毛泽东选集：第5卷［M］. 北京：人民出版社，1977：136.

国反贫困工作的性质、对象、主体、组织形式、实现途径等重大问题，形成了中国特色反贫困理论的基本框架。胡锦涛同志科学判断了我国反贫困所处的历史阶段，明确提出到2020年全面建成小康社会。党的十八大以来，习近平总书记根据扶贫开发工作面临的新形势和贫困群体的新特点，不断丰富和发展了中国特色反贫困理论。

新时代我国反贫困工作在以习近平同志为核心的党中央的领导下，各地区各部门协调并进，形成了完整的工作机制。贫困地区生产生活条件明显改善，基本公共服务得到加强，为全面建成小康社会打下坚实的基础。

农村贫困人口数量大幅减少，平均减贫超过1300万人。党的十八大以来，按照现行贫困标准（2010年的市场经济价格水平标准每人每年在2300元），我国9899万农村贫困人口全部脱贫，贫困发生率持续降低，对全球减贫贡献率超过70%，成为率先完成联合国千年发展目标的国家，年均减贫超过1300万人。

表10－1　2012—2019年我国农村减贫情况统计表

年份	贫困人口（万人）	比上年减少（万人）	贫困发生率（%）
2012	9899	2339	10.2
2013	8249	1650	8.5
2014	7017	1232	7.2
2015	5575	1442	5.7
2016	4335	1240	4.5
2017	3046	1289	3.1
2018	1660	1386	1.7
2019	551	1109	0.6
2020	0	551	0

数据来源：国家统计局。

深度贫困地区贫困状况明显缓解，贫困发生率下降快于其他贫困地区。改革开放以来，在经过多年大规模有计划的扶贫开发后，解决深度贫困地区贫困问题成为当前我国脱贫攻坚的重点和难点。2018年，党中央、国务院继续加大政策倾斜和投入力度，以“三区三州”为代表的深度贫困地区贫困发生率下降6.4个百分点，减贫130万余人，其中，“三区三州”农村居民人均可支配收入达9796元，比上年增长938元，增长10.6%。

贫困人口的收入增长明显。2019年我国贫困地区农村居民人均可支配收入达11567元，名义增长11.5%。党的十八大以来，贫困地区农村居民人均可支配收入名义增速分别是16.6%、12.7%、11.7%、10.4%、10.5%、10.6%、11.5%（见图10-1），年均名义增长12.0%，贫困地区农村居民收入年均实际增长9.7%，实际增速比全国农村平均水平高2.2个百分点。2019年贫困地区农村居民人均可支配收入相当于全国农村平均水平的72.2%，比2012年提高了10.1个百分点，进一步缩小了与全国农村平均水平的差距。

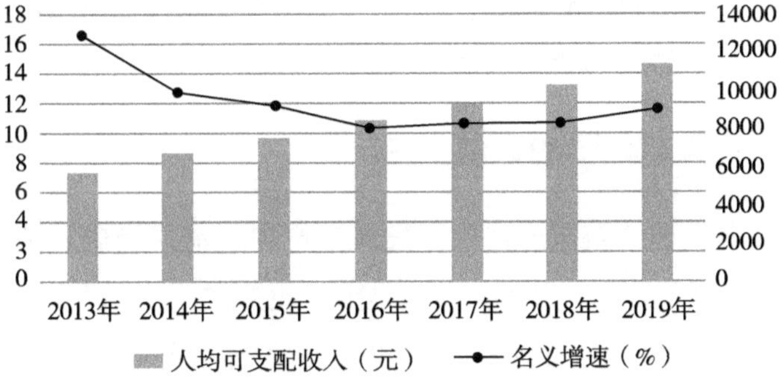

图10-1 2013—2019年贫困地区农村居民收入增长情况

贫困地区生活质量大幅度提升。生活质量不仅是物质层面的提升，还包括精神层面的改善，各级政府在反贫困时，注重精神、物质两手抓。一是基础设施逐渐完善，贫困地区“四通”[①]覆盖面不断扩大。“四通”范围的不断扩大，标志着贫困地区基础设施正在逐步完善。截至2019年年底，贫困地区通电的自然村接近100%；通电话的自然村比重达到98.5%，比2012年提高5.2个百分点；通有线电视信号的自然村比重为89.2%，比2012年提高17.5个百分点；通宽带的自然村比例为71%，比2012年提高32.7个百分点；贫困地区村内主干道路面经过硬化处理的自然村比重为81.1%，比2013年提高了21.2个百分点。二是居住条件不断改善。2016年贫困地区农村居民户均住

① “四通”指通电、通电话、通有线电视、通宽带。

房面积比 2012 年增加了 19.1 平方米；居住在竹草土坯房的农户比重为 4.5%，比 2012 年下降了 3.3 个百分点。三是教育文化状况和医疗卫生水平也得到了明显改善。2017 年有文化活动室的行政村比重为 89.2%，比 2012 年提高了 14.7 个百分点；拥有合法行医资格证医生或卫生员的行政村的比重为 92%，比 2012 年提高了 8.6 个百分点。①

第二节　建立防止返贫长效机制的必要性

构建防止返贫长效机制是巩固脱贫攻坚成果、推进乡村振兴的重要保障，是“后脱贫时代”需要做好的重要工作。

一、社会主义本质的必然要求

社会主义本质是“解放生产力，发展生产力，消灭剥削，消除两极分化，最终达到共同富裕”。生产力的发展也是为了更好的提升人民的生活水平与质量，在全面建成小康社会的重要阶段和全面建成社会主义现代化的过程中，党中央带领群众打赢了脱贫攻坚战，这是我们党交给人民最好的答卷。中国共产党始终把全心全意为人民服务作为服务宗旨、价值取向，始终肩负着解决人民群众的实际问题、用心做好扶贫工作的责任，是习近平总书记关于扶贫工作重要论述的出发点。构建防止返贫的长效机制正是适应社会主义本质要求的核心，努力做到扶贫和防止返贫相结合，巩固了脱贫成果，有利于真正实现共同富裕。

二、中国共产党根本宗旨的具体体现

全心全意为人民服务是中国共产党的根本宗旨，也是党的活动的根本出发点和落脚点，是区别于其他政党的最根本的标志。进入“后脱贫时代”，虽然脱贫攻坚目标任务已经完成，但是脱贫摘帽并不是贫困治理的最终目标，

---

① 数据来源：《2017 中国农村贫困检测报告》。

实现脱贫地区的持续性发展，巩固脱贫成果，帮助脱贫人口实现自我发展、确保脱贫不返贫才是根本，这是中国共产党站在人民群众立场，一切为了人民、一切依靠人民的有力体现。一般而言，刚脱贫的地区与人口缺少持续性的资源、能力、资本，后续发展能力较弱。首先，部分脱贫地区和人口自身发展条件依然薄弱。以“三区三州”为例，生态环境脆弱，自然灾害频发，不少地方禁止开发，加之地理位置偏远，交通条件恶劣，大城市发展辐射拉动效应微弱，在自然、社会及地理位置等多重不利因素交织下，脱贫地区自身发展能力较弱。其次，部分脱贫地区区域发展能力不足。多数贫困地区是在政府和社会帮扶下实现脱贫的，自身基础设施及其配套不完善，非农业产业体系不发达，产业链不健全，市场规模有限，与外部接轨能力弱，导致区域经济整体发展实力不足。最后，部分脱贫地区人力资本不足。部分脱贫地区人口受教育程度不高，高素质人才流失严重，导致人才缺乏、人力资本不足，即使有发展机会，也难以越过学历与技术的门槛。如果不注重巩固脱贫成果，很多脱贫地区和人口将会重新陷入贫困状态。因此，建立防止返贫长效机制，使贫困人口能够真正过上好日子，是中国共产党全心全意为人民服务的体现。

三、全面建成小康社会的重要任务

在精准扶贫基础上继续开展脱贫攻坚工作是实现全面建成小康社会的有效措施与现实依据。防止返贫工作是否做好，关系到全面小康社会建成的质量。因此，构建防止返贫长效机制是保持脱贫工作高质量完成、推动经济健康持续发展的重要手段。绝对贫困问题的解决只是脱贫工作的阶段性胜利，确保脱贫人口不返贫，不为提高贫困人口的生活质量，才能真正考验脱贫工作的质量。全面建成小康社会后，建立健全防止返贫预警机制与动态观察机制，才能真正达到真脱贫、脱真贫，带领群众奔向物质、精神双提高的高质量小康社会。因此，防止返贫长效机制的建立正是推动经济健康持续发展、建设高质量的小康社会的必要举措。

习近平总书记指出：“我国现在是处于全面建成小康社会的决胜期，并且要实现第一个百年目标。”随着全面建成小康社会的临近，全国总体上已经实现了小康，只是这个小康是不全面的、发展不平衡的小康，其中最难啃的硬骨头当数偏远地区、革命老区、特困连片地区等。在全面完成小康社会奋斗目标来临之际，如何尽可能地将小康的水平均衡些、质量高一些，是对中国共产党人的重要考验，也是对中国特色社会主义制度的重大考验。

防止返贫长效机制是实现全面建成小康社会的稳定而有效的措施。习近平总书记多次强调没有农民的小康不是真正的小康。我国的贫困人口绝大多数来自农民，要彻底消除贫困、实现共同富裕就必须从农民入手。改革开放以来，我国深入开展扶贫工作，党的十八大以来，随着精准扶贫精准脱贫的实施，我国贫困地区的面貌得以极大改善。因此，全面建成小康社会目标的圆满实现不仅要巩固好脱贫攻坚成果，还要构建起防止返贫成效机制，确保贫困人口生活质量的不断提高。

四、推进和改善民生的必然选择

推进和改善民生，是发展中国特色社会主义的重大任务，关系到社会主义现代化建设的全局和长远发展。构建防止返贫长效机制，对于推进和改善民生起到重要作用。改革开放初期，我国农村贫困发生率大约为 97.5%；到了 20 世纪末，国内反贫困事业取得重要进展，贫困人口数量大幅下降，但中西部的农村贫困发生率仍然在 60% 以上；随着扶贫对象的村级瞄准和精准扶贫的实施，2020 年 11 月 23 日实现了全国 832 个国家级贫困县全部“清零”，为推进和改善民生奠定坚实的基础。

民生是党中央和政府进行反贫困工作的落脚点。无论是从社会主义制度的奋斗目标还是就中国共产党人的宗旨，都是围绕着以人民为中心的发展理念。因此，民生既包含了人民实现人的生存权利的全部需求，又包含了实现人的发展权利相关的普遍需求，构建防止返贫长效机制对于提高贫困人口生活质量，实现其自身发展权利起到重要作用。

深度贫困地区的民生是关注的重点与难点。习近平总书记强调：“我们必须要清楚地意识到，现在我国脱贫攻坚依旧存在着非常严峻的形势。”精准扶贫进入攻坚时期，能脱贫的贫困地区和群众基本上都已脱贫，余下的都是一些难以摆脱贫困、难以咀嚼的硬骨头。部分贫困人口多属于丧失劳动能力或文化程度过低的弱势群体，且贫困户的分布较以往也更加分散，致贫原因更加复杂多样。因此，这部分群体的脱贫难度也更巨大。

增强扶贫成效、提高贫困群体的发展能力是必然要求。每个贫困户都是独立的个体，其致贫的原因、需求、能力千差万别，以往大水漫灌式的粗放扶贫方式既浪费了大量的扶贫资源，又使得扶贫效率低下，出现“年年扶年年贫”等现象。构建防止返贫长效机制，是巩固脱贫成果、增强贫困群众发展能力的必然要求，也是提高“后脱贫时代”扶贫成效的必然选择。

第三节　建立防止返贫长效机制的有效措施

经过8年精准扶贫，特别是5年多的脱贫攻坚，我国反贫困工作成绩斐然。但是，我国部分脱贫地区脱贫成果尚不稳固，产业基础相对比较薄弱，脱贫人口的收入仍不稳定。因此，需要建立防止返贫长效机制，有效巩固脱贫成果。

一、继续加大深度贫困地区扶持力度

深度贫困地区是脱贫攻坚的硬骨头，也是防止返贫工作的重难点，“后脱贫时代”对深度贫困地区的扶持必须贯彻始终。加快深度贫困地区脱贫，需要继续深入推进东西部协作和定点扶贫工作、增强扶贫开发投入力度，促进区域协调发展；以生产力带动区域可持续发展；提高扶贫资源效益，贯彻落实依法扶贫理念；重视市场，提高深度贫困地区资源利用率，才能真正实现深度贫困地区的高质量脱贫和可持续发展。

（一）继续深入推进东西部扶贫协作和定点扶贫，增强扶贫开发投入力度

习近平同志在2016年7月召开的东西部扶贫协作座谈会上指出：“东西部扶贫协作和对口支援，是实现先富帮后富、最终实现共同富裕目标的大举措。”全面建成小康社会后，西部与东部之间的地区差距虽有所减少，但却依

然存在，西部于东部而言仍处于相对贫困之中，因此，东西部扶贫协作和定点帮扶工作并不能立即结束。加强东西部的产业合作、劳务协作、技术支援、就业转移、资金援助等方面的区域协作，优化产业的空间格局，减少区域发展差异，同时，基于深度贫困地区发展需要，统筹与民生相关的重大项目，集中力量补齐基础设施和公共服务短板，充分利用“三位一体”大扶贫格局、援疆扶贫、援藏扶贫等资源，以解决深度贫困地区的突出问题为重点，结合社会多方力量，解决其突出问题，缓解主要矛盾。

（二）大力发展深度贫困地区生产力，牢固树立绿水青山就是金山银山的理念

生产力决定生产关系，是人类社会发展和进步的最终决定力量。深度贫困地区生产力的发展程度决定了其脱贫成效，因此，大力发展深度贫困地区生产力是实现深度贫困地区贫困人口脱贫的重要途径。改革是同一种社会制度内部的自我调整和完善，是推动社会发展的强大动力。一方面，要改革深度贫困地区的落后制度，牢固树立改革意识，破除束缚当地生产力发展的旧制度、旧体系，调整生产关系，充分调动贫困人口的积极性，引导村民走集体致富道路，以促进其生产力的发展。另一方面，要改革深度贫困地区发展模式。习近平同志在2005年浙江湖州安吉考察时提出“绿水青山就是金山银山”，当前我国发展需要正确处理好生态环境保护与生产力发展的关系，既要金山银山，又要绿水青山，把“保护生态环境就是保护生产力，改善生态环境就是发展生产力”的理念植入扶贫当中，实现深度贫困地区生产力的可持续发展。

（三）提高扶贫资源效益，贯彻落实依法扶贫理念

理论指导行动。为提高扶贫资源的可利用率，需要在扶贫实践中践行依法扶贫的理念。深度贫困地区脱贫过程中需要做到依法扶贫、依法脱贫，防止出现假数据、脱假贫现象。脱贫攻坚的道路上需要发挥法治的保障作用，着力营造良好的脱贫攻坚法治环境，提高精准扶贫、精准脱贫的法律保障力度，提高扶贫资源的实际利用率。各级扶贫干部应当将法治理念内化于心、

外化于行，积极主动学习关于扶贫纪律的法律法规，提高法律素养，在实践中依法执行、依法帮扶、依法管理、依法监督。贫困群众应当增强法律意识，懂得有法可依，积极维护自身合法权益，自觉加强对扶贫干部的监督。只有在全国上下全面贯彻依法治国、依法扶贫理念，将法治思维贯穿于扶贫全过程，增强扶贫工作透明度，做到依法执行、依法帮扶、依法管理、依法监督，才能真正提高扶贫资源的效益，实现扶贫效益最优化。

（四）树立市场意识，提高深度贫困地区资源利用率

“一方水土养一方人”。就目前的形势来看，一方水土能否养好一方人取决于当地“水土”的经济发展潜力。深度贫困地区虽然在当前无法实现一方水土养一方人，但其蕴含的生态资源具有很大的发展潜力，若开发得当，完全能够使当地群众富甲一方。市场在资源配置中起决定性作用，开发深度贫困地区需要充分发挥市场作用，通过市场提高资源利用率，以增强地区发展能力。一要发挥市场的决定性作用，实现资源的有效配置。充分利用好市场这只无形的手，实现深度贫困地区资源的优化配置，把深度贫困地区的资源变成资产，实现一方水土养好一方人。二要发展生态农业和生态旅游业，实现高质量发展。随着社会主要矛盾转变，人们越来越追求生活的质量，深度贫困地区在发展过程中要充分瞄准市场，抓住生态热点，生产和销售出更高质量的特色产品、打造出宜居适度的特色乡村旅游，逐步提高深度贫困地区的资源利用效率。三要树立开放共享理念，借力发展。深度贫困地区的发展与资金、技术、人才密不可分，需要利用好互联网和政府的政策支持，做好招商引资，在保护生态的前提下合理开发丰富资源，变资为产，同时建立起完善的利益分配和补偿机制，确保发展成果惠及贫困人口。

二、增强贫困地区和贫困人口的内生动力

习近平总书记在2015年中央扶贫开发工作会议提到“脱贫致富终究要靠贫困群众用自己的辛勤劳动来实现”。贫困地区和贫困人口的内生动力不足是由内外双重因素共同导致的，因此，增强贫困地区的内生动力需要结合内外双重因素，既提高贫困人口的社会意识和文化水平，增强贫困人口自主脱贫

意识，又改善外部环境，坚持以人民为中心，拓宽贫困人口的表征性空间，明晰多元扶贫主体的职责，提高扶贫参与率。

（一）提高贫困人口社会意识，提升区域文化水平

习近平总书记提道：“扶贫要同扶智、扶志结合起来，智和志就是内力、内因。”提高贫困地区和贫困人口的内生动力需要坚持扶贫与扶智、扶志相结合。我国扶贫工作呈现“送+给”现象，贫困人口的脱贫依赖心理较强，自我脱贫、独立致富的意识严重不足。“授人以鱼不如授人以渔”，扶贫更要扶志、扶智，提升人力资本，补齐贫困群众的“精神短板”。一方面，提升区域文化水平，打造学习型区域。牢固树立坚持科教兴国、人才强国战略，把教育摆在优先发展位置，办好继续教育和职业技能培训，让知识进入家家户户，让知识扎根于贫困人口头脑深处，改变贫困人口落后的社会意识和“亚文化状态”，提升区域文化水平。另一方面，创新文化扶贫模式，增强贫困地区的精神文明建设。在文化扶贫时，需要把握好文化传播媒介，创新文化传播方式，充分发挥好“互联网+”的作用，既利用好线上资源，如“学习强国”App学习先进知识，又在线下积极互动，开展精神文明建设交流活动，邀请优秀脱贫致富先进分子、优秀学习标兵交流学习工作经验，为贫困人口树立榜样和奋斗目标，增强区域发展动力和能力。

（二）坚持以人民为中心，拓宽贫困人口表征性空间

我国是人民民主专政的社会主义国家，人民是国家的主人，贫困人口依法享有管理国家、社会的权利，但是由于贫困地区农村设施落后，自身发展空间不足，村民的表达、诉求容易被忽视，村民的需求与国家的资源供给相矛盾，贫困人口参与扶贫、乡村振兴的主动性和积极性被大大削弱。为增强贫困人口的获得感和内生动力，需要坚持以人民为中心，拓展贫困人口的表征性空间。完善基础设施和公共服务条件。加强贫困地区的水、电、网、路、科技建设，为拓宽贫困人口的表征性空间提供物质基础和平台设施。尊重贫困人口和边缘群体的主体地位。坚持以人民为中心的发展思想，以人民的需求为核心，实现地方利益最大化。制定相应的政策法规和激励机制。切实维

护人民的表达与诉求权利，激励人民群众自主脱贫、勤劳致富，提高村民的内生动力。

（三）明晰多元扶贫主体职责，提高扶贫参与度

脱贫攻坚是一项复杂的综合性工作，需要社会各方共同发力。针对扶贫工作中出现的政府“一手包”问题，要尽早明晰多元扶贫主体职责，确保社会各方共同发力，提高扶贫参与率，提高扶贫效率。一方面，构建多元主体共同参与扶贫的权责体制。明确参与主体的权力与职责，充分调动社会力量参与扶贫、构建防止返贫机制的积极性。另一方面，引导贫困人口参与扶贫工作。将帮扶产业、资源、政策与欠发达人口直接对接，通过对贫困人口的正向激励机制，引导其从“要我脱贫”向“我要脱贫”、从“要我工作”向“我要工作”转变，提高其扶贫工作参与度，最终激发贫困人口的内生动力。

三、加强贫困地区作风建设

习近平总书记在2014年中央政治局第十六次集体学习上强调“党的作风就是党的形象，关系人心向背，关系党的生死存亡”。中国共产党作为马克思主义执政党，在任何时候都不能对作风建设掉以轻心。在脱贫攻坚领域，作风问题关系到党员干部能不能凝聚力量带领群众干成事、能不能干好事。构建防止返贫长效机制，更需要久久为功，充分发挥好党长期以来的作风优势。

（一）提高政治定位，强化责任担当

全面建成小康社会任务完成后，我国的扶贫工作的重点将由消除绝对贫困转为治理相对贫困，由脱贫攻坚转为防止返贫。习近平总书记在2018年2月的打好脱贫攻坚战座谈会上强调“打好脱贫攻坚战，关键在人，在人的观念、能力、干劲”。贫困地区的干部，尤其是基层党支部，是脱贫攻坚的战斗堡垒，在“后脱贫时代”将继续发挥领导和服务作用，因此，必须提高贫困地区干部的政治定位，强化责任担当。

提高各级干部的政治意识和政治责任。通过开展廉政主题教育活动，提升干部的政治意识与使命担当，督促其把握好正确的政治方向。对于在脱贫

攻坚、乡村振兴建设中涌现出来的先进个人、组织实施表彰和奖励，对于违法乱纪、作风不雅者严惩不贷，依法追究其刑事责任。落实好扶贫工作责任，强调政治责任和政治担当，让各级干部心怀敬畏，使扶贫干部实现从“不敢腐”到“不能腐”再到“不想腐”的思想飞跃，才能真正抓好干部的作风建设。

坚持密切联系群众，搞好党群关系。“水可载舟，亦可覆舟”，人民群众是国家、政党长期稳定的基础，必须要搞好党群关系。为此，需要在生活、工作、生产、组织等方面，与人民群众保持密切联系，与群众打成一片；深入了解贫困人口的致贫原因，实时观测贫困人口和边缘人口动态，做好防止返贫社会救济和防贫保险；充分反映人民群众的意愿和要求，落实扶贫物资、扶贫政策，建立贫困人口利益诉求机制，确保发展成果惠及全体人民，在“后脱贫时代”做到防返贫、真防贫。

（二）完善扶贫考核评估体系，健全干部作风监督体制机制

习近平总书记在2016年东西部扶贫协作座谈会上提道：“致富不致富，关键看干部。”扶贫干部在扶贫政策宣传、资源整合、资金分配、项目落实等方面发挥着关键作用，由于当前部分扶贫工作人员存在形式主义、官僚主义、腐败主义问题，为此需要建立严格的脱贫攻坚考核评估体系和干部作风监督机制体制。

在考核方式上，建立完善的脱贫攻坚考核评估体制。采取“中央抽查+上级政府抽查+第三方评估+媒体暗访”，让多方力量参与到脱贫攻坚工作考核之中，确保其结果真实、可靠。在考核内容上，注重脱贫攻坚的可持续性，既满足“两不愁、三保障”①、“两降一率”② 要求，又关注脱贫攻坚成果巩固、干部工作效率、精神脱贫质量、防止返贫效果。在考核结果评定方面，选用新型综合分析评定方法。打破“打分排队”方法，采取“期中抽检+平时随机抽检+年终验收”“外部评估+内部评估”方式，进行综合分析评价。

---

① 指不愁吃、不愁穿；义务教育、基本医疗、住房安全有保障。

② 指贫困人口识别准确率、贫困人口退出准确率、群众满意度。

建立健全欠发达地区干部作风监督体制机制。坚持问题导向，突出重点。紧紧围绕“四个意识”不强、形式主义、官僚主义、腐败主义、悲观主义和厌战情绪等问题追查到底。加强关于作风问题的制度建设，做到作风建设有法可依、有法必依，将作风问题关进笼子里。不断完善相关法律法律，构建集“中央纪检组+上级政府纪律监督委员会+媒体+民众”于一体的全方位、多层次、立体化的监督体系，利用互联网打造新型监督、举报平台，确保作风建设无死角，严处贪污腐败违纪行为，打造一支作风清廉的干部队伍。

第四节　建立防止返贫长效机制的实践——以保定市涞水县为例

构建防止返贫长效机制关系到脱贫攻坚的成败，我国部分地区积极探索建立防止返贫监测和帮扶机制，采取针对性措施，不断巩固脱贫成果。本节选取河北省保定市涞水县的案例，探索防止返贫长效机制。

一、保定市涞水县脱贫攻坚的基本情况

保定市涞水县地理位置优越，具有丰富的山地资源，位于太行山的北端东麓，区域地理区划靠近北京市房山区、门头沟区。根据涞水县域划分资料，全县总面积166.1平方千米，山区及丘陵占总面积的88%，林业用地约180.4万亩，共划分为15个乡镇，284个行政村，总人口约为35.3万人。近年来，保定市涞水县充分借助丰富的林地资源，积极利用与北京、天津相邻的区位优势，大力发展旅游、麻核桃种植和电商产业，在脱贫攻坚的道路上迈出坚实的一步。

（一）麻核桃产业

麻核桃是最主要的文玩核桃之一，文玩核桃在我国具有丰富的历史，形成了中国独有的核桃文化，文玩核桃具有巨大的潜在的市场价值。保定市涞

水县一直为我国文玩核桃的主要产地之一，整体产量十分可观，多种植于娄村乡五大庄、三坡镇黄峪铺、龙门乡大东沟等行政村。然而，当地的麻核桃早期因体积较小，外壳质地坚硬，不具有食用价值，未能给当地村民带来经济效益。同时，涞水县的野核桃树长期处于无人管护状态，甚至部分麻核桃树被砍伐用来烧火，存活下来的野核桃树数量屈指可数。

随着国内文玩核桃市场日益兴起，涞水县野生麻核桃树渐渐成为能够带来经济效益的天然馈赠物。在涞水县人民政府与林业部门的共同筹谋与支持下，以娄村乡五大庄为核心周围的野生麻核桃树被专人保护看管，在经过十几年的共同维护、引进改良和培植发展后，涞水县的麻核桃种植范围已经遍及全县，麻核桃的质量与产量也逐年增加。涞水县人民政府的统计资料显示，截至2019年，全县麻核桃树种植面积已经达到35000亩，形成了狮子头、官帽、公子帽、虎头、鸡心等五大品系，涞水县已成为全国最大的麻核桃繁育和生产基地。麻核桃产业的发展也极大地推动了全县经济的发展，该产业年产值近亿元，其发展共涉及农户2.5万户，使得每户年人均收入平均增长4000多元，大大推动了该县扶贫工作的进程。

随着国内麻核桃市场价格持续上升，涞水县积极推动麻核桃苗木市场的发展。涞水县的麻核桃产销两旺，已经达到了未熟先售的火爆场面，麻核桃市场一直供不应求。同时，麻核桃产业的发展对涞水县服务业的发展也起积极的推动作用，每逢麻核桃的销售旺季，外地客商与经销商都会大批涌入涞水县，给当地餐饮业、住宿等服务业带来大量客源，促进了涞水县第三产业的发展。涞水县政府以麻核桃产业发展为契机，从保护涞水麻核桃独特品牌的角度出发，2010年申请“涞水麻核桃”地理标志，经过原国家质检总局专家的严格审查论证，2011年1月13日“涞水麻核桃”正式成为我国地理标志保护产品。

从防止返贫的长效性来看，涞水县的麻核桃产业是一个具有本地特色的有效长期产业。其源源不断的种植、生产、加工、销售等过程，不仅能广泛吸纳劳动力，提高劳动者的收入，还能助力脱贫攻坚，确保反贫困的可持续性。

（二）旅游产业

涞水县在大力发展麻核桃产业的同时，积极借助麻核桃产业带来的资源优势，充分开发当地的特色旅游资源。涞水县野三坡景区是旅游脱贫的典型。三坡镇南峪村共有村户 224 户 671 人，随着涞水县脱贫工作的开展，截至 2017 年，贫困人口建档立卡工作的完成初步确定南峪村贫困人口 52 户，共计 85 人。2000 年以前的三坡镇南峪村，长期对外交通不便利，村民经济收入来源少，整体处于贫穷落后的状态。党的十八大以来，在涞水县及三坡镇各级政府、单位的共同帮助下，南峪村充分利用区域环境资源优势，将道路与张涿高速相连，提出了“景区带村、能人带户”的发展观念，建立了合作社，组织群众共同发展。

2015 年承接了中国扶贫基金会三星分享村庄项目，同时被确定为省级 33 个旅游扶贫试点村，确立了“依托旅游产业、带动全村村民脱贫致富”的理念。该村于 2016 年 4 月成立了农宅旅游农民专业合作社，合作社流转闲置老旧民宅 16 套 15 年，实行产权不变制度，每年支付农户流转租金，依托政府扶贫与社会组织项目投资资金，统一对老旧民宅设计、改造，打造高端民宿“麻麻花的山坡”。

单一的民宿产业不是长远之计，南峪村利用现有的耕地、林地、荒地等资源进行农产品的种养植和深加工，并引入人道救援训练基地、民俗文化节等业态项目，将村庄打造成吃、住、行、娱、游、购多方位一体的旅游目的地，从而将自然资源等转化为“资产”，提高附加值，产生更高的收益，让村民致富，并辐射带动周边村的发展。

（三）电商产业

随着电商产业在我国的蓬勃发展，居民可以享受足不出户即可将特色产品远销国际的便利条件。目前，涞水县人民政府充分利用国家层面电子商务进农村等政策扶持与发展机遇，以创建国家级电子商务进农村综合示范县为契机，借势借力，真抓实干，破解要素瓶颈，不断强化政策扶持推动，多形式、多渠道开展电商扶贫工作。截至 2019 年年底，全县共有网商 3559 家，电商网络零售额达 6.35 亿元，在河北省 62 个贫困县中排名第六，在保定市排名第二。

涞水县在强化电商组织保障、优化电商发展环境、着力实施电商扶贫和完善物流配送体系 4 个方面，相互协调促进电商产业的发展。在落实电商扶贫的内容中，按照“小散户”接入“大市场”、“小投入”换回“大收益”的发展思路，促进“农产品进城”，实现“线上”与“线下”相结合；充分利用超级电商平台，在淘宝、京东等平台建立了涞水特色馆，投入大量资金建立了县级微店、涞赶集、共享单只文玩核桃、涞水扶贫助农专区进行线上销售。由县级农村电商公共服务中心直接对接品牌商品生产供应商，减少中间商环节，省钱等于挣钱，把实惠直接送到村民手中。坚持以电商扶智为切入点，坚持把人才培训贯穿电商发展全过程、各环节，掀起“大众创业、万众创新”的热潮，提升了市场经营的能力，培养了一批依靠电商脱贫致富的典型，为全县电商跨越式发展提供了坚强的人才保障。立足涞水县现有资源，对县域乡村旅游重点贫困村进行规划，以家乡情吸引游客；通过“互联网 + 旅游”到涞水县贫困村体验田园生活，游客既可采摘应季的苹果、柿子、山楂等农产品，也能深入田间地头挖红薯、烤红薯，探索休闲农业的电商新模式，不仅带动了贫困地区特色农产品销售，还帮助了当地贫困户增收脱贫。

二、保定市涞水县建立防止返贫长效机制的工作重点

矛盾的主要方面在同一矛盾中起主导作用，看问题、做事情要抓住主要矛盾的主要方面，涞水县在构建防止返贫长效机制工作中注重抓主要矛盾的主要方面。

注重保持扶贫政策的稳定性。就涞水县发展来看，部分地区社会经济指标薄弱，在后脱贫时代，需要继续予以相对贫困地区政策倾斜，提升其基础设施和基本公共服务水平，提高贫困地区和贫困群众内生动力，实现地区可持续发展。

将增加群众收入作为主攻方向。收入是衡量群众生活水平和扶贫工作成效的关键指标，也是“两非”群体返贫致贫的主要原因。为减少致贫、返贫现象，需要做好产业扶贫，提高其经营性收入；推进就业扶贫，提高其工资

性收入；盘活集体资产，提高其财政性收入。

将防贫与扶智扶志相结合。将贫困人口和边缘人口的积极性调动起来，增强其发展的内生动力，化“输血”为“造血”是防止返贫的关键。为此，需要改进帮扶方式，一方面注重对群众技能培训，提升群众的致富能力；另一方面需要加强教育引导，注重弘扬自力更生、独立自主精神，树立致富典型，鼓励其自主致富。

三、保定市涞水县建立防止返贫长效机制的主要措施

脱贫攻坚既是一场攻坚战，也是一场持久战。涞水县自 2018 年贫困县脱贫摘帽以来，坚持落实“四个不摘”，着力巩固脱贫成果，制定出台《关于建立精准防贫机制的意见》，从顶层设计抓精准防贫，突出重点，构建防止返贫长效机制，锁定重点群体，密织防贫网络。

（一）涞水县建立防止返贫长效机制的主要措施

实行精准防贫保险救助措施。一方面，施行防贫保险。涞水县防贫保险对象涵盖非建档立卡贫困户和非持续稳定脱贫户，抽取 10% 作为边缘户，保险费用由政府与涵盖对象共同承担。截至 2019 年年底，涞水县政府购买防贫保险金额已达 291. 8 万元。另一方面，建立贫困监测识别机制。涞水县政府联合扶贫、医保、教体、应急管理、交警等部门建立监测识别机制，将存在因病、因学、因灾等返贫风险人口录入防贫保险监测台账，实现了 7741 名非持续稳定脱贫户和非贫困低收入户入住监测台账，入户摸排 3593 人，确定赔付对象 137 人次，救助 132. 39 万元。

安置特殊群体，暖心防贫。老弱病残既是农村脱贫工作的难点，也是农村防贫工作的重点。涞水县通过实行“集中供养 + 分散供养”的安置方式，累计安置 2197 名“三无”老人；[①] 通过“易地扶贫搬迁 + 安置特殊群体”方式，建立农村幸福院，解决了 156 名“五保户”的生活问题；通过设立互助型养老公益岗位和志愿者力量，解决了部分老人的生活问题。

---

① 指无劳动能力、无稳定收入来源、无生活照料人的老年群体。

施行临时救助措施。涞水县注重社会救济，成立救助基金，针对困难群众，如特困户、低保户、建档立卡户等群众，及遭遇突发灾害、交通事故、重大疾病的群众实施临时救助。据统计，2019 年 4～12 月，涞水县累计救助 3 批次 63 人，救助资金达 14.96 万元。

施行产业就业扶持政策。就业是最大的民生，贫困地区的就业关系到贫困地区的发展。涞水县瞄准贫困对象，鼓励扶贫产业项目、就业岗位向救助对象倾斜；建立就业需求台账，对有劳动能力和有就业意愿的劳动者进行免费技能培训；开发就业公益性岗位，优先安置救助对象，促进救助对象就业增收；发展合作社生产经营、开设扶贫车间，带动村民就业，增加村民收入。

施行孝心养老政策。老有所依是衡量社会发展程度的重要指标，涞水县政府高度重视养老问题，实施孝心养老政策。孝心养老以政府主导、家庭依靠、法律保底为原则，兼顾家庭与社会关爱。截至 2019 年年底，涞水县把 21000 余名 65 岁以上分户独居老人全部纳入“孝心养老”工作范围，实现孝心养老工作全覆盖，有效降低了分户老人的返贫致贫风险。

四、保定市涞水县建立防止返贫长效机制的对策建议

保定市涞水县在防止返贫工作中，针对该县的区域背景、产业背景及生态背景做出了一系列的工作安排，对于建立防止返贫长效机制做出了初步探索，但在产业扶贫、产销对接、生态扶贫等防止返贫长效机制的构建方面，仍有进一步提升的空间。

（一）强化产业扶贫

保定市涞水县主要依靠旅游产业带动经济发展，但旅游业收入容易存在周期性波动。因此，要想防止返贫，必须要强化产业扶贫。通过挖掘、利用资源优势，强化产业扶贫，实现弱势强化，以自身的资源优势脱贫致富。

各级扶贫部门要健全产业扶贫规划，大力发挥特色扶贫产业的辐射带动作用。发挥现代农业产业园的辐射带动作用，建设一批特色鲜明、带动能力强的扶贫产业，因地制宜发展休闲农业、乡村旅游、农产品加工业等农村一

二三产业。比如从培育特色农产品到建设生态果园采摘项目，再到发展特色乡村旅游，串珠成链推动产业融合发展，辐射带动建设一批旅游扶贫、电商扶贫、光伏扶贫等特色产业扶贫村，提升产业扶贫的组织化程度。同时，积极培育和推广有市场、有品牌、有效益的特色产品。比如英德市的茶叶闻名于国内外，颇受欢迎，大力推动了当地脱贫工作的进程。同时，各级政府部门要加强产业扶贫基础设施建设，加大投入保障力度，引导各地发展长期稳定的脱贫产业项目，实现每个有劳动能力和有参与意愿的贫困人口都有扶贫产业带动，以就地就业提高当地人民的收入，让贫困人口切切实实享受到扶贫产业发展带来的实惠。

（二）加快完善产销对接的机制

特色农产品的销售渠道关乎着整个农业的发展，充分整合资源扩展农产品的销售渠道有利于巩固脱贫成效，提高产业扶贫的长效性。要正确利用引进来、走出去政策，既要积极地引进来资金与客流，将客商、投资人吸引过来投资建厂，又要积极地将产品走出去，多多宣传区域特色农产品。不断改善经商环境，多种途径扩展销售渠道。充分利用线上与线下等途径优势，线下以农贸市场、大型商超等实体积极完善供应链，建立产销一体化平台；线下以大型电商平台和自建电商平台为依托，健全交通设施与物流基地。此外，为了防止返贫，以区域经济的良性发展带动贫困户的持续增收，还需发挥区域经济发展的主体——企业的作用，充分发挥企业带动区域经济发展的重要抓手作用。

（三）加强生态扶贫

自然地理环境是人类生存发展的必要条件，对社会发展起着制约和影响作用。生态扶贫一直是各地政府扶贫开发的重点，在反贫困实践中贯彻落实习近平总书记的“两山理论”，将区域生态环境保护与经济社会发展有机结合。生态扶贫的前提条件是要根据不同贫困村的生态资源和贫困户的具体情况，大力发展适合本区的农作物与产业。在进行生态扶贫的过程中，各级政府与社会组织应该充分调查区域生态资源，适当开发生态环境资源，以生态可持续发展推动扶贫事业的推进。同时，不断加大对林区、山区等生态保护工作，投入更多的人力、物力参与到生态保护当中，将扶持政策向相对贫困人口倾斜，优先将建档立卡贫困人员选进当地生态环境保护队伍，为其提供公益林的管理员、护林员等职位，实现经济发展与生态保护双赢。

后　记

共同富裕是社会主义的本质要求，是中国式现代化的重要特征。实现共同富裕不仅是经济问题，而且是关系党的执政基础的重大政治问题，是中国共产党人的新使命。

党的十八大以来，习近平总书记坚持把马克思主义基本原理与中国脱贫攻坚实践相结合，不断深化对减贫规律的认识，形成了中国特色反贫困理论。脱贫攻坚战是中国共产党人致力于实现“为人民谋幸福，为民族谋复兴”使命的重要一步，但它不是孤立的一次性行动，而是系统而持续的重要起点和组成部分，其目标就是要“实现全体人民共同富裕”。因此，脱贫攻坚战是实现共同富裕的揭幕战，中国特色反贫困理论与实践成为中国人民实现共同富裕的探索。

本书围绕脱贫攻坚时期中国特色反贫困理论与实践展开研究，系统阐明了中国特色反贫困理论的探索历程、理论演进、主要特征、面临问题、思路创新、对策经验等理论内容，比较国内深度贫困地区脱贫与基本公共服务供给均衡性发展现状，实证分析了易地扶贫搬迁、党建扶贫、金融扶贫、低碳扶贫等脱贫攻坚案例，探索缩小城乡居民收入差距、统筹城乡协调发展的实现路径，构建防止返贫长效机制，对于实践好中国特色反贫困道路、总结提炼中国特色反贫困理论具有一定作用。

本书撰写过程中，课题组先后赴河北、江西、山东等地调研，了解我国脱贫攻坚时期在易地扶贫搬迁、党建扶贫、低碳扶贫等方面好的做法与经验，获取了大量一手数据，在此对地方上的支持表示感谢。同时，课题组成员李珂珂、练宸希、谢阳阳、周正涛、张曾、邓小梅等为部分章节的撰写整理、数据分析、资料查找做了大量工作，在此也表示感谢。

王　琳

2021 年 6 月 5 日